Moritz Heyne

Das altdeutsche Handwerk

Moritz Heyne

Das altdeutsche Handwerk

ISBN/EAN: 9783955641559

Auflage: 1

Erscheinungsjahr: 2013

Erscheinungsort: Bremen, Deutschland

EHV
HISTORY

DAS
ALTDEUTSCHE HANDWERK.

AUS DEM NACHLASS

VON

MORIZ HEYNE.

MIT DREIZEHN ABBILDUNGEN IM TEXT.

STRASSBURG
VERLAG VON KARL J. TRÜBNER
1908

Vorwort.

Das hier aus dem Nachlaß Moriz Heynes als „Altdeutsches Handwerk" herausgegebene Fragment umfaßt die altgermanische Zeit vollständig; die Schilderung der handwerklichen Entwicklung im eigentlichen Mittelalter bricht dagegen im Eingang der Großbetriebe ab. Das Ganze sollte den ersten Abschnitt des vierten Buches der deutschen Hausaltertümer bilden; der zweite und letzte Abschnitt dieses Buches hätte, nach dem Plane des Verfassers, die Entwicklung des deutschen Handels bis in den Anfang des 16. Jahrhunderts verfolgt. Weder für dieses noch für das ganze fünfte Buch, welches mit einer Darstellung des gesellschaftlichen Lebens in der älteren Zeit und im Mittelalter das ganze Werk gekrönt hätte, sind bei der Art des Verfassers zu arbeiten überhaupt nennenswerte Vorarbeiten vorhanden.

Wenige Worte noch zu meiner Rechtfertigung: daß ich Edward Schröders reiche Erfahrung in den Anmerkungen ein paarmal zu Worte kommen ließ (unter ausdrücklicher Bezeichnung), wird mir jeder billig Denkende Dank wissen; mir selbst glaubte ich auch an dieser Stelle jede Freiheit versagen zu müssen; ausgefüllt habe ich nur die von dem Verfasser in der Zählung vorgesehenen Anmerkungen 8 (S. 176), 58 (S. 193) und 77 (S. 201). Nicht gefunden hat sich, allem Suchen zum Trotz, bis zu diesem Augenblicke der Beleg für die Anmerkung 2 auf S. 103*). Nur ein einziges Mal (auf S. 131) mußten in dem reinlich geschriebenen und ganz selten auch nur im Ausdruck geänderten Manuskript die Fäden der Darstellung entwirrt und mit möglichster Schonung wieder neu geknüpft werden.

Daß dieses von allen Lesern der „Hausaltertümer" gewiß willkommen geheißene Fragment überhaupt ans Licht tritt, ist ein von den Freunden und Schülern Moriz Heynes dankbar anerkanntes Verdienst des inzwischen nun auch verstorbenen Dr. Karl J. Trübner. Auf seinen persönlichen Wunsch hat auch Herr Prof. Dr. Edward Schröder den Wiederabdruck des nachstehenden Nekrologs freundlich gestattet und sich durch Übernahme einer Revision, sowie durch manchen wertvollen Rat an der Fertigstellung des Druckwerkes beteiligt. Neben ihm ist der Herausgeber seinem Freunde Dr. Heinrich Meyer verpflichtet, der sich durch vielfache Hilfeleistung bei der Korrektur und Revision um dieses Nachlaßwerk des verstorbenen Lehrers ein ganz wesentliches Verdienst erworben hat.

Göttingen, Pfingsten 1908.

B. Crome.

---

*) Die wahrscheinlichste Vermutung bleibt noch diese: die ganze Stelle ist veranlaßt durch die dichterisch pointierte Benutzung von Procop., de bell. Vandal. 2, 6 in Gustav Freytags Bildern (2, 1, 445 f.): „Sie (die römischen Gaukler und Spielleute) führten den blutigen Vandalenhaufen die unzüchtigen römischen Pantomimen auf." Wie ja denn Mor. Heyne gerne die Vollständigkeit seiner Belege an den „Bildern" zu messen pflegte (auf S. 126 wird sogar der hier in Frage kommende Abschnitt ausdrücklich citiert). Die Nachricht des Procop erscheint dann in ihrem Hauskleide auf S. 104 f.

Moriz Heyne.

Nekrolog von Edward Schröder.

— Beilage zur Allgemeinen Zeitung 1906 Nr. 62. —

Göttingen, 5. März 1906.

Heute vormittag haben wir draußen auf der Höhe des Leineberges Moriz Heyne zur letzten Ruhe bestattet, der, 68jährig, am 1. März nach kurzem Kranksein abberufen worden ist: mitten heraus aus rüstiger Arbeit. Der leuchtende Frühlingsmorgen sah den weiten Weg zum Friedhof hinaus bedeckt mit schwarzgekleideten Menschen, dazwischen die Chargierten der Studentenschaft in ihrem bunten Wichs und ganze Wagen mit Kränzen und Palmen. Man merkte es wohl, der Mann, dem diese Leichenfeier galt, hatte nicht nur der Universität, sondern vor allem auch der Bürgerschaft angehört.

Moriz Heyne war eine von den glücklichen Naturen, die bei dauernder Wahrung einer ausgesprochenen Stammesart doch rasch in fremder Erde Wurzel schlagen. Die Wissenschaft, die er sich erwählt hatte, und die Art, wie er sie betrieb und verbreitete, mußten ihm das erleichtern: schuf er sich doch so jedesmal aufs neue einen Boden für eigenste Arbeit und dankbaren Erfolg. Die mittelalterliche Sammlung in Basel, deren Räume und Schätze unter seiner Leitung auf das Sechs- oder Siebenfache anwuchsen, sicherte ihm auf Schweizer Boden ebenso ein dauerndes Andenken, wie nun hier an der Schwelle Niedersachsens die Städtische Altertumssammlung, in der eine Marmorbüste auch die äußeren Züge des Mannes festhält, der sie aus eigenster Kraft gegründet und zu einem eindrucksvollen Gesamtbild der Kultur unserer Landschaft gestaltet hat.

Er war ein Thüringer und bekannte sich gern als solchen. Nicht nur die Sprechweise und der Klang der Stimme verriet diese Herkunft: auch in seinem ganzen Wesen trat sie unverkennbar zutage. Der Grundton war ein zugleich besitzfroher und unternehmungslustiger Optimismus, zuweilen umwölkt durch leicht anfliegendes Mißtrauen — denn freilich war er kein Menschenkenner! — stärker beeinflußt durch einen echt thüringischen Hang zur Sentimentalität. Unter den Künsten stand seinem Herzen die Musik nahe: Mozart und Schubert teilten sich in seine Liebe — Wagner blieb ihm ewig fremd, und diese Neigung und Abneigung hat einstmals zwischen ihm und dem Österreicher Wilhelm Scherer die Brücke geschlagen, als sich die beiden so im Grunde Verschiedenen wissenschaftlich wenig zu sagen hatten. Sein weiches Gemüt war jedem Eindruck offen: selten wird ein Bittender oder Ratsuchender ohne Dank von seiner Schwelle geschieden sein. Hingegen wehrte er von seiner geistigen Art fremde Einwirkung ab, und um seinen wissenschaftlichen Sonderbetrieb zog er frühzeitig gewisse Schranken, über die er sich wohl zumeist klar blieb. Daß innerhalb dieser Schranken eine reiche Arbeit gediehen war, durfte er sich mit berechtigtem Stolze sagen, daß über sie auch das volle Licht der Wissenschaft hereinfiel, das schloß er aus der Lebenswärme, mit der ihn ihr Dienst erfüllte.

* * *

Moriz Heyne ist am 8. Juni 1837 zu Weißenfels als Sohn eines Seilermeisters geboren, und er hat die Herkunft aus dem Handwerkerstande und die Vertrautheit mit seinen Bräuchen und seiner Lebensführung stets mit Behagen herausgekehrt: der vierte Band seiner „Hausaltertümer“ sollte recht eigentlich dem deutschen Handwerk ein Denkmal setzen. Gern verglich er sich mit dem Kürbenzäunerssohne Johann Andreas Schmeller, aber er wies auch wohl darauf hin, daß aus seiner Familie ein Jahrhundert früher ein Größerer hervorgegangen sei, der Leineweberssohn Christian Gottlob Heyne, und es schmeichelte ihm, mit dem Wirken des „Onkels“, der Sprachphilologie und Altertumskunde vereinigte, das seine in eine gewisse Parallele zu setzen.

Wie dieser Begründer der klassischen Altertumswissenschaft und eigentliche Schöpfer unserer Universitätsbibliothek, hat auch Moriz Heyne sich den Weg zur akademischen Wirksamkeit mühsam erkämpfen müssen. Die Mittel des Vaters und des Großvaters reichten nur eben hin, ihm neben der Bürgerschule einen bescheidenen Privatunterricht erteilen zu lassen. Auf diesen gestützt, erwarb der begabte und strebsame Knabe an der Hallischen Lateinschule das Zeugnis der Reife für Prima und trat dann in den Kanzleidienst der Justizverwaltung. Er wurde 1857 Supernumerar und später Aktuar, verheiratete sich früh und kam durch eine Erbschaft in den Besitz der Mittel, um seinen heißesten Wunsch befriedigen und sich ganz dem Studium des deutschen Altertums widmen zu können. Im Herbst 1860 ward er an der

Universität Halle immatrikuliert, und er hat seine spät begonnenen Studienjahre mit ungewöhnlicher Energie und höchst zielbewußt ausgenützt, indem er einmal die Lücken seiner klassischen Bildung in den Vorlesungen Bergks und durch private Lektüre ergänzte, dann aber unter Führung A. F. Potts und Heinrich Leos in alle Zweige der vergleichenden Sprachwissenschaft und des germanischen Altertums eindrang. Schon am 22. Mai 1862, also aus dem Beginn seines vierten Semesters, ist die Vorrede einer „Kurzen Laut- und Flexionslehre der altgermanischen Dialekte" (Paderborn 1862) datiert, und als er sich nach Abschluß des Trienniums zur Promotion meldete, konnte er der Fakultät seine Ausgabe des „Beóvulf" (Paderborn 1863) gedruckt vorlegen. Das Maturitätszeugnis hat er freilich nie erworben, es wurde ihm auf warme Befürwortung seiner Lehrer (Leo: „Wollte Gott, alle unsere Doktoren hätten solche Leistungen aufzuweisen wie Heyne!") vom Minister erlassen.

Der Promotion (am 3. Dezember 1863) folgte ein Jahr später die Habilitation (unterm 19. Dezember 1864). Neben Julius Zacher (und anfangs noch Lucae) hat Heyne von vornherein eine erfolgreiche Lehrtätigkeit entwickelt: an seinem Grabe stand einer seiner ältesten Schüler, Professor Edmund Stengel aus Greifswald. 1869 erhielt er ein Extraordinariat, 1870 ward er als Nachfolger Wilhelm Wackernagels nach Basel berufen, und von dort siedelte er im Herbst 1883 nach Göttingen über, wo ihm die preußische Regierung ein persönliches Ordinariat geschaffen hatte. Es bestand damals die Sorge, daß Heyne, unter dessen Obhut die mittelalterliche Sammlung in Basel einen von der Publikation „Kunst im Hause" (1880, 1882) laut verkündigten Aufschwung genommen hatte, dem akademischen Beruf und vor allem dem Grimmschen Wörterbuch, als dessen fleißigster Mitarbeiter er seit Jahren galt, den Rücken kehren würde, um die Leitung eines größeren Museums zu übernehmen, und so rief man ihn nach mehr als dreizehnjähriger Wirksamkeit in der Fremde ins Reich zurück, um seine zuverlässige Arbeitskraft dem großen Werke zu sichern, das, früh verwaist, ein rechtes Sorgenkind der Nation geworden war — und nun leider doch geblieben ist. In Göttingen hat Heyne sich seine Wirksamkeit ganz ähnlich gestaltet wie in Basel: seine Vorlesungen umspannten nach wie vor das Gesamtgebiet der deutschen Sprach- und Literaturgeschichte wie der mittelalterlichen Realien; das Museum, das in Göttingen fehlte, schuf er vor staunenden Augen aus dem Nichts, und das lebendige Interesse für die vaterländischen Altertümer und die Geschichte des Heimatbodens, das er in Basel vorgefunden hatte, weckte er hier in weiten Kreisen durch Gründung eines Geschichtsvereins, der im Grunde nur ein Museumsverein war und dessen Haupt und Seele er bis zuletzt blieb. In den ersten 100 Sitzungen hat er selbst 36 Vorträge gehalten, und Zweck und Ziel fast aller war, für das Museum zu werben, seinen Bestand zu erläutern und lehrhaft mit der allgemeinen Kulturgeschichte zu verknüpfen. Dieses Museum aber, und vor allem die Mittel und Wege, die er fand, um es bei recht bescheidenen Geldmitteln doch rasch und ansehnlich auszugestalten, brachten ihn mit allen Schichten der Bevölkerung in Berührung und schufen ihm eine Popularität, wie sie in dieser Art nie zuvor ein Göttinger Hofrat oder Geheimrat genossen hat. Die natürliche Lässigkeit seiner Formen wurde hier dankbar aufgenommen und steigerte den Eindruck der Leutseligkeit: denn in der äußeren Erscheinung und dem Wesen Heynes waren die Züge des Gelehrten und des Kleinbürgers höchst charakteristisch gemischt — und Nähe wie Abstand wurden abwechselnd und gleichmäßig empfunden.

* * *

In die Wissenschaft ist Heyne um die Zeit eingetreten, als Jacob Grimm von uns schied. Seit einem Jahrzehnt war unsere Disziplin in zwei feindliche Heerlager gespalten: er selbst ist aus keinem von beiden hervorgegangen und hat sich auch später niemals einer Partei oder Gruppe angeschlossen. So blieb er von den wechselnden Streitobjekten wie auch von den Fortschritten der Methode hüben und drüben fast unberührt, die neuen Probleme in Grammatik und Literaturgeschichte haben ihn wenig bekümmert, er blieb ein Einspänner, der sich eine markante Eigenart wahrte, und schuf sich mehr und mehr eine Domäne, auf der ihm nach dem Tode Wilhelm Wackernagels kein Nebenbuhler erwachsen ist. Im Grunde war und blieb er ein Autodidakt. Von seinen akademischen Lehrern hat allein der greise Historiker Heinrich Leo einen stärkeren Eindruck bei ihm hinterlassen; er gab den zunächst dilettantischen Neigungen, die den Aktuarius Heyne mit 23 Jahren auf die Kollegbänke führten, das Siegel und den Geleitbrief der Wissenschaft: Vereinigung und Durchdringung von Sprach- und Kulturgeschichte, das steht für ihn schon fest, als er der Beóvulfausgabe die Untersuchung über „Bau und Lage der Halle Heorot“ (1864) nachsendet und bald darauf die Thesen für seine Habilitation aufsetzt, und sein reifstes und persönlichstes Werk, die „Deutschen Hausaltertümer“, von dem in den Jahren 1899 bis 1903 drei Bände in rascher Folge erschienen sind („Wohnung“ — „Nahrung“ — „Körperpflege und Kleidung“), ist wirklich das früh geschaute Endziel einer mehr als vierzigjährigen wissenschaftlichen Laufbahn.

Auf dem langen Wege bis dahin gibt es freilich mehr als eine literarische Leistung, die ihm die äußeren Umstände aufgedrängt oder abgenötigt haben, aber doch kaum eine, die nicht für die deutsche Altertumswissenschaft direkt oder für ihren Lehrbetrieb von Nutzen gewesen wäre, keine, die ihn nicht zugleich selbst gefördert hätte. Jene „Jugendsünde“ — so pflegte er selbst vor seinen Zuhörern die „Laut- und Flexionslehre der altgermanischen Dialekte“ von 1862 zu nennen — war immerhin das erste brauchbare Handbuch seiner Art, die Studenten der 60er und 70er Jahre bewahren ihm eine dankbare Erinnerung, und daß Heyne das von Jacob Grimm vernachlässigte Altfriesisch hier an seinen Platz gestellt und zuerst in Deutschland den Blick auf den interessanten Dialekt der Faeröer gelenkt hat, wollen wir ihm nicht vergessen. Der Ausgabe des „Beóvulf“ (1863) folgte die Neubearbeitung des Stammschen „Ulfilas“ (1865) und eine eigene Edition des „Heliand“ (1866). Heyne vereinigte als erster die „Kleineren Denkmäler der altniederdeutschen Sprache“ (1867), brachte die Diskussion über die Heimat des Heliand in Fluß und wies in den Handschriften dieses Werkes ein interessantes Gebiet sprachgeschichtlicher Forschung auf („Kleine altsächsische und altniederfränkische Grammatik“, Paderborn 1873). Die von ihm selbst besorgten Auflagen aller dieser Ausgaben und Handbücher erreichen in Summa die Zahl 24: schon daraus ergibt sich, wie sehr das akademische und das Privatstudium der altgermanischen Sprachen dem Studiosus und Privatdozenten Moriz Heyne verpflichtet sind. Freilich sind gegen mehrere von ihnen berechtigte Einwände erhoben worden, die einmal ein berufener Kritiker in das Bedauern zusammenfaßte, daß Heyne seine Bücher nicht so gut mache, als er wohl könnte. Der erste Wurf gelang ihm stets mit einer ungemeinen Leichtigkeit, aber zu einer sorgfältigen Feile und zu dauernder Fürsorge hat er sich niemals die Zeit genommen und wohl auch nicht den inneren Sporn empfunden. So hat er denn auch seit Jahren die Neubearbeitung des „Beóvulf“ ganz und die des „Ulfilas“ teilweise anderen Händen überlassen.

Seit 1867 war Heyne Mitarbeiter des großen Deutschen Wörterbuchs, und er ist der rüstigste Förderer dieses nationalen Werkes geworden, zu dem er und seine von ihm ausgestatteten und geleiteten Schüler vier Bände mit gegen 11000 Spalten beigesteuert haben. Dem gereiften Meister der lexikalischen Forschung und lexikographischen Technik, der 25 Jahre lang seine Kraft auf ein halbes Dutzend Buchstaben hatte beschränken müssen, war es schließlich Bedürfnis geworden, auch einmal in knapperer Form eine Gesamtübersicht über den neuhochdeutschen Wortschatz zu bieten: so erschien denn 1890—1895 in drei Bänden das „Deutsche Wörterbuch“ Moriz Heynes, ein Werk durchaus eigenen Gusses, wie er mit vollem Recht in dem Vorwort der eben bereitliegenden zweiten Auflage betont hat. Nun war er vor wenigen Monaten, indem er den zur Hälfte druckfertigen Band 4 der „Hausaltertümer“ beiseite schob, zu dem großen Wörterbuche zurückgekehrt, dessen letzten Buchstaben er sich allein vorbehalten hatte: wie freute er sich auf den allerletzten Artikel „Zwunsch“ (ein Vogelname) und auf das Erntefest zusammen mit den Schülern, die seine Mitarbeiter waren, wenn erst alles „ze wunsche getân“ wäre! Und was wollte der fröhliche Pläneschmied noch alles in Angriff nehmen, nein abschließen! Vor dem fünften Bande der „Hausaltertümer“ gedachte er als selbständiges Werk eine „Geschichte des Tanzes“ einzuschieben, und eifrig erörterte er den Plan eines großen „Realwörterbuches der deutschen Altertumskunde“, als ob er noch über ein paar Jahrzehnte zu verfügen hätte. Es ist anders gekommen! Unter den Mitarbeitern des Grimmschen Wörterbuches hat sich seit langem die Vorstellung gefestigt, daß sie bei einem bedeutungsvollen Worte von der Arbeit abberufen werden: Jacob Grimms Manuskript reichte bis zum Worte „Frucht“, Lexer hat den Druck bis „Todestag“ geleitet, Lucae sah beim Artikel „Ich“ ein, daß ihm die Kraft zur Fortarbeit fehle. Als ich den erkrankten Kollegen zuerst aufsuchte, lag neben seinem Lager der Notizzettel „zahllos“, und die treue Lebensgefährtin war eben bemüht, nach Anweisung des Gatten die fehlenden Belege für das früheste Vorkommen dieser Form aufzuspüren, als der Arzt jeder geistigen Anstrengung Einhalt gebieten mußte. Man hat Heyne in den letzten Jahren öfter den Vorwurf gemacht, daß er zu viel von eigenen Plänen zwischen die Pflichtarbeit eingeschaltet habe: auch diese Tadler wird es versöhnen, daß er in den Sielen gestorben ist. Aber neben den vielen, die tiefbekümmert um das abermals verwaiste Wörterbuch klagen, werden andere darum trauern, daß ein fünfter Band der „Hausaltertümer“ niemals erscheinen wird. Es waltet ein eigener Unstern über dem Plan, den dieser Band ausführen sollte: die „Geschichte der deutschen Sitte“, die Jacob Grimm den „Rechtsaltertümern“ und der „Mythologie“ an die Seite stellen wollte, mit der Wilhelm Scherer die „Deutsche Altertumskunde“ Müllenhoffs zu krönen gedachte — auch Moriz Heyne hat sie nicht schreiben dürfen.

Altertümer und Wörterbuch! — sie sind bei Heyne nebeneinander hergegangen durch fast 40 Jahre, und sie haben sich fortdauernd gegenseitig befruchtet. Darin lag Heynes Eigenart und seine Stärke, und in dieser Vereinigung tat es ihm wirklich keiner gleich. Wohl hat er niemals so abgerundete und gemütvoll durchwärmte Ausschnitte aus der Kulturgeschichte geliefert, wie vielfach Rudolf Hildebrand, besonders in dem Buchstaben K, aber er besaß einen merkwürdig sicheren Blick dafür, in welcher Sphäre der geistigen oder materiellen Kultur unseres Volkes die Entstehung eines Wortes oder seine Herübernahme aus der Fremde erfolgt und durch welche Faktoren seine Bedeutungsentwicklung beeinflußt sein könnte. Und der Respekt vor dem tatsächlich von ihm Geleisteten wächst, die Mängel finden leicht ihre Erklärung, wenn ich verrate, daß Heyne nur in beschränktem Maße über fremde Exzerpte und Notizen zum Wörterbuch, fast gar nicht über eigene, lange aufgesammelte Kollektaneen zu den Altertümern verfügte, sondern in hundert Einzelfällen, mit einem oft verblüffenden Instinkt, erst die Quelle selbst aufsuchte. Auch diejenigen, die an seiner gelehrten Arbeit manches auszusetzen hatten, haben ihm einstimmig einen großen Fleiß nachgerühmt — und doch hat er täglich nur wenige Stunden konzentrierter Arbeit auf seine literarische Tätigkeit verwendet; die Vorlesungen, das Museum, der Geschichtsverein, die Loge nahmen ihm viel Zeit weg, und für seine Schüler war er immer zugänglich.

In seinem akademischen Unterricht betonte er nachdrücklich, und gelegentlich wohl mit der Überschätzung der Liebe, den Zusammenhang des Studiums der Realien mit dem von Sprache und Literatur, und er hatte die Freude, aus seiner Schule eine ganze Reihe tüchtiger Museumsbeamten hervorgehen zu sehen. Er wurde nicht müde, den Reichtum gerade dieses Grenzgebietes zu preisen, beständig trug er sich mit kleinen Problemen solcher Art; sie begleiteten ihn auf seinen Spaziergängen mit der Familie, auf seinen Geschäftswegen in der Stadt, und es machte ihm ein besonderes Vergnügen, Kollegen und Freunde durch Fragestellungen aus der Geschichte der Worte und Sachen zu verblüffen, die ihm selbst erst neu aufgetaucht waren.

Höhen und Tiefen unseres Kulturlebens haben ihn gewiß allezeit gleichmäßig interessiert. Nichts Großes vermochte ihn niederzudrücken, und der Schauer der Ehrfurcht vor dem Hohen blieb ihm fremd — das Kleine hingegen erschien ihm niemals gleichgültig oder verächtlich. Er strebte immer danach, beides auf einer mittleren Ebene zu vereinigen und sich und dem Leser oder Zuhörer menschlich nahe zu bringen. Es ist die Stärke seiner historischen Forschung, daß er einen Blick für alles und jedes hatte — es ist die Schwäche seiner geschichtlichen Auffassung, daß er die Größenverhältnisse leicht verkannte und dann die Perspektive verschob. Die Fülle der Erscheinungen hatte für ihn nichts Verwirrendes, denn wie seine ordnende Hand die Säle der Museen, für die eine Menge wunderlichen Krams zusammenfloß, zu übersichtlichen und lehrreichen Anschauungsreihen zu gestalten wußte, so drängte seine ordnende Phantasie auf Klarheit und Übersichtlichkeit, wo immer er einsetzte. Seine Darstellung läßte nirgends die Probleme hervortreten, und doch tut man ihm unrecht, wenn man ihm den Sinn und die Aufmerksamkeit für die Probleme abspricht. Aber freilich, selten ist er vor die Öffentlichkeit getreten mit einer Frage, für die er nicht gleich die Antwort mitbrachte. Er hatte eine Freude an sauberen Manuskripten und runden Formulierungen, und die lebende Sprache fügte sich ihm williger, als sonst wohl denen, die ihren Leib zu sezieren gewohnt sind. Daß seine Auskunft in Fragen der Wort- und Sachgeschichte, auch wo sie sehr bestimmt auftritt, immer die richtige oder einzig mögliche sei, wer wollte das behaupten? — daß sie aus einer lebendigen Vorstellung von den Dingen erwachsen ist, muß man ihm durchweg zugestehen.

Inhalt.

Erster Abschnitt.

Gewerbe.

§ 1.

Das altgermanische Hausgewerbe und seine Ausbildung in der Zeit bis zum 10. Jahrhundert.

Daß im alten Germanien alles, was zur Wohnung, Nahrung, Bedeckung und Kleidung, selbst zu Wehr und Schutz dient, im Hausbetriebe gefertigt wird, ist ein Satz, der nur wenige Einschränkung zuläßt. Zwei Handwerke kommen dabei vornehmlich in Betracht. Das uralte Gewerbe der Töpferei ist, was wenigstens die nicht ganz grobe Ware betrifft, von vornherein mit auf den Handel gerichtet gewesen, weil sich für jene weder die nötige Masse noch die Geschicklichkeit, diese zu verarbeiten, überall vorfand, und bessere Tonwaren doch auch im alten Germanien zum Bestand einer jeden nicht ganz untergeordneten Haushaltung gehörten; und das Gewerbe eines Schmiedes ist in vorgeschichtlichen Zeiten als Wandergewerbe entstanden und von da aus erst zum Hausgewerbe geworden. Abgesehen von solchen Ausnahmen sehen wir im Beginn unserer geschichtlichen Kenntnis der Germanen jeden Hausvater für das, was in seiner Wirtschaft gebraucht wird, auf sich selbst gestellt. Aber die Entfaltung des schlichten Hausgewerbes zum Verkaufsgewerbe entwickelt sich sozusagen vor unsern Augen, und es erstehen selbst beträchtliche Anfänge eines Exportes gewerklicher Erzeugnisse.

Die Nachricht des Tacitus, daß die Hochgestellten und Besten der Germanen ihre Zeit nur mit Jagen und Müßiggang zubringen und im Frieden gar nichts treiben[1]), ist, wie so manches bei diesem Schriftsteller, falsch, ja ohne Sinn. Bei den DHA. 3, 4 geschilderten Charaktereigenschaften erscheint es ganz unmöglich, daß germanische Hausväter in den immerhin doch überwiegenden friedlichen Zeiten ihres Volkes stumpf dahinbrüten (*hebent*), die Sorge für die gesamte Wirtschaft Frauen, Schwächlingen und Greisen überlassen und auf solche Weise notwendig in eine unwürdige Abhängigkeit von diesen geraten. Das Gegenteil ist richtig: die Oberleitung des Hauswesens ruht in der Hand des Hausvorstandes, vom schlichtesten Unfreien bis hinauf zum Könige, der zuerst in seinem Eigentume befiehlt und Haus, Hof und Feld in Ordnung hält; und es erscheint nur als der Ausfluß Jahrhunderte alter Übung, wenn noch Karl der Große seine hausväterliche Sorge auf seine Güter und Höfe richtet und dies durch Ordnungen und Entwürfe für Inventarien bekundet. Dazu aber gehören technische Kenntnisse, wenn sie auch nicht praktisch in Fertigkeiten umgesetzt werden oder werden können. Die Erziehung jedes germanischen Knaben muß sich notwendig auf die Erwerbung solcher Kenntnisse mit gerichtet haben.

Vor allem ist der, der eine Familie gründet oder ihr vorsteht[2]), genötigt und gehalten, sein eigener Baumeister zu sein, derart, daß er zu jedem Gebäude seiner Hofstatt den Platz wählt, den Grundriß bestimmt, Maße sowie Einteilung festsetzt, über das Baumaterial und seine Auswahl Anordnung trifft und den Bau, wenn er als Höherstehender über eigene Leute verfügt, nur leitet oder eine Oberaufsicht führt,

---

[1]) *quotiens bella non ineunt, non multum venatibus, plus per otium transigunt, dediti somno ciboque. fortissimus quisque ac bellicosissimus nihil agens, delegata domus et penatium et agrorum cura feminis senibusque et infirmissimo cuique ex familia. ipsi hebent* Tacitus, Germ. 15.

[2]) Der feste Name eines solchen ist got. *heiwafrauja; þamma heiwafraujin* τῷ οἰκοδεσπότῃ Marc. 14, 14. Das lat. *pater familias* wird ags. übersetzt *hŷredes hlâford* Wright-Wülcker 1, 311, 24; ahd. *hûs-hêrro* Müllenhoff-Scherer 1³, 277; *paterfamilias: hûshêrre* Steinm. 3, 420, 33; *patrem familias: hûseigan, hûseigon* 1, 712, 20 f., *hûseigun* 807, 21. Solchen festen Ausdrücken gegenüber erscheint unverbundenes *hîwiskes fater* in enger Anlehnung an das lateinische: Tat. 124, 1 u. ö.

sonst aber auch werktätig bei ihm hilft. So wird noch im Walthariliede als die Obliegenheit selbst des vornehmen Hausvaters neben der Sorge für den Acker der Hausbau angegeben[3]), in der altnordischen Rigsþula wenigstens als Beschäftigung der Freien[4]), während der Edle davon verschont bleibt: gemeint ist aber offenbar auch hier nur die Enthaltung von der Hilfe bei der Ausführung, während der Freie mit zugreift.

Der Ausführung eines Baues geht Grundrißentwerfung und Vermessen voraus. Müssen wir jene, wenigstens in den Hauptzügen, als Arbeit des altgermanischen Hausvaters ansehen, so beginnt mit dem letzteren und mit der Ausführung des Baues die eigentlich technische Fertigkeit, bei welcher die Anfänge des wichtigsten Hausgewerbes, des Zimmermanns, einsetzen.

In einfachster Weise wird für die DHA. 1, 20 f. genannten geringen Bauten der Grundriß gleich durch Abstecken gegeben, worauf auch das got. *hleiþra-stakeins* Joh. 7, 2 hindeuten könnte, wenn man es nicht als bloße wörtliche Übersetzung des griech. σκηνοπηγία auffassen muß; doch begegnet der Ausdruck auch sonst[5]). Das technische Wort für das Ausmessen der Abstände kann nicht das gemeingermanische *messen*, got. *mitan*, ahd. *mezzan* gewesen sein, da dasselbe von Anfang nur auf Umfang und Inhalt geht und erst später seine Bedeutung auf Abstände ausdehnt; wir müssen vielmehr dafür das ebenfalls gemeingermanische, nicht in allen Dialekten erhaltene *spannen*, ahd. altsächs. angelsächs. *spannan*, altfries. *spanna* und *sponna*, altnord. *spenna* dafür ansprechen, das mit griech. σπάειν ziehen, ausziehen, urverwandt ist und in Ablaut zu gemeingermanischem *spinnan* steht, indem es so die ursprüngliche Bedeutung des

[3]) *Si nuptam accipiam domini praecepta secundum, Vinciar inprimis curis et amore puellae Atque a servitio regis plerumque retardor. Aedificare domos cultumque intendere ruris Cogor* Walth. 150 ff. Der Mönch von St. Gallen erzählt, daß bei wichtigen Bauten Herzöge und Grafen, Bischöfe und Äbte in Person auf Befehl Karls des Großen beaufsichtigend tätig sein mußten: 1, 30 f.

[4]) *hûs at timbra* Rigsþ. 22, 5.

[5]) ahd. *fixere tentoria: kisteichan kazelt* Steinm. 1, 363, 3 (nach Numeri 2, 27: *juxta eum fixere tentoria de tribu Asser*).

letzteren als Ziehen (eines Fadens) beleuchtet: das Substantiv, ahd. altsächs. *spanna*, angelsächs. *spann*, altnord. *spǫnn*, bedeutet eigentlich die Handlung des Auseinanderziehens, ist früh allgemein auf das Strecken der Hand von dem äußersten Ende des Daumens zu dem des Zeige- oder auch kleinen Fingers übertragen und eingeschränkt und so in den Begriff eines Maßes übergegangen. Diesem *spanna* zur Seite geht als Maßbezeichnung das gleichfalls gemeingermanische Faden, gotisch nicht bezeugt, in anderen Dialekten in verschieden entfalteter Bedeutung (altsächs. *faðmôs*, angelsächs. *fæðm* beide ausgebreitete Arme, altnord. *faðmr*, Umarmung, ahd. *fadam*, *fadum*, Meßgarn, Garn), das zu griech. πετάννυμι ausbreiten, gehört, und durch die althochdeutsche Bedeutungsänderung zugleich sehen läßt, was man gewöhnlich zum Maßnehmen gebrauchte, nämlich Schnur oder Sehne (vgl. dazu DHA. 3, 246, Anm. 193).

Ein sorgfältigeres Entwerfen des Grundrisses für große, stattliche und gegliederte Gebäude wird zeichnerischer Hilfsmittel nicht entraten können. Es steht nichts entgegen, die Anwendung solcher schon in ein ganz frühes Zeitalter zu setzen, da sie bei dem germanischen Kunstgewerbe, vor allem bei den Edelschmieden und ihren Ornamentarbeiten notwendig schon in vorgeschichtlicher Zeit gebraucht worden sein müssen. Wie und worauf gezeichnet wurde, erhellt aus dem gemeingermanischen Verbum reißen, dessen gotische Form als *wreitan* nur vorausgesetzt werden kann (bezeugt durch das Subst. *writs* Strich, Punkt), das aber als altnord. *rîta*, angelsächs. altsächs. *wrîtan*, altfries. *wrîta*, ahd. *rîʒan* durch alle alten Dialekte geht und die ursprüngliche Bedeutung des aufreißens oder schlitzens in einigen geradezu vor dem technischen Sinne hat untergehen lassen. Vorausgesetzt wird hierfür Griffel und Holz, und wie Venantius Fortunatus ausdrücklich bezeugt, daß der Franke seiner Zeit auf hölzerne Tafeln schreibt[6]), so hat sich in Oberflacht

[6]) *Barbara fraxineis pingatur runa tabellis, Quodque papyrus agit virgula plana valet* VEN. FORTUNAT., Carm. 7, 18, 19 f.; *pingere* braucht hier nicht in dem strengen Sinne des Malens genommen zu werden, da es ja auch das Einstechen beim Kunststicken bedeutet; wiewohl

Fig. 2.

Fig. 1.

Verlag von Karl J. Trübner in Straßburg.

im Grabe eines Jünglings eine Holztafel mit solchen Zeichnungen gefunden, die offenbar als Skizzen zu Bauverzierungen gedacht sind (Fig. 1 u. 2), in einem andern ein bronzener Griffel.

Der Festsetzung des Grundrisses folgt die Ausführung des Baues in demjenigen Stoffe, in dem allein der Germane Meister ist (DHA. 1, 17 ff.). In der ältesten Zeit ist der Wald Gemeinbesitz, Holz kann darin von jedermann nach Belieben geschlagen werden, und einen Diebstahl begeht nur der, welcher schon geschlagene oder verarbeitete Hölzer aus dem Walde oder sonst fortschafft[7]). Wie jenes Recht später nach und nach eingeschränkt wird, ist DHA. 2, 151 ff. geschildert, vgl. auch DHA. 1, 161 ff.

Das Instrument, mit dem das Holz geschlagen und für den Hausbau zu Balken, Pfosten, Sparren und Latten verarbeitet wird, hat sich aus weit zurückreichenden vorgeschichtlichen Anfängen erst spät im Zeitalter des Eisens zu derjenigen Grundform entwickelt, die bis heute geblieben ist, weil sie für ihre Zwecke die höchste Leistungsfähigkeit in sich schließt[8]). Wie die Grundform in verschiedene Varianten ausläuft, so begegnen auch im Germanischen verschiedene Namen. Als ältester, über alle Dialekte verbreiteter, got. *aqizi*, altnord. *ex* und *ox*, *exi* und *oxi*, angelsächs. *æx*, altsächs. *acus* und *accus*, ahd. *acus*, *achus*, *acchus*, mhd. *ackes*, unsicherer Herkunft[9]); weniger verbreitet ist altnord. *barða*,

---

eine Anwendung von Kohle oder Rötel zum Schreiben oder Zeichnen auf Holztafeln nicht ausgeschlossen ist.

[7]) *si quis Ribuarius in silva commune seu reges vel alicuius locadam materiam vel ligna finata* (*fissa* Codd. B.) *abstulerit, 15 solidos culpabilis iudicetur, sicut de venationibus vel de piscibus, quia non res possessa* (*est* Codd. B.) *sed de ligna agitur* Lex Ribuaria LXXVI. Vgl. dazu *si quis de lignamen adunatum in curte aut in platea ad casam faciendam furaverit, componat solidos sex; si autem in silva dispersum fuerit et furaverit, conponat in actogild* Edictus Rothari 283.

[8]) Vgl. W. Osborne, Das Beil und seine typischen Formen in vorhistorischer Zeit (1887) 52 ff. Die folgenden Angaben über Zimmermannsgeräte führen weiter aus, was DHA. 1, 76 f. nur andeutungsweise berührt werden konnte.

[9]) Das Verhältnis zu griech. ἀξίνη und lat. *ascia*, für das man eine Vorform *acscia* annimmt, ist nicht klar, vgl. Leo Meyer, Griech. Etymologie 1, 51. Es ist nicht ausgeschlossen, daß wir mit einer vor-

altsächs. *barda*, ahd. *barta*, mhd. *barte*, ebenfalls der Herleitung nach dunkel; von dialektischen Sonderausdrücken ist besonders bemerkenswert ahd. *dehsala*, mhd. *dehsel*, weil es, als mit littauisch *taszýti* behauen, zimmern, und sanskr. *takšan* Zimmermann, urverwandt, einen weiten etymologischen Hintergrund hat, und das gleichfalls nur ahd. *bîhal*, *bîal*, mhd. *bîhel*, *bîel*, *bîl*, das man mit dem erst mhd. auftauchenden *bicke* und *bickel* Spitzhacke, zweifelnd zusammenstellen mag, aber wohl von dem Namen der hauenden Waffe, ahd. altsächs. angelsächs. *bil*, *bill*, trennen muß.

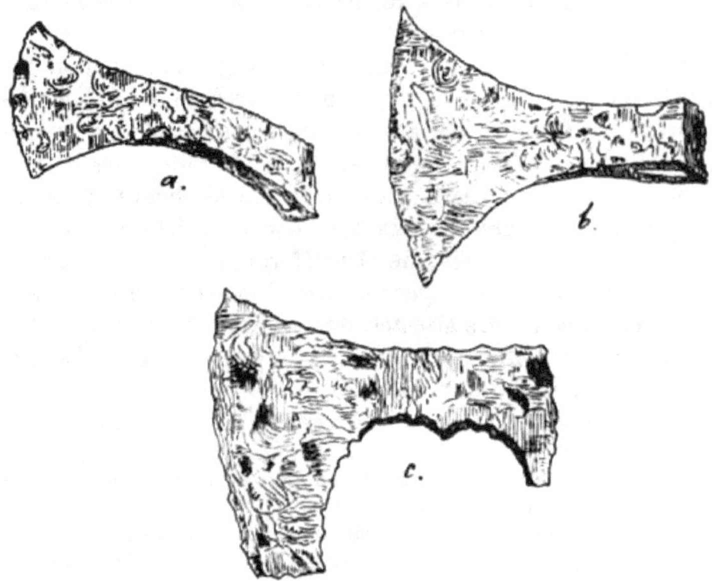

Fig. 3. Beilformen.
(nach W. Osborne, Das Beil und seine typischen Formen in vorhistorischer Zeit (1887) Taf. 17—19). a) Fundort: Hessen. b) Fundort: Oldenburg. c) Fundort: Rheinhessen.

---

geschichtlichen volksmäßigen Entlehnung des Wortes aus griech.-latein. Elementen zu rechnen haben, da auch die Form des Geräts auf den Einfluß jener Länder hinweist. Bei einer solchen Annahme würde auch ags. *ascia: adesa* Wright-Wülcker 1, 141, 29. 333, 35 u. ö., *aetsa* neben *aecsa*: Gallée, Vorstudien zu einem altniederd. Wörterbuche (1903) S. 2, hierher fallen, das dann im Laufe angels. Sprachentfaltung eine von *æx* verschiedene Bedeutung gewonnen hat: *bær him æxe ond adosan* (Axt und Beil) *on honda* Beda, Hist. eccles. 4, 3 (S. 264, 6 Miller).

Charakteristisch für alle Formen des Geräts ist die flache in die Schneide auslaufende Keilform des Kopfes, welcher quer zu dem Stiele (Helme) steht und in seinem hintern Teile, dem Nacken, so verstärkt ist, daß dadurch eine Öffnung (Auge) zur Aufnahme der Handhabe geht. Diese Grundform steht seit den altgermanischen Zeiten fest. Die Schneide wird nach den verschiedenen Arten der Holzarbeit verschieden behandelt: sie ist länger oder kürzer, gerader oder gebogener, selbst mehr oder weniger aus dem Blatte heraus geschweift oder geeckt, je nachdem es der Arbeit an senkrecht stehendem oder horizontal gelagertem Holz gilt, oder

Fig. 4. Axt und Beil in Anwendung: Bäume fällen und Stämme behauen.
Teppiche von Bayeux (nach den von der Society of Antiquaries of London herausgegebenen Monumenta vetusta. Vol. 6, Taf. 8).

feinere oder gröbere Schläge geschehen sollen (Fig. 3); ebenso ist der Stiel länger oder kürzer, gerade, geschweift, nach hinten oder seitwärts gebogen. Das Gerät zum Fällen eines Baumes, wobei die Streiche mit Wucht geführt werden, kann eines langen Stieles nicht entbehren; das zum feineren Behauen des gefällten Holzes gebrauchte verkürzt den Stiel, und verlängert und biegt zugleich die Schneide (Fig. 4). Und damit ist ein Unterschied gegeben, wie er bei uns gewöhnlich zwischen Axt und Beil erscheint, und wie er in sehr alter Zeit gewiß auch in der Benennung der verschiedenen Arten sorgfältig betont wurde. Bereits früh aber verwischen sich die Unterschiede in den Namen, wozu wohl auch der Gebrauch des Gerätes in verschiedenen anderen Zweigen des Hausgewerbes, sowie als Waffe, beiträgt. Mit dem Fällen des Baumes wird got. *aqizi*, ahd. *acus*, angelsächs. *æx* in Verbindung gebracht[10]), aber Zusammensetzungen sowohl im Althochdeutschen als im Angelsächsischen[11]) deuten auch auf andere Verwendung und auf Ausbildung der Form, die sich bis auf völlige Wiederholung auf der entgegengesetzten Seite, nach römischem Vorbilde (*bipennis*), erstreckt hat; nur der lange Stiel bleibt als charakteristisch. Für das kurzstielige Instrument laufen ebenfalls die Namen durcheinander, und es scheint, daß, wie noch jetzt, landschaftlich der eine oder andere bevorzugt worden ist[12]).

Im altgermanischen Dorfe ist Beihilfe zum Hausbau des einzelnen allgemeine Nachbarsache, und diese Hilfe dauert durch das Mittelalter hindurch fort, bis zur vollen Aufrichtung des Gebäudes einschließlich des Dachgerüstes, wofür der technische Ausdruck eben ahd. *rihtan*, altsächs. *rihtian* ist, der vollständig den Sinn des Aufbauens annimmt[13]).

---

[10]) got. vgl. Luc. 3, 9; ahd. Tatian 13, 15; ags. Marc. 3, 10. Luc. 3, 9 u. ö. *sie hiuwen einmuoto die ture mit accheson, also man ze holz untûrlîcho niderslahet die bouma* NOTKER, Ps. 73, 6.

[11]) ahd. *ascia: twerachs* STEINM. 3, 638, 55. 639, 16, *tuerakis* 122, 23; *bipennis: dverhahs* 359, 54 (erklärt *bipennis: achus zuuiuuas* 4, 4, 61); *bipennis: satelhachs* 3, 639, 19. Selbst auf eine Hackenart geht das Wort *riutachus: sarcula* GRAFF 1, 136. Ags. *dolabrum: brâdæx*, *bipennis: twibille, vel stân-æx* WRIGHT-WÜLCKER 1, 146, 26 f. Eine kleine Axt heißt *tapor-æx*, auch als Wurfmaß gebraucht: *þæt scip bið aflote, swâ feorr swâ mæg ân tapor-æx beón geworpen ût of ðam scipe up on þæt land* THORPE, diplomatar. Angl. 317. *tapor* ist sonst die lange Wachskerze auf Kirchenleuchtern; das Instrument wird seines dünnen Stiels wegen den Namen empfangen haben.

[12]) ahd. *bipennem: bardun* STEINM. 2, 554, 38, *bartun* 559, 46, *dolabrum: barte* 3, 359, 56, *barde* 389, 39, *barta* 636, 57, *parte* 639, 15 u. ö. *bipennis: helembarde* 389, 42; *ascia: dehsa, dehse, dehsila, theselo* 122, 21 f. *ascia: thesela, desel* 193, 1, *dehsala, dechsela, dehsla, dehsil, dehsa* u. ä. 1, 519, 16 ff. u. ö. — *dolabrum: bîle, ascia: barde, securis: ackes* 3, 371, 66 ff., *ascia: bîl.* 389, 41; *bipellis: pîhal, pîhala, pîchal* 633, 24 f. *bebinnum: bîhal* 634, 5; *bipennis: pîhil* 637, 4, *pîil* 65, usw.

[13]) Vgl. *dara nâh ruofi ih zi dînen gnâdun umbi unser munustur, daȝ zistôrit ist durh unsre sunta, daȝ eȝ rihtet werde durh dîna gnâda unta*

Die Vollendung solcher Arbeit feiert der Erbauer durch Bewirtung seiner Helfer, wovon noch heute der uralte Richtschmaus (Richtebier, Aufrichte) übrig ist.

Aber jene allgemeinere Hilfe erstreckt sich nur auf Handlangerdienste. Mit der Bearbeitung des gefällten Baumes tritt, wie schon oben angedeutet, die technische Tätigkeit des Haushandwerkers ein, die, wenigstens in ihrer besseren Ausbildung, nicht jedermann versteht. Der Zimmermann bildet sich hervor. Der Name ist gotisch als *timrja*, ahd. als *zimbarâri* und *zimbarman* bezeugt[14]) und lehnt sich an das Neutrum *timbr* an, dessen älteste, in den Dialekten mehrfach erhaltene Bedeutung die des Bauholzes ist, und zwar die des gefügten, da *timr* oder *timbr*, ahd. *zimbar* nur Weiterbildung zum Verbum *timan, gatiman*, ahd. *zeman*, zusammenfügen, passend verbinden, sein kann[15]).

Die Tätigkeit des Zimmermanns beginnt mit der Zurüstung des Holzes, das nur für die geringsten Bauten im Rohzustande bleibt, sonst aber entrindet und behauen wird, so daß es glatte und ebene Formen gewinnt (got. *slaihts*, ahd. *sleht* glatt, eben); der technische Ausdruck dafür ist ahd. *slihtan*, altsächs. *slihtian*; sonst auch ahd. *scaffôn*, *snîdan* oder *lîchan*[16]). Das Spalten von Holzstämmen, die

---

durh allero dînero heiligôno diga Otlohs Gebet, Müllenhoff-Scherer, no. 83, 41 ff. *therô jârô was ju wanne in themo zimborônne* (des Tempels) . . . *fiarzug inti sehsu; biheizist thih niwihtes, thaʒ thu thaʒ irrihtes sâr in theru nôti in thrîô dagô zîti* Otfrid 2, 11, 37 ff. Von diesem Aufrichten der Balken her heißt es auch altsächs. *thus sia thâr an griote galgun rihtun* Heliand 5534.

[14]) got. *sa timrja* ὁ τέκτων Marc. 6, 3; *þai timrjans* οἱ οἰκοδομοῦντες 12, 10. ahd. *zimbarâri, cimbrâri: artifex* Graff 5, 672 f. *zimparman. cimparman, zimbarman: aedilis, faber, architectus* u. ä. 2, 746. Vgl. auch DHA. 1, 36.

[15]) Vgl. Leo Meyer, Handbuch der griech. Etymologie 2, 232 f. unter δέμειν bauen und δόμος Gebautes, Haus, Zimmer.

[16]) ahd. *levigatis: kislihtêm* Steinm. 1, 283, 4 (nach Genes. 6, 14: *fac tibi arcam de lignis levigatis*); *levigatis i. kislihten, kiscaffôten* 303, 6; altsächs. *levigatus: gislihtid* 4, 204, 58. — *dolaverunt: snitun* 1, 434, 14. 444, 18. *dolatum: gisnidonaʒ, dola: barda* 2, 554, 31; *dolatura i. bardo, inde verbum dolo, dolas, i. lîchu* 559, 41 f.

sich dazu eignen, übt man[17]), und hier zeigt ein althochdeutscher Ausdruck, daß man sich, wenigstens in jüngerer Zeit, bei dieser Technik von den Römern abhängig gemacht hat, denn das nur ahd. vorhandene Verbum *scessôn*[18]) scheint eine Ableitung vom lateinischen *scissus*, das im Mittellateinischen sich zu dem Sinne des kunstvoll getrennten, durch Abtrennen geformten entwickelt hatte[19]). Das Gerät, mit dem gespalten wird, ist der Keil[20]); er reicht in uralte vorgeschichtliche Zeiten zurück. Dasselbe ist der Fall mit der Säge, die sich aus recht unvollkommenen Anfängen erst spät, und nach römischem Vorbilde zu einem leistungsfähigen Instrumente für das Bauwesen hervorgebildet hat, und die verschiedensten Stücke aus dem gefällten Baume bilden hilft (Fig. 5, 6, 7). Wie früh die Umbildung der Säge unter jenem römischen Einflusse erfolgt sein mag, läßt sich durch die Betrachtung des Namens nicht feststellen; er ist gemeingermanisch (gotisch unbezeugt, altnord. *sǫg*, angelsächs. *saga* und *sagu*, ahd. *saga* und *sega*), aber es ist wohl zweifellos, daß er von dem alten unvollkommenen heimischen Instrumente her, wie es Bodenfunde des jüngeren

Fig. 5. Tischler in seiner Werkstatt sägend.
Relief einer etruskischen Urne.

---

[17]) *fissa: gispaltan* Steinm. 2, 354, 35 (nach lex Ribuar. LXXVI, siehe die Stelle oben Anm. 7).

[18]) *dola verunt: sniten vel scessôten* Steinm. 1, 434, 16 f.; *dolavi: scessôta (dola: parta), scheȝȝôte, sessôta, scessôte, cessoite* 667, 49 ff.; *dolavi: scessôta* 816, 24; *dolatus: giskessôter, giscessôter, giscessôth, scessôt*, 4, 54, 57 ff. Vgl. auch dazu *dolavi a dolatura dicitur i. sneid.* 1, 666, 4. *scessôn* scheint ein in Klosterwerkstätten gebildetes, halbgelehrtes Kunstwort gewesen zu sein, das später wieder unterging.

[19]) *scissus, sculptus*: Du Cange 7, 356 c. Vgl. dazu *scissus: gesneden* Diefenb. 519.

[20]) Der gemeingermanische Name dafür ist altnord. *veggr*, ags. *wecg, wæcg*, ahd. *weggi, wekki*, urverwandt zu litt. *vágis* Keil und Pflock;

Stein- und des Bronzezeitalters zeigen, auf die fremde Verbesserung, die vorgeschichtlicher Handelsverkehr brachte, übertragen worden ist[21]).

Die Richtung, in der sich das Zimmermannsbeil beim Behauen des Balkens, die Säge beim Schneiden der Hölzer bewegt, muß sorgfältig angegeben werden; daß das seit alters durch Schnur oder Faden geschieht, ist natürlich; daß man damit nur die Linie angibt, indem man sie mit der alten heimischen Farberde, dem Rötel, überzieht und dann auf das zu bearbeitende Holz schnellt, ist so naheliegend, daß die spätahd. erscheinende Glosse *rubrica: zimbersnuor*[22]) gewiß sehr alte Verhältnisse beleuchtet.

Soweit an hervorragenden Bauten eine Glättung der geschnittenen Hölzer stattzufinden hat[23]), bedient man sich

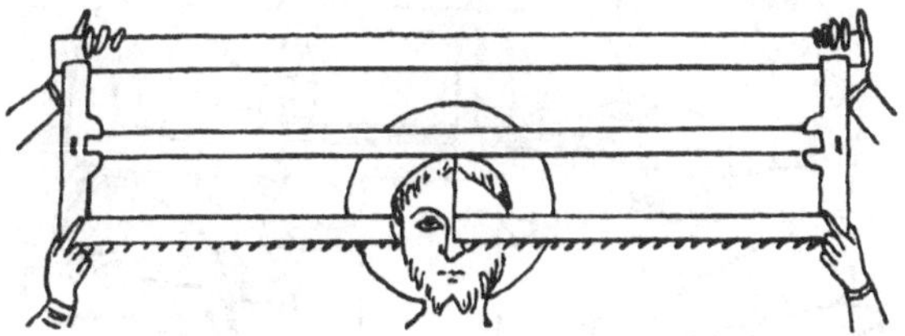

Fig. 6. Säge (9. Jahrh.)
nach der Zeichnung in einem Codex der Bibl. nationale zu Paris.
Viollet-le-Duc, dict. du mobilier franç. Bd. 2 S. 529.;

Keil selbst zeigt durch seine ahd. Glossierung *paxillum, parvum lignum i. chifl* (lies *chiil*) Steinm. 1, 358, 2; *paxillus: kizelt-kîl* 2, 368, 52, daß er gewöhnlich von Holz gefertigt ist; als spaltendes Gerät wird er mhd. erwähnt: *sam der mit eime kîle zerklübe grôȥiu blöcher* K. v. Würzburg, Troj. Krieg 32960 f., und in der zerdehnten Form *kîdel* (wie *spîl* und *spîdel*, vgl. dazu Deutsches Wb. 10, 2074; 2084), *cunneus: kydel* Diefenb. 162 c; *fissarium: kidel* 237 a.

[21]) Neben *sagu* auch der angelsächs. Name *snîde; serrula: saga vel snîde* Wright-Wülcker 1, 106, 22; *säge* selbst gehört etymologisch zu andern alten Bezeichnungen schneidender Instrumente, ahd. *segansa* Sense, *seh* Pflugschar, *sihhila* Sichel, *sahs* Messer, und urverwandt zu lat. *secare* und *securis*. Bemerkenswert, daß ahd. *saga, sega* auch die Feile bezeichnet: *lima, i. saga, i. vîla, lima, i. sega* Steinm. 2, 8, 30.

[22]) Steinm. 3, 639, 17.

[23]) Über die schön geglätteten Balken und Bretter des Hauses Attilas vgl. DHA. 1, 35.

zweier Geräte, die sonst vorzugsweise bei der Herstellung von Möbeln in Betracht kommen, des Schabers und der Vorform des Hobels. Der erste, seit frühen vorgeschichtlichen Zeiten ein häufiges Gerät, zuerst von Feuerstein, dann auch von Bronze, zuletzt von Eisen, und als von solchem auch sprachlich bezeugt, führt den gemeingermanischen (im Gotischen nicht bezeugten) Namen altnord. *skafa*, angelsächs. *sceafa*, ahd. *scaba*, verdeutlicht auch *boumscaba*; andere Bezeichnungen sind angelsächs. *screafa* und *locer*[24]). Es ist dasselbe Handwerkszeug, das jünger namentlich bei den Schreinern als Ziehklinge vorkommt, und aus einem ziemlich dünnen, langen Stück Eisen oder Stahl mit einer scharfen

Fig. 7. Handhabung der Säge.
Aus dem Cod. No. 132 in Montecassino vom Jahre 1203, enthaltend: Hrabanus Maurus de originibus rerum. Taf. 95.

Schneide besteht. Das andere Glättwerkzeug, aus dem sich seit spätestens dem 15. Jahrhundert der Hobel in der heutigen Gestalt gebildet hat, stellt einen Klotz dar, der ein vorn an ihm befestigtes, mit Schneide versehenes Eisen zu

---

[24]) DHA. 1, 77, Anm. 16. Vgl. als weitere Belege noch dazu ahd. *plana, ferrum quo planatur lignum i. scaba, scoba, scabe* Steinm. 3, 285, 26 f.; *plana: scapo, scabo, scab* 633, 10, *scaba* 635, 39, *scabo* 637, 5. 643, 49 u. ö.; *plana: poumscaba* 636, 18, *boumschabe* 639, 23; *planatoria: poumscapun* 657, 19; *planatorium: poumscabe* 678, 24. ags. *runcina: locer, sceaba* Wright-Wülcker 1, 44, 12; *clatrum: scafa, runcina: locor* 273, 10 f. (unter *de metallis*). Das letzte Wort als *lohheri* auch hochdeutsch: Steinm. 1, 590, 43.

regelmäßigen Stößen bewegt, wie der allerdings erst jüngere Name *stôʒbloch* bezeugt, der aber ähnliches meint, wie das ältere *riti-banc*[25]). Sonst ist der Name dafür ahd. *nuowil, nuoil*[26]), und er dient besonders, die Fugen für die Bretter herzustellen.

Wenn so die verschiedenen Teile des Holzhauses, Schwelle, Pfosten, Säulen, Balken und Bretter, Sparren und Latten (DHA. 1, 26 ff.) hergerichtet sind, beginnt die Ausführung des eigentlichen Baues, bei welchem eine sorgfältige Messung der Lagerungs- und Richtungsverhältnisse unerläßlich ist. Auch hier dient die schon für das Behauen der Balken verwendete Schnur, einfach mit einem Steine beschwert, zur Lotung, und die verschiedenen sowohl althochdeutschen als angelsächsischen Namen gewähren ein Bild des einfachen Gerätes, das ebenso beim alten Holzbau, wie später beim Steinbau angewendet wird, hier, indem man auch ein Bleistück statt des leichteren Steins verwendet (aber eine Erklärung verrät das Alte) und dem Geräte einen fremden Namen gibt[27]). Für kleinere Verhältnisse dient auch ein

---

[25]) *plana: ain stocʒblock vel hobel* Diefenb. 440 a, *schlichtholcz* ebenda (14. Jahrhundert); *runcina: stuosebloch* 504a, *runcina: ritipanch* Steinm. 3, 678, 27, und bloß *rita* 657, 20, *ritra, ritera, ritere, rita, rite* 4, 93, 20 ff. Es gehört zu ags. *hriðian*, ahd. *ridôn*, stoßen, schüttern, schütteln.

[26]) Zu den DHA. 1, 77, Anm. 16, gegebenen Belegen hier noch fernere: *runcina: nuol, nuoil, nûil* Steinm. 1, 612, 42. 618, 25; *runcinus: nuoil* 3, 637, 6; *scultatorium* (lies *sulcatorium*)*: nûwil* 643, 38; *runcina: nuol* 649, 39; *roscios* (für *roscinos*)*: nûila* 657, 16; auch *runcinum: nûa* 636, 30. Das Wort gehört zu ahd. *nuojan* (Part. *incastratę: genuiet* Steinm. 3, 409, 26), und zu ahd. *nuoha* und *nuot*, vgl. nachher Anm. 30. Verwechselung mit lat. *runco* Hacke, bringt in den Glossen Verwirrung hervor, indem dieselben *runcina* außer durch *nôil, scafo, scabo, lohheri* auch durch *witu-bil, widu-bil* übersetzen, vgl. Steinm. 1, 590, 40 ff.

[27]) *perpendiculum dicitur de plumbo modica petra, quam ligant in filo, quando edificant parietes: pundar i. pundur, pondus: wâga, huâga* Steinm. 1, 590, 19 ff.; *perpendiculum: mûrwâga, mûrwâgi* u. ä.: 609, 3 ff., *mûrgewâgi* 3, 637, 24, *mûrwâge vel wâgestein* 639, 9 u. ö., ags. *perpendiculum: pundur* Wright-Wülcker 1, 38, 36, *wealles rihtung-þrêd* 150, 41. Der Faden wird, wie sonst mit Rötel (oben S. 11 und Anm. 22) mit Kohle überzogen, damit er auch am Balken das Lot anzeige, daher *perpendiculum: col-ðrêd* ebenda 38, 32, *col-þrǣd* 468, 27.

Stab[28]). Das Winkelmaß wird mit diesem Namen ahd. genannt[29]).

Nach der Lotung die Befestigung und Zusammenfügung der einzelnen Teile: die Verbindung geschieht in ältester Weise durch Holzpflock oder Zapfen, wofür der technische Name als ahd. *tubil*, mhd. *tübel*, niederd. *dovel* erhalten ist; bei Brettern und Bohlen zugleich durch eine Fuge zur Aufnahme eines passenden Gegenstückes, mit dem Namen *nuo*, *nuoha* und *nuot*[30]); Worte, die trotz ihrer verhältnismäßig beschränkten Verbreitung doch nach ihrem Bau den Eindruck hohen Alters machen und dadurch ihrerseits für die Sorgfalt in der Ausführung eines guten altgermanischen Holzbaues zeugen. Es verdient ferner Beachtung, daß neben dem Zimmermann ein eigener Handwerker für die angegebene Arbeit als *tubilâri* aufgeführt wird[31]). Neben Tübeln sind eiserne Nägel und Klammern in Anwendung (vgl. DHA. 1, 19 und Anm. 24). Der Nagel als Instrument hat freilich schon gemeingermanisch den Namen, der ihm geblieben ist, got. *nagls* (zu erschließen aus dem vorkommenden Verbum *ganagljan*), altnord. *nagl*, angelsächs. *nægel*, altsächs. *nagal*, ahd. *nagal* und *nagil*, mhd. *nagel*; aber wie er in der Bronzezeit vielmehr zur Zier als zur Befestigung gebraucht wird, so kann er noch in den frühen geschichtlichen Zeiten Germaniens, wo nach dem Zeugnis des Tacitus das Eisen knapp ist[32]), nicht gewöhnlich für Bauten verwendet worden sein, und erst viel später erfahren wir von dem Abbruch eines

---

[28]) *norma: rigilstap, rigistap* Steinm. 2, 623, 25; *examussis est regula fabrorum i. ricstap, rihstap* 379, 17 f.; *examussis: rihstap* 3, 639, 56, *rigestap, rigstap* 4, 59, 1 f.; zu *riga*, mhd. *rige* Linie, Reihe. Vgl. auch ags. *norma: rihtebred* Wright-Wülcker 1, 452, 31.

[29]) *winchelmeȝ: ortogonium* Graff 2, 896.

[30]) Zu Tübel und Nut vgl. DHA. 1, 76, Anm. 11 und weiter: *incastraturas: tubil* Steinm. 1, 325, 12. 17; *incastratura: nûa, tupili, incastraturae: nuon, nûne, nuote, nôt, tubila vel nuo, tubeli* 330, 41 ff.; *incastratura: nuoth, nuot* 3, 129, 43 f., siehe auch oben Anm. 26.

[31]) *tignarius: gantinâre vel tubilâre* neben *lignarius: zimbirman* Steinm. 3, 139, 35, vgl. 31. *gantinâre* gehört zu *ganter*, *gantner*, Unterlage von Balken oder Baumstämmen für Fässer, Bauholz u. dgl., vgl. Schmeller 1², 926.

[32]) *ne ferrum quidem superest* Tac., Germ. 6.

Holzhauses, das durch eine Menge Eisennägel, so daß man ganze Säcke davon sammelte, zusammengehalten wurde[33]).

Für Zapfen und Pflöcke müssen Löcher vorgebohrt werden, wofür das Gerät gleichfalls in gemeingermanische Zeiten zurückreicht, mit einem Namen, der (ohne urverwandte Entsprechung) die früheste Anwendung dem Wagenbauer zuweist: ahd. *naba-gêr*, *nabi-gêr*, altsächs. *nabu-gêr*, angelsächs. *nafe-gâr*, *nabe-gâr*, altnord. *nafarr* aus *naf-geir*, eigentlich ein *gêr*, spitzes Eisen, um damit die Nabe eines Wagens

Fig. 8. Anwendung von Beil und Bohrer beim Schiffsbau.
Teppiche von Bayeux (nach den von der Society of Antiquaries of London herausgegebenen Monumenta vetusta. Vol. 6, Taf. 9).

zu bohren[34]), dann auf allgemeineren Gebrauch übertragen. Von sehr alter germanischer Form her hat das Finnische sein *napakaira* neben einfachem *kaira* Bohrer, entlehnt[35]). Auf einem Bilde der Teppiche von Bayeux ist das Gerät dargestellt als stabförmiges Eisen mit langem Handgriffe, es wird mit beiden Händen bewegt (Fig. 8). Die damit geübte Tätigkeit heißt ahd. altsächs. *borôn*, angelsächs.

[33]) Gregor. Turon. 5, 4.

[34]) Deutsches Wb. 7, 8.

[35]) Thomsen, Über den Einfluß der germanischen Sprachen auf die finnisch-lappischen, übersetzt von E. Sievers (1870) 56; 157.

borian[36]), was als urverwandt zu lat. *forare* angesehen wird; doch hat sich von diesem Verbum der Gerätname erst spät gebildet[37]). Der Bohrer ist, wie natürlich, ein so unentbehrliches Instrument, daß sich in einem lateinisch-angelsächsischen Gespräche des 10. Jahrhunderts der Schmied gegen den Zimmermann rühmen kann, ohne seine Kunst könne der letztere nicht einmal ein Loch zuwege bringen[38]).

Auch die volle Herstellung des Daches fällt dem Zimmermanne so lange zu, als es noch aus Brettstücken besteht, und nicht von fremd her die harte Bedachung aufkommt. Er wird selbst die Anordnungen über die geringsten Deckungsarten, die mit Stroh oder Schilfschauben oder Rasenstücken, gegeben haben. Wenn aber die anspruchslose, durch Spalten gewonnene Holzplatte, die durch got. *skalja*, angelsächs. *scîd*, *scîde* bezeichnet wird[39]), einer sorgfältiger hergestellten weicht, die man von römischen, landwirtschaftlichen Gebäuden her einführt und nachahmt, und mit römischem Namen belegt[40]), dann löst sich wohl auch schon vom Zimmermann der Spezialist, der Verfertiger solcher Holzdächer ab.

---

[36]) *terebro: ic borige* Wright-Wülcker 1, 333, 37.

[37]) *terebrarium: nebecher vel borer, bor, borrer* Diefenb. 579a. Ags. *bor* meint *scalpellum* Wright-Wülcker 1, 45, 26; *scalpro: bore* ebenda 23; *scalprum: bor* 277, 25.

[38]) *lignarius dicit, quis vestrum non utitur arte mea, cum domos, et diversa vasa, et naves, omnibus fabrico (se treów-wyrhta segð, hwilc eówer ne notaþ cræfte mînon, þonne hûs and mistlîce fata and scypa eów eallum ic wyrce)? ferrarius respondit, o lignarie, cur sic loqueris, cum nec saltem unum foramen sine arte mea vales facere (se golsmiþ andwyrt, eala trywwyrta, for hwî swâ sprycst þu, þonne ne furþon ân þyrl bûton cræfte mînon þu ne myht dôn)?* Wright-Wülcker 1, 100.

[39]) Vgl. DHA. 1, 20; 27. Anm. 28; 48.

[40]) Römische Schafställe (*chortes*) mit Schindelbedachung, *quae vel scandulis* (Var. *scindulis*), *vel, si copia suppetit, tegulis, vel, si facilius et sine impensa placuerit, tegentur caricibus aut genistis* Palladius, *de re rustica* 1, 22. *scindulae (dictae), eo quod scindantur et dividantur* Isidor., etym. 19, 19. ahd. altsächs. *skintala, scindula*; *laterculus, a latere: scintala* Steinm. 2, 245, 55, *scindala:* 246, 38; *latercula: scindela* 261, 33; *tabulas: scindelûn* 714, 56; *tegula: skintela* 3, 631, 21. *imbrex: scindala* 4, 203, 36. *asseres: firstsindelun, firstscidelun* 1, 584, 34f. Schindeldiebstahl bei den Langobarden: *si quis de casa erecta lignum quodlibet aut scandolam furaverit, conponat solidos sex* Edict. Rothari 282.

Eine angelsächs. Bezeichnung[41]) führt auf diese Vermutung. Auch das ahd. *dechâri*[42]) wird sich auf den gleichen Handwerker beziehen, da noch in den Karolingerzeiten die Schindelbedachung selbst bei vornehmen Häusern allgemein gilt (vgl. DHA. 1, 89). Von einem steinernen Deckmaterial, das sich wie Holz sägen lasse und auch zu bunten Dächern verwendet werde, berichtet Plinius aus germanisch-keltischer Grenzgegend[43]), aber das ist nur ganz eng begrenzter Brauch auf Grund des Vorkommnisses einer besondern Steinart.

Wie der Zimmermann ferner den Schmuck an den Teilen des Holzbaues ausführt, über den DHA. 1, 19; 49 f. berichtet ist, wie er damit zum Künstler in Holz, zum Holzmeister[44]) aufsteigt und verschiedene Schnitzgeräte kunstreich handhabt[45]), so muß er in alter Zeit auch für den ein-

[41]) *tignarius: hrôf-wyrhta* WRIGHT-WÜLCKER 1, 50, 44; *sartitector, vel tignarius: hrôf-wyrhta* 111, 41.

[42]) *sartitector: dechâri* STEINM. 3, 139, 34.

[43]) *nam mollitiae trans Alpis præcipua sunt exempla in Belgica provincia candidum lapidem serra qua lignum faciliusque etiam secantium ad tegularum et imbricum vicem vel, si libeat, quae vocant pavonacea tegendi genera* PLINIUS, Hist. nat. 36, 22. [Man bezieht die Stelle wohl zumeist auf die uralten Tuffsteinbrüche des St. Pietersberges bei Maastricht. E. Schr.

[44]) ahd. *artifex lignarius: holzmeister, holzmeistir* STEINM. 1, 612, 35 ff.; *abietarii: holzmeistres* 272, 25; *holzmeister: tignarius* GRAFF 2, 888.

[45]) ahd. *scalprum: scrôt-îsin, scrôt-îsen* STEINM. 3, 289, 56 f., *scrôtîsan* 637, 2, *scrôtîsran, scrôt-îsarîn* 633, 12 f.; *schalprum: scrôtîsen; perpunctorium: stuph-îsen* 639, 11 f.; *scalpellum: scrôt-meȝȝir, scrôtmeȝȝer* 4, 95, 40 f. auch in der Form eines Beils, und dann ahd. *bursa* genannt: *bursa: scalprum, bipennis* GRAFF 3, 215. *scalparis: purṣim vel tessila, thessila* STEINM. 4, 95, 44 ff. Ags. *scalpellum: bred-îsern* WRIGHT-WÜLCKER 1, 45, 12, *bræd-îsen* 276, 17; *scalprum, vel scalpellum, vel coelum: græf-sex* 164, 18 f. 314, 27. Auch hier die Beilform: *scalprum: byrs vel þuarm* 45, 15. Die ahd. Form *scalprum i. scrôhîsar* (neben *scalpella, scalprum: scrôt-îsan*) STEINM. 2, 563, 45, kann, wenn kein Schreibfehler vorliegt, zu nl. *schroeien* schmieden, gehören. Der Zirkel als Meßgerät muß als uralt deutsch angesprochen werden, der hochdeutsche Name dafür ist *(circinus): rîȝȝa, rîȝȝe* STEINM. 3, 632, 50, *rîȝe* 639, 20 u. ö., und zeigt das metallene Instrument, das seine Kreislinien e i n r i t z t; für seine Form ebenso wie für die Spur, die es hinterläßt, ist ags. *(circinum): mæl-tange* WRIGHT-WÜLCKER 1, 140, 6 bezeichnend. Der fremde, nach dem latein. gebildeten Name erscheint erst spät, *circinus: cirkil i. rîȝȝa* STEINM. 3, 331, 28, *circil vel. rîȝȝa* 637, 21.

fachen Hausrat sorgen, wie ein angelsächs. Zeugnis (oben Anm. 38) ausdrücklich besagt, wo er einfach ein Holzarbeiter, entsprechend dem ahd. *holzman*[46]), genannt wird. Nur der unten zu schildernde Drechsler kommt schon als seine Hilfskraft, namentlich für Möbel und hölzernes Hausgerät in Betracht: Tischler und Schreiner erscheinen noch nicht[47]).

Der für geringere Bauten landschaftlich in den urgermanischen Zeiten (vgl. DHA. 1, 48) wie nachher (DHA. 1, 84) geübte Lehm- und Stakenbau zeitigt noch keinen eigentlichen Handwerker, wird vielmehr ganz in freiem Hausbetriebe gepflegt; erst im späteren Mittelalter entwickelt sich dafür ein eigenes Gewerbe (vgl. DHA. 1, 163 f.).

Zu dem Zimmermann tritt der Holzarbeiter für den landwirtschaftlichen Betrieb des altgermanischen Hauswesens. Was hier an Handgeräten nötig ist, kann, soweit es aus Holz besteht, jeder Knecht fertigen; auch der hölzerne Pflug, Egge und Walze, bieten dabei keine technischen Schwierigkeiten, welche erst vielmehr bei der Herstellung des Hauptfahrzeugs, des Wagens einsetzen. Hier, wie bei der des Karrens (DHA. 2, 27 ff.), ist die genaue Sorgfalt des wirklichen Fachmanns unerläßlich, nicht weniger für das Gestell als für die Räder, wenn das Fahrzeug überhaupt brauchbar sein soll. Und so muß neben dem Zimmermann der Wagenbauer sich zum Sonderhandwerker bereits in urgermanischen Zeiten hervorgebildet haben. Als *carpentarius* erscheint er denn auch in den frühesten Volksrechten[48]), mit der Bezeichnung *wægnwyrhta* bei den Angelsachsen[49]), als *waganâri* althochdeutsch und altsächsisch[50]), und daß er als Kunsthandwerker ge-

---

[46]) *lignarius: holzman* Steinm. 1, 621, 15.

[47]) In einer angelsächs. Landgutsordnung des 11. Jahrhunderts wird dem Gutsverwalter (*gerêfa*) als Pflicht überbunden neben der Instandhaltung des Hauses (*hûs gôdian, rihtan and weoxian*) auch die Herstellung von Tischen und Bänken (*beóddian, bencian*): Anglia Bd. 9, 262, 1.

[48]) Z. B. Lex Sal. 10, 3. Lex Burgund., lib. constit. tit. 10 (Mon. Germ. leg. 3, 51), usw.

[49]) *carpentarius: wǽn-wyrhta* Wright-Wülcker 1, 112, 1; 199, 37.

[50]) *carpentarius: wagandre, waginâre, wagenere, waginâr vel holzwercman* Steinm. 3, 139, 39 ff.; *carpentarios: wagnerôs* 2, 625, 15; *carpentario: wegenere* 4, 254, 42 u. ö.

schätzt wird, beweist die ahd. Bezeichnung *holzmeistar*, die auch für ihn gilt[51]). Eine Benennung, die zwar erst im Mittelhoch- und -niederdeutschen bezeugt, aber wahrscheinlich viel älter ist, lehrt außerdem, daß man bei dem Bau des Wagens die Räder als eine Hauptsache ansieht[52]).

Solange die Wagenräder in ihrer ältesten germanischen Art nur aus ungefügten Holzscheiben bestehen, bedarf der Wagner der Hilfskunst des Schmiedes nicht. Sobald aber, schon in vorgeschichtlicher Zeit, das Felgenrad eingeführt ist (vgl. DHA. 2, 28 f.), muß der Radkranz verstärkt werden, und der Wagen wird, wie der altrömische Bauernwagen, *e ligno et ferro*[53]) erbaut: um die Felgen legt sich die Eisenschiene.

Die Schmiedearbeit, die seit Verwendung des Eisens dem altgermanischen Hausbedarf dient, hat mit der Kunst des Edel- und Waffenschmiedes recht wenig mehr zu tun, und ist höchstens in dem Gröbsten der Technik verwandt. Jeder kleine Hausvater übt sie, wie die Knechte in den größeren landwirtschaftlichen Betrieben, bei der Herstellung der Eisenteile des Pfluges, der verschiedenen Hauen, des Radschutzes, des Hufbeschlags, während die Herstellung von Axt und Beil, Sense und Sichel schon in das Gebiet der Schmiedekunst übergreift. Aber doch bleibt so viel Gemeinsames bei diesen sonst getrennten und so verschieden gewürdigten Techniken, daß der auf ihrer höchsten Stufe stehende denselben Namen trägt wie der auf der niedersten Stufe.

Das gemeingermanische Wort Schmied, got. *smiþa*, altnord. *smiðr*, angelsächs. *smið*, altsächs. *smid*[54]), ahd. *smid*,

---

[51]) *carpentarius: holzmeister, holzmeistar* STEINM. 3, 648, 45. 49; 649, 2.

[52]) *rotarius: radmacher, rademacher, redermecher, rademeker* neben *wagner* DIEFENB. 501 a. *rademaker*, Stellmacher, Wagner: SCHILLER-LÜBBEN 3, 413.

[53]) *e ligno et ferro, ut plostra majora* VARRO, de re rustica 1, 22, 3. Vgl. auch die Glosse *ferrata carpenta: mit isarna pilegita wagana, wagin mit isin pilegit* STEINM. 1, 418, 63 ff., nach 2 Reg. 12, 31, wobei der Glossator sicherlich an die mit schweren Eisennägeln um den Radkranz befestigte Schiene gedacht hat.

[54]) Plur. *ferrarios: smidôs* STEINM 2, 625, 5.

smit, hat ursprünglich nur ganz allgemein den Sinn des Zubereiters, Fertigers, wie nicht weniger aus dem got. Verbum *gasmiþôn*[55]), und dem altnord. *smiða*, das auch vom Hausbau gebraucht wird[56]), als aus dem Substantiv erhellt, welches in ost- wie in westgermanischen alten Dialekten Holz- und Eisenarbeiter zugleich bedeutet und nach der einen oder anderen Seite durch Zusammensetzung erst spezialisiert werden muß (got. *aiza-smiþa* χαλκεύς, altnord. *tré-smiðr* Zimmermann); es ist aber gewiß, daß dem Worte von vornherein ein künstlerischer Beisinn innegewohnt hat[57]), der nur durch eine jüngere Übertragung auf die Hausarbeit vergröbert wurde. Engt sich so mit Vorliebe das einfache Wort schon in früher Zeit auf diesen Sinn ein, so sucht in einer viel späteren der zum selbständigen Gewerbetreibenden gewordene Hausarbeiter, welcher feinere Eisenarbeit für den Bedarf des Hauses, an Beschlägen, Schlössern und sonst liefert, sich wieder vor jenem auszuzeichnen, durch einen Beisatz, der die Zierlichkeit hervorhebt: das mhd. *kleinsmit*, mittellat. *parvifaber* entsteht[58]), und fordert nun den Gegensatz des Grobschmiedes heraus, einer Bezeichnung, die zwar mhd. noch nicht nachgewiesen ist, sicher aber nicht gefehlt hat.

Einfach, wie die Erzeugnisse dieses altgermanischen Grobschmiedes, sind zunächst auch seine Handwerksgeräte. Der freie Hof oder der bedeckte Schuppen ist seine Werkstatt, am offenen Feuer erhitzt er sein Eisen, mit Hammer und Zange bearbeitet er es auf einem Steine. Denn daß der Amboß von vornherein ein Stein gewesen ist, bezeugt der griechische Name ἄκμων, der dasselbe ist wie altind. *áçman* Fels, Stein, litt. *akmen-* (Nom. *akmů*) Stein, altslav. *kamen-* Stein, Fels[59]). Aber wie überall beim germanischen Arbeiter setzt auch hier bald Fortschritt ein, der Amboß wird zu einem

---

[55]) *gasmiþôþ* κατεργάζεται 2. Cor. 7, 10.

[56]) *þvîat þâ vâru eigi hallir smîðaðar î þann tîma î Noregi* Nornagests s. 2.

[57]) Im Ablaut steht ahd. *smeidar: artifex* (STEINM. 1, 218, 28); vgl. auch Deutsches Wb. 9, 1053 ff.

[58]) Vgl. Deutsches Wb. 5, 1130.

[59] LEO MEYER, Handbuch der griech. Etymologie 1 (1901), 52 f.

Eisengeräte, wahrscheinlich zuerst in der Werkstatt des Kunstschmiedes, dann auch beim Hausschmiede. Er scheint eine Einführung von Italien her, wenigstens sind die deutschen Namen *ana-bôʒ* und *ana-falz*, altsächs. *ana-falt*, mittelniederl. *aenvilte*, *aenbilt*, angelsächs. *anfilt*, *onfilt*[60]), genaue Entsprechungen der lateinischen Bezeichnung *in-cus* (zu *in-cudo*), und sehen wie eine Übersetzung aus, so daß von der Übernahme des Wortes auf die der Sache geschlossen werden könnte. Die Form des Ambosses wird durch das ahd. Substantiv *smit-stok*[61]) beleuchtet: danach steckt das schwere Eisenstück, worauf geschmiedet wird, ganz wie heute, in einem Klotz. Auf ihm hantiert der Schmied mit zwei gemeingermanisch benannten Werkzeugen, der Zange, altnord. *tǫng*, angelsächs. *tang* und *tonge*, altsächs. *tanga*, ahd. *zanga*, die das zu bearbeitende Eisen packt und festhält, und davon auch den Namen erhalten hat[62]), und dem Hammer, dessen Benennung, altnord. *hamarr*, angelsächs. *hamor*, altsächs. *hamur*, ahd. *hamar*, auf ein uraltes Gerät von Stein weist[63]), und die geblieben ist, auch als seine Herstellung von Metall erfolgte. Eine Sonderbezeichnung des Althoch- und Niederdeutschen ist ahd. *kluft*, nd. *cluht*, für eine kleine Zange, die aus einem gespaltenen Holzstücke hergestellt ist[64]).

---

[60]) *incus: anabôʒ* Steinm. 1, 497, 28, *anapôʒ* 507, 62; *incus-incudis: anabôʒ* 2, 710, 33; *incudibus: anabôʒon* 711, 42; *incus: ana; valz* 3, 682, 59, *anefalz* 716, 24. 718, 20; *incus: anabelzi* 4, 203, 58, *incus: anabolz* 1, 509, 31. Ags. *incus: anfilte* Wright-Wülcker 1, 149, 23, *onfilte* 426, 31; von Eisen gedacht nach der Glosse *incudis: anfiltes hômiges* (für *ômiges*, rostiges) Haupts Zeitschr. 9, 417 b. *ana-bôʒ* gehört zu ahd. *bôʒan* schlagen, schlagend bearbeiten (vgl. *steinbôʒil: latomus*), *ana-valz* zu ahd. *valzan*, schlagend, hämmernd fügen; mhd. entspricht *anehou* Amboß.

[61]) *smit-stok: cudo* Graff 6, 630.

[62]) Zu griech. δάκνειν beißen, got. *tahjan* reißen, zerren. Leo Meyer, Handbuch der griechischen Etymologie 3, 185.

[63]) altnord. *hamarr* bedeutet auch Stein, Fels; vgl. altslav. *kamen-* gleichen Sinnes.

[64]) *forcipula: chluft, clufth, chlopht, cluf* Steinm. 3, 640, 33 f.; *forcipula: cluht* 682, 61. Sie wird auch als Lichtputze benutzt: *emunctoria, forcipes, quibus adusta luminaria purgantur: cluft* 299, 27 f. *cluft* gehört zu ahd. *kliuban*, altsächs. *klioƀan*, *findere*.

Das Schmiedefeuer ist wohl schon früh von der Erde auf den schlichten von Steinen errichteten Herd gerückt, wo es sich allein bequem benutzen läßt. Eine Neuerung dieses Herdes, die innerhalb eines vertieften Raumes die Feuerstatt anlegt, darüber einen Rauchfang anbringt und das Ganze mit einer besonderen Vorrichtung zur stärkeren Entfachung des Feuers in Verbindung bringt, zeigt sich in hochdeutschen Schriftquellen unter dem Namen *essa*, *eissa*[65]), was sich mhd. als *esse* fortsetzt; es handelt sich dabei jedenfalls um etwas schon vorgeschichtlich eingeführtes, aber nicht überall hingedrungenes, denn ahd. *essa*, *eissa*, offenbar ein keltisches Lehnwort, ist lange auf das Hochdeutsche eingeschränkt geblieben, wenn nicht etwa ein finnisches *ahjo* (*ustrina*, *caminus fabrilis*) auf ein gotisches *asja* oder *asjô* zurückgeht[66]). Die Glossen lassen sehen, daß es sich bei der ganzen Einrichtung hauptsächlich um stärkere Feuerkraft handelt, und diese wird, nach den Zeugnissen des Sprachgutes, hervorgerufen entweder aus freier Hand durch einen Fächer oder Wedel, ahd. *wâla*, mhd. *wâle*[67]), oder durch eine kleine Maschine, den Blasbalg, ahd. *blâs-balc*, angelsächs. *blǽs-bealg*[68]), die man von der römischen Schmiede übernommen hat, unter verdeutlichender Übersetzung ihrer lateinischen Benennung. Der Blasbalg ist mit besonderer Ziehvorrichtung versehen.

Holz- und Eisenarbeiter stehen im alten Germanien in erster Reihe der Haushandwerker, und zum Zimmermann, Wagner und Schmied gesellt sich dabei der Verfertiger der mannigfaltigen Holzgefäße, die im altgermanischen Haushalte gebraucht werden, der Fässer, Stunzen, Bottiche,

---

[65]) Vgl. die Belege DHA. 1, 121, Anm. 15.

[66]) Vgl. Thomsen, Über den Einfluß der germanischen Sprachen auf die finnisch-lappischen, übersetzt von Sievers (1870) 128.

[67]) *sufflatorium in igne: essa in smiddo, essa, æshe, wæl* Steinm. 1, 628, 13 ff.; *flabellum: wâla* 2, 638, 64, zu ahd. *wâjan*, mhd. *wæjen*, *ventilare* gehörig.

[68]) *follibus: blâsbalgin* Steinm. 2, 712, 48, vgl. auch Graff 3, 107. Ags. *follis: blǽsbælg* Wright-Wülcker 1, 23, 2, auch *blǽstbelg* 272, 32, *blâstbelg* 404, 4; *follis: blǽdbylig: limus, mantica fabrilis* 241, 33 f.

Zuber, Kübel, Gelten (DHA. 2, 306 f.; 346 f.), die in ältester und einheimischer Art aus einem Baumklotz gehöhlt oder gehauen, in jüngerer und eingeführter aus Dauben zusammengefügt und mit Reifen gebunden werden, und diese Reife können auch wieder eiserne, vom Schmied verfertigte sein[69]). Leichtere Gefäße für Haushalt und Feldwirtschaft werden aus Flechtwerk hergestellt in einer hausgewerblichen Tätigkeit, die uns höchst mannigfaltig entgegen tritt. Wir gewahrten sie bereits beim altgermanischen Hausbau, bei Errichtung geringerer Bauten oder Bauteile (der Zwischenwände, Türen, selbst Dächer) aus Astwerk und Reisern (vgl. DHA. 1, 14 f.; 20 f.) sowie bei dem Ziehen des Zaunes um Haus, Dorf und Flur (DHA. 2, 18 ff.), der als geflochten und aus Ruten zwischen Pfählen bestehend, ausdrücklich in Volksrechten geschildert ist[70]); sie tritt ferner auf im Verkehr und Wirtschaftsbetriebe, wenn das Gestell des leichteren Wagens, und Tragen oder Bahren verschiedener Art, die Roßbahre (vgl. DHA. 2, 32) oder Bahren für Schwerkranke und Tote (Fig. 9, 10)[71]), ferner für die Fütterung der Zugtiere die Krippe (DHA. 1, 178), und für Jagd und Fischfang Netze und Reusen (vgl. DHA. 2, 60) aus Geflecht bestehen; wenn für den Krieg der Schild aus Geflecht hergestellt wird (vgl. unten Anm. 102), für den Haushalt Siebe, Matten und die verschiedensten Arten der Körbe, von denen der Käsekorb aber auch aus Ton sein kann[72]). Das Material, das bei solchen Flechtarbeiten in Frage kommt, ist für die gröberen Sachen der biegsame, auch zu Span gespaltene Zweig gewisser Holzarten, vor

---

[69]) *bonos barriclos ferre ligatos* Capit. de villis 68.

[70]) Vgl. Lex Sal. 16, 5. 34, 1; Lex Visigot. Reccesvind. 7 (S. 237 Zeuner); Lex Rib. 70, 4; Edict. Rothari 286. Das etymologisch dunkle gemeingermanische *tûn*, ahd. *zûn* entfaltet selbst den Begriff Geflochtenes, Flechtwerk, wie aus dem mhd. Verbum *ziunen* für flechten erhellt; von einem Korbe: *körbelîn geziunet* K. v. Würzburg, Gold. Schmiede 1944.

[71]) In bezug auf die Totenbahre vgl. die Glosse *sarcofagus: sarch, corb* Steinm. 2, 738, 20.

[72]) Vgl. DHA. 2, 320. Den Käsekorb als Flechtwerk bezeugt die Glosse *fiscina: câsevaȝ vel ceinna* Steinm. 3, 636, 54; über das Sieb DHA. 2, 60.

allem der Weide und der Hasel, für die feineren zumal Rohr, Schilf, Binsen und Bast[73]); und die Erzeugnisse führen den Namen nach diesem Materiale oder nach ihrer Bestimmung, wenn sie nicht die Technik der Arbeit betonen oder durch ihren Charakter als Lehnwort Einführung vom Auslande her und Nachahmung fremder Muster verraten. Nach dem Material ist der gemeingermanische Name für den Korb gebildet, got. *tainjô*, altnord. *teina*, ahd. *zeinna*, mhd. *zeine*, angelsächs. in der Verkleinerungsform *tǣnel*[74]), Ableitung von got. *tains* Zweig, altnord. *teinn*, ahd. *zein*, Rute, Gerte, Stab; auf die Bestimmung, Bewahrer und Träger von Gegenständen zu sein, weist der altsächs. ahd. Name *biril*

Fig. 9. Jairi Töchterlein von Christus erweckt.
Aus F. X. Kraus, Die Miniaturen des Codex Egberti in der Stadtbibliothek zu Trier (1884) Taf. XXVI.

---

[73]) *canistrum est vas vimineum, wîdînaȝ* Steinm. 2, 617, 22. Ein spätes Zeugnis für ein Fischnetz aus Weidengeflecht: *fischt aber jemandtes mit einer keulen* (Zugnetz) *oder felwe* Weist. 2, 528 (zu ahd. *felwa, salix*). *salignas, salicinas: salahîna, salahîne* Steinm. 4, 94, 17 f. *sparteus: pastînar* 2, 430, 38. *sporta: korb, quod ab sparto fiat, hoc est bast* 3, 158, 46 ff. *scirpea: piniȝȝîniu* 2, 416, 46. *fiscellam schirpeam: ceinnûn pinaȝȝîna* 1, 335, 7. *ûȝȝer bineȝȝe si worhte eine zeinen, der si bedorfte* Exodus in den Fundgr. 2, 87, 44. Wegen des Rohres als Material vgl. die Glosse *harundine: zeine* 2, 670, 33.

[74]) Got. *tainjô* κόφινος zur Aufbewahrung von Brotresten: Mc. 8, 19, Luc. 9, 17. ahd. *calathus: zeina, zeinna* Steinm. 3, 158, 61. 63; *canistrum: zeinna* 1, 274, 7. 318, 40; *cartallum: zeinna* 276, 3 u. ö., auch *cartallum vel canistrum: chorpzeine* 3, 645, 5. angelsächs. *fiscellos: tǣnelas, fiscellus: tænel* Haupts Zeitschr. 9, 497b; *fiscillus: sticténel* Wright-Wülcker 1, 22, 9; *fiscilla: tǣnel; fiscilus: stictǣnel* 403, 1 f.; vgl. *fiscellam, sportam: thênil* Steinm. 1, 334, 12.

hin[75]), der im angelsächs. *byrel* die persönliche Bedeutung eines Schaffners oder Kellners als zutragenden hat. Auf die Technik nimmt Bezug got. *snôrjô* σαργάνη (2. Kor. 11, 33), welches Wort sich der eigentlichen Bedeutung nach allgemein als Flechtwerk, Geflecht darstellt und mit ahd. *snuor* Schnur und *snôra* Handhabe zur indogermanischen Wurzel *snô- snê-* flechten, gehört[76]); insbesondere eine Anzahl vorwiegend hochdeutscher Ausdrücke, die sich als Krebe und Krippe, Kratte und Kretze bis in die Gegenwart erhalten haben. Die ursprüngliche Bedeutung aller dieser Wörter ist Geflecht, und bei Krippe tritt das besonders vor, indem damit nicht nur das Stallgerät, sondern auch eine Hürde, ein Vorzaun zum Schutze der Dämme gegen des Wassers Gewalt von Holz und Ästen geflochten, selbst ein Korb bezeichnet wird[77]). Krippe und Krebe gehören zu einem gemeingermanischen Verbum, das in seiner einfachen Form nicht nachzuweisen ist, aber die Voraussetzung des Intensivums und Iterativums mhd. *krapelen*, *kribelen* und des altnord. *krafla* und *krafsa* bildet, und eine eigentümliche Bewegung der Finger, technisch die Bewegung derselben bei der Arbeit des Verschränkens und Flechtens bedeutet haben muß[78]). Auch die nur

Fig. 10. Kranker im Korblager am Teiche Bethesta.
Ebenba Taf. XXXV.

---

[75]) altsächs. *thâr môses warð, brôdes te lêƀu, that man birilôs gilas tweliƀi fulle* Heliand 2868 ff. ahd. *urna quam rustici vocant biral* Steinm. 4, 594, 26; *nâmun siê thiô âleibâ zuelif birilâ therô broccôno follê* Tatian 80, 6.

[76]) Vgl. Deutsches Wb. 9, 1396.

[77]) Deutsches Wb. 5, 2321 f.

[78]) Vgl. Deutsches Wb. 5, 1911, namentlich 1913.

hochdeutschen Bezeichnungen ahd. *chratto*, *kratto*, *cretto*, mhd. *kratte* neben *gratte* und *krette*, und ahd. *crezzo*, mhd. *kretze* für Korb gehen auf eine ähnliche Tätigkeit des Schränkens und kleinlichen Zusammenfügens zurück, und dem jetzt noch lebendigen schweizerischen Verbum *chrättelen*, *grättelen*, das von alten Leuten gesagt wird, die nur noch kleine Arbeiten verrichten können[79]), liegt vielleicht eine verdunkelte Erinnerung aus sehr alten Zeiten zugrunde: im altgermanischen Haushalt werden vielfach leichtere Flechtarbeiten für die häuslichen Bedürfnisse Greisen und Schwächlingen zugefallen sein[80]). Angelsächsische Ausdrücke, wie *wilige* und *windel* Korb[81]), sind nicht weniger bezeichnend für die Technik des Zusammendrehens und -windens, da sie mit den Verben *wilwan*, rollen, drehen, zusammenfügen, und *windan*, winden, zusammenhängen; während in *sprincel* wohl mehr die Vorstellung eines Stab- oder Gitterwerks in weiterem Abstand der Teile voneinander waltet[82]). Was ags. *mand* Korb betrifft, ein Wort, welches auch in andere Dialekte hinüberreicht[83]), so sind seine etymologischen Bezüge dunkel und seine germanische Abkunft zweifelhaft.

Zahlreich sind die von fremd her eingedrungenen Bezeichnungen der Korbwaren, meist bessere Arten bezeichnend und auf Übernahme verfeinerter Technik und wahrscheinlich auch zierlicherer Form von Griechenland und Italien her hindeutend. Gotisch ist so *spyreida* Korb für Speisereste, aus

---

[79]) Schweiz. Idiotikon 3, 876.

[80]) *senibusque et infirmissimo cuique ex familia* Tac., Germ. 15.

[81]) *cophinus: wilige* Wright-Wülcker 1, 123, 17; *cophinus: wilige, vel leáp* 179, 46; *corbis, vel cofinus: wylige, odde meoxbearwe* 336, 7 f. *cistella, vel cartallum: windel* 123, 11; *cartallus, fiscella: windel* 200, 7; *cartallum: windel* 336, 10. Das oben verzeichnete *leáp* kehrt wieder in altnord. *laupr*, Korb.

[82]) *fiscillis: sprinclum* Wright-Wülcker 22, 12; 403, 8. Vgl. dän. *sprinkel*, Gitter, Gatter, Gitterwerk oder Gatterzaun.

[83]) *coffinus: mand* Wright-Wülckcr 1, 14, 27; *corben: mand* 14, 6, *coffinos: manda* 481, 4; *cophinus: mand* 485, 16. Vgl. dazu mittelniederl. *mande: corbis, sporta, vas vimineum, cista, calathus; mandeken: sportula, fiscella, corbula, cistella* Kilian V 8a; mittelniederd. *mande*, Korb ohne Henkel: Schiller-Lübben 3, 21b; altfranz. *mande*, neufranz. *manne*, mlat. *manda* von einem Geldkörbchen Du Cange 5, 210a.

dem griech. σπυρίς, acc. σπυρίδα, aufgenommen[84]); angelsächsisch erscheint in gleicher Bedeutung *spyrte* aus dem lat. *sporta*, ahd. *sportala, sportella* aus lat. *sportula* und *sportella*[85]). Und die hoch- und niederdeutsche Hauptbezeichnung für allerlei geflochtene Ware, ahd. *korb*, *korp*, altsächs. *korf*, kann, trotzdem die Lautform einer deutschen Herleitung nicht wiederspräche[86]), doch nur ein Lehnwort der römischen Landwirtschaft sein, nach Geräten, die in dieser bei der Ernte von Früchten oder bei der Stallfütterung gebraucht werden[87]), und die man in ihrer praktischen Form kennen und schätzen lernte und einführte. Die Abhängigkeit von römischen Mustern führt bald dahin, daß Korb der allgemeine Name für die verschiedensten Flechtwerke wird, von den großen für die Feldwirtschaft gebrauchten bis zu den zierlichen kleinen im Hausgebrauch herunter, die mit dem Diminutiv *churipi*, *churbili* benannt wurden[88]), und auch als Maßbezeichnung bürgerte sich das Wort nach römischem Vorbild ein[89]).

Auf römischen Ursprung führt auch zurück die Wanne, ahd. *wanna*, das geflochtene Gerät, in dem die Getreidekörner durch Schwingen von der Spreu gereinigt wurden, und das von dieser Verwendung her auch deutschen Namen, ahd. *swinga*, empfing (vgl. DHA. 2, 58 f.); ferner ein zierlicheres

---

[84]) *jah usnêmun laibôs gabrukô sibun spyreidans* (ἑπτὰ σπυρίδας) Marc. 8, 8, vgl. 20.

[85]) ags. *sportulas: spyrtan: cophinos* Haupts Zeitschr. 9, 497. ahd. *sibun sportellâ vollâ* Tatian 89, 3 *sportala*; in Docens Misc. 1, 236a.

[86]) ahd. *chorp*, Nebenform *chrob* (*corbis: chorp, chrob* Steinm. 3, 230, 55), mit mhd. *krebe* und *krippe*, ahd. *crippa*, altsächs. *cribbia* zusammen zu bringen, bietet keine lautliche Schwierigkeit.

[87]) *frumentum quod est ponderosum, purum veniat ad corbem* (nach dem Dreschen.) Varro, de re rustica 1, 52, 2. *corbis, corbicula* mit Erde zur Düngung von Weinreben: Palladius, de re rust. 3, 10, 6. 7. *corbis pabulatoria modiorum viginti* Columella 6, 3, 5 u. ö.

[88]) *cophinus: chorb, mistkorb* Steinm. 3, 158, 32 f.; *cophinus et qualus vel corbis: chorp* 634, 22 u. ö. *korp theist scalklîchaȝ faȝ* Otfrid 3, 7, 59. Plur. *corbâ* im Wechsel mit *sportellâ:* Tatian 89, 5 (nach dem lat. Texte *cophinos .. sportas*). *fiscellam scirpeam: corvilîn biniȝȝîn* Steinm. 1, 338, 9; *fiscella: churipi.* 2, 392, 68, *churbili.* 535, 56. 540, 77.

[89]) Vgl. Capit. de villis 9 und die Anmerkung von Gareis dazu.

Stück des Haushaltes, ahd. *panær, paner*, das nach dem lateinischen *panarium* Brotkorb benannt ist, der ausdrücklich als geflochten bezeichnet wird[90]): es ist offenbar der Korb mit gewölbtem Boden, der im Utrechter Psalter, bei der Weinlese dienend, abgebildet ist[90a]), und der in derselben Gestalt noch heute in Düringen und Obersachsen als *behner, behnerich, behnert* fortlebt[91]). Dunkel bleibt ein altes *banna, benna* für Korbgeflecht und Korb, welches als *benne* in Mundarten sich erhalten hat[92]), und für das am wahrscheinlichsten gallischer Ursprung vermutet wird. Auch das aus Westdeutschland überlieferte ahd. *sumbri*, welches den Korb als Behälter, aber auch als Maß ausdrückt[93]), und für das eine einheimische Herkunft nicht wahrscheinlich gemacht werden kann, wird gleicher Heimat sein.

So wirft auch die sprachliche Bezeichnung Licht auf die vielfältige Anwendung von Flechtwaren in Wirtschaft und Haushalt, und damit auf vielseitige Technik, die von dem einfachen Winden einer Anzahl Ruten um einen Pfahl, wie es beim schlichten Zaune geschieht, zu kunstreichen Verschlingungen reicht, die senkrecht, schräg oder in einzelnen wieder zusammengefügten Bahnen verlaufen und dichter oder lockerer, in engem Verband der Teile oder mehr gitterförmig hergestellt sind. Das Dichten eines geflochtenen

---

[90]) *fiscellum: panær* Steinm. 1, 334, Anm. 17; *cartallum est vas, quod nos vocamus paner* 4, 594, 31. *panarium, locus vel vas ubi panis servabatur: excipulum ab Isidoro dictus, quod veteres panaria opere reticulato facere consueverant* Du Cange 6, 124c.

[90a]) Siehe die Wiedergabe DHA. 2, 111 unter Fig. 28.

[91]) *der behner, ein korb; besonders bey den gärtnern, ein länglich runder aus weiden geflochtener korb, mit einem hölzernen querbügel in der mitte; in Meiszen ein behnerich oder behnert* Adelung 1 (1793), 815. *pähnert*, eine Art kleiner, backschüsselförmiger Obst- oder Gemüsekorb, mit Bogenhenkel: Albrecht, Die Leipziger Mundart (1881) 179a.

[92]) Du Cange 1, 550a; 634c. Deutsches Wb. 1, 1473.

[93]) *calathi: sumbir vel ceine* Graff, 6 224; *canistrum: sêta vel sumbrin, sumber, sumbirin, sâtta vel somberin* Steinm. 3, 158, 28ff., vgl. 215, 42; *rusca: sumbri, sumper, sumpir, sumber* 4, 93, 31 f., vgl. mlat. *sumberinus* als Maß: Du Cange 7, 653c. f. Über das gleichbedeutende *sêta, sâtta* fehlt etymologischer Anhalt.

Gefäßes, um es undurchlässig und so auch zur Aufnahme von Flüssigkeiten fähig zu machen, scheint als fremde Einführung nicht ungekannt und ungeübt gewesen zu sein; und wenn dafür die Erzählung in der Exodus, von Moses und seiner Aussetzung in einem gedichteten Korbe, nicht beweisend ist, da sie nur der heiligen Schrift folgt[94]), so kommt doch im Rudlieb ein ganz ähnliches Verfahren an einem von Leder genähten Becher vor, der im Innern mit wohlriechendem Harze ausgegossen ist[95]).

Besondere Gewerksnamen für Geflechtarbeiter begegnen noch nicht, ein Beweis, daß die Handfertigkeit für die Herstellung von dergleichen Arbeiten nicht der besonderen Erlernung bedurft hat und nicht auf einzelne eingeschränkt gewesen ist. Erst im späteren Mittelalter hat sich das selbständige Gewerbe der Zeinler und Korber entwickelt[96]).

Eine wichtige Rolle im altgermanischen Haushalt spielt der Lederarbeiter, ursprünglich und für sehr lange ein Handwerker, der sowohl Leder bereitet, als bereitetes für Kleidung und Haushaltungsgeräte verarbeitet[97]), von dem aus sich aber nach und nach eine Reihe von Sondergewerben entwickeln, so der Gerber selbst, der sich auf die Herstellung des Leders einschränkt[98]), der Schuster und Verfertiger von einzelnen Teilen der Kleidung und von Riemenzeug[99]), von Schläuchen und ähnlichen Behältern[100]), vor allem der

[94]) *diu muoter was wîse, mit peche unt mit firnîse die zeinen si verchlenite, daz chint si dar în legite* Exodus in den Fundgr. 2, 87, 45 f. nach *sumsit fiscellam scirpeam, et linivit eam bitumine ac pice; posuitque intus infantulum* 2. Mos. 2, 3.

[95]) Am Pferdesattel *nil cernitur esse ligatum, E corio sutum ni vas mastice perunctum, Dulcius ut sapiat potus, qui fusus in id sit* Rudlieb 1, 38 ff.

[96]) *zeinler* Teufelsnetz 11240. *sportularius: korber* DIEFENB. 548 c. *corbo: korbmacher, mandenmecher* 150 c.

[97]) Über Bereitung und Verarbeitung des Leders vgl. DHA. 3, 208 ff. und besonders auch 210, Anm. 16.

[98]) *coriarius: ledermechere* STEINM. 1, 754, 20.

[99]) Der Riemer wird freilich erst spät genannt: *corrigiarius: ryemenmacher, rymensnyder, riemer* DIEFENB. 153 a; *coriarius: riemer, ledersnîder* nov. gloss. 114 b.

[100]) *buttes ex coriis* Capit. de villis 68. Ein Lederbecher: Rudlieb 1, 38 f., vgl. die Stelle oben Anm. 95.

Gürtler, Schildmacher und Sattler, jeder ein Spezialist, der wehrhaftem Bedürfnisse dient und darum in der Reihe seiner Genossen besonders angesehen ist, jeder auch ein Handwerker, der, wenn sein Erzeugnis auf der Höhe steht, mehrerer Techniken mächtig und zugleich Leder-, Holz- und Metallarbeiter sein muß. Der Zier- und Prunkgürtel, bei Männern samt dem Wehrgehenk, ist mit Metallschmuck, Nägeln, Platten und Schnallen versehen, auch verzierte Holzteile kommen daran vor[101]); der Schild besteht in der ältesten Zeit aus Weidengeflecht, später aus Holzplatten mit Lederüberzug und Metallverstärkung[102]), der Sattel aus Holz- und Lederteilen mit Polsterung; und wenn alle solche Arbeiter über das schlichte Hausmäßige hinausgreifen, steigt der Verfertiger zum eigentlichen Kunsthandwerker empor. Unter ihnen hat sich der Sattler am spätesten entwickelt, da es nach Cäsar als eine Schmach bei den Sueven galt, sich eines Sattels oder einer Satteldecke zu bedienen[103]), und wir eine gleiche Anschauung auch bei anderen Germanenstämmen voraussetzen dürfen. Dennoch muß sein Aufkommen immerhin in eine frühe Zeit fallen, das gemeingermanische, nur gotisch nicht überlieferte Wort bezeugt es: altnord. *sǫðull*,

[101]) Vgl. DHA. 3, 262. Lindenschmit, Handbuch der deutschen Altertumskunde 1, 351.

[102]) Das gemeingermanische Wort Schild, got. *skildus*, altnord. *skjǫldr*, angelsächs. *scyld*, altsächs. *scild*, ahd. *scilt*, bedeutet eigentlich abgespaltenes Brett und gehört zu dem oben (S. 16) aufgeführten *skalja* und altnord. *skilja* spalten. Der *scutarius*, ahd. *sciltâri*, mhd. *schiltære*, ags. *scyld-wyrhta* sorgt auch für die künstlerische Ausgestaltung des Schildes durch Wappenmalerei, vgl. Deutsches Wb. 9, 126. Über ältestes Material zum germanischen Schilde und Färbung desselben berichtet Tacitus: *non loricam Germano, non galeam, ne scuta quidem ferro nervove firmata, sed viminum textus vel tenuis et fucatas colore tabulas* Annal. 2, 14; *scuta tantum lectissimis coloribus distinguunt* Germ. 6, vgl. dazu Müllenhoff, Altertumskunde 4, 168 f. Die Schildfarbe nach den Stämmen verschieden: *ac skilu wi ûse lond wera mith egge and mith orde, and mith tha brûna skelde, with thene stâpa helm and with thene râda skeld* (Friesen gegen Sachsen.) Richthofen, Friesische Rechtsquellen 122 b, 25 ff., weiße Schilde der Franken: Erm. Nigellus, Lobged. 3, 244.

[103]) *neque eorum moribus turpius quicquam aut inertius habetur quam ephippiis uti* Bell. Gall. 4, 2.

angelsächs. *sadol*, altsächs. *sadal*, ahd. *satul*; aber es besteht der Verdacht, daß die Sache mit dem Worte von östlichen Nachbarn her eingeführt ist, weil die germanische Form im Inlaute unverschoben die Dentalstufe des altslavischen gleichbedeutenden *sedlo* zeigt. Die Bezeichnung des Sattelmachers erscheint erst später ahd. und altsächsisch[104]).

Die Wertschätzung des altgermanischen Handwerkers[105]) richtet sich nicht zum wenigsten danach, ob das, was er treibt, nur Männerwerk ist, oder ob auch weibliche Kräfte dafür verwendbar sind. Das letztere geschieht bei den meisten der Hausgewerke, die der Nahrung oder Kleidung dienen. Neben dem Mühlenknecht zeigt sich, so lange das Mahlen als Handbetrieb geht, die Mühlenmagd, und erst seitdem die Mühle ein mechanisches Getriebe geworden, tritt der gewerkliche Müller auf; dem Bäcker steht die Bäckerin zur Seite; das Weben ist mehr Frauen- als Mannessache[106]), ebenso das Anfertigen der Kleidungsstücke; nur das Schuhwerk, soweit es durch fremde Einflüsse modisch erscheint, fordert einen männlichen Hersteller (vgl. DHA. 3, 266 f.), gleicherweise das Reinigen und Appretieren der schweren Wollzeuge, das dem Walker zufällt und auch durch mechanische Vorrichtungen geschieht. Das häusliche Geschäft des Schlachtens entwickelt sich erst allmählich und land-

---

[104]) *sellarius: satilâri, satelâre, satelære, saddilâr* Steinm. 3, 140, 28 ff. *sellularius: seddilêre* 186, 39.

[105]) Die Verschiedenheit der Wertschätzung zeigen Strafbestimmungen über Tötung oder Verletzung eines unfreien Handwerkers, wie bei den Burgunden, wo der Mord an einem Goldschmied (*aurifice electo*) mit hundert, an einem Eisenschmied (*fabro ferrario*) mit fünfzig, an einem Stellmacher oder Holzarbeiter überhaupt (*carpentario*) mit vierzig Sol. gesühnt werden muß; für einen Feldarbeiter, Schweine- oder Schafhirten zahlt man nur dreißig: Mon. Germ. Leg. 3, 597. Ähnliche Bestimmungen bei den Alemannen, ebenda S. 40. 73.

[106]) ahd. *textor: weber, weberi. textrix: weberin, webrin, webarin* Steinm. 3, 138, 52 ff. ags. *textor: webba. textrix; webbestre* Wright-Wülcker 1, 188, 10 f. Ein Mühlwerk treiben und Wolle kämmen, verächtliches Mannsgewerbe: Gregor. Tur. 7, 14, vgl. 25. Als König Charibert sieht, wie der Vater seiner Geliebten ein Wollarbeiter ist, schämt er sich ihrer und verstößt sie: 4, 26.

schaftlich sehr verschieden zur gewerblichen Hantierung (DHA. 2, 282 ff.).

Technische Ausbildung in vollem Sinne wird vorzugsweise da zu finden sein, wo unter dem Hausgesinde genügend für Arbeitsteilung gesorgt werden kann, an Königs-, Edel- und, nach Einführung des Christentums, an Kloster- und Stiftshöfen. Hier werden die Arbeiter auf besondere Gewerke geschult, und einen neu erworbenen Eigenknecht fragt man, was er gelernt habe[107]). Dabei ist natürlich nicht ausgeschlossen, daß auch der kleinere Freie sich besondere Geschicklichkeit in der einen oder anderen Hantierung erwirbt, und die Erzeugnisse derselben innerhalb wie außerhalb seiner Familie verwertet. Was aber der große Haushalt an ständigen Gewerken braucht, darüber belehren, abgesehen von mancherlei vereinzelten Aufzeichnungen, zusammenhängende Verzeichnisse der Karolingerzeit, die ja auch für frühere Verhältnisse gelten: das Capitulare de villis zählt auf Eisen- und Edelschmiede, Lederarbeiter, Drechsler, Stellmacher, Schildmacher, Fischer, Abrichter von Falken und anderen Jagdvögeln, Seifensieder, Brauer, Bäcker, Netzestricker[108]); der Grundriß von St. Gallen bietet einen Häuserblock für Lederarbeiter, Sattler, Schwertfeger, Schildmacher, Drechsler, Gerber und, besonders abgetrennt, für Eisen- und Edelschmiede, sowie für Walker; in bayrischen Klöstern des 8. Jahrhunderts erscheinen als Handwerker Schmiede, Drechsler, Schildmacher, Zeidler, Winzer, Schiffer, Jäger,

---

[107]) So ein Franke im Gebiet von Trier: *sciscitatus autem emptor a rudi famulo, quid operis sciret, respondit „in omnibus, quae mandi debent in mensis dominorum, valde scitus sum operi“* Gregor. Tur. 3, 15.

[108]) *ut unusquisque judex in suo ministerio bonos habeat artifices, id est fabros ferrarios et aurifices vel argentarios, sutores, tornatores, carpentarios, scutarios, piscatores, aucipites id est aucellatores, saponarios, siceratores, id est qui cerevisam vel pomatium sive piratium vel aliud quodcunque liquamen ad bibendum aptum fuerit facere sciant, pistores qui similam ad opus nostrum faciant, retiatores qui retia facere bene sciant, tam ad venandum, quam ad piscandum sive ad aves capiendum, nec non et reliquos ministeriales quos ad numerandum longum est* Cap. de villis 45.

Fischer, Köche[109]). Angelsächsische Königs- und Edelhöfe schließen in sich Köche, Bäcker, Salzbereiter, Zimmerleute und Lederarbeiter[110]).

Die Abgabe gefertigter Hauserzeugnisse an Hausfremde um den Empfang eines Gegenwerts, also der Anfang eines Verkaufsgewerbes, reicht als einfach und natürlich in vorgeschichtliche Zeit zurück. Wie sich daraus ein solches Verkaufsgewerbe hervorbildet, kann im einzelnen nicht dargelegt werden, es ist zeitlich und landschaftlich verschieden, und da zuerst sichtbar, wo Einflüsse der römischen Gesellschaft und des römischen Handwerks einspielen. Bei den Burgunden des 5. Jahrhunderts sehen wir unfreie Handwerker, denen ihr Herr erlaubt, für Fremde zu arbeiten: die Lex Gundobada bestimmt, daß er für den Schaden, den der Besteller durch einen solchen Arbeiter erleidet, haften muß[111]). Und wenn dabei neben den verschiedenen Schmieden selbst Leder- und Gewandarbeiter genannt werden, so finden wir hier schon vorgeschrittenere Verhältnisse, die sich sicher in den westlichen Teilen Deutschlands, zumal auf altem römischen Boden, vielfach wiederholt haben und sich auf die gewöhnlichsten täglichen Bedürfnisse ausdehnen: sehen wir doch im 9. Jahrhundert zu Mainz eine Verkaufsbäckerin[112]). Viel früher ist die Töpferei und, von Friesland aus, die Weberei zu einem Handwerk für Vertrieb im Handelswege geworden.

Zu der Fertigkeit der Hand gesellen sich schon in vorgeschichtlicher Zeit die Anfänge mechanischer Betriebe. Manche solche Einrichtungen stehen in Verbindung mit der Technik des Webens (DHA. 2, 224), namentlich kommt der

---

[109]) Vgl. Fastlinger, Die wirtschaftliche Bedeutung der bayrischen Klöster in der Zeit der Agilulfinger, in: Studien und Darstellungen aus dem Gebiete der Geschichte, herausgegeben von Grauert, 2. Band, 2. und 3. Heft (1903), 30.

[110]) Vgl. Leo, Rectitudines singularum personarum (1842) 132.

[111]) *quicunque vero servum suum aurificem, argentarium, ferrarium, fabrum aerarium, sartorem vel sutorem, in publicum adtributum artificium exercere permiserit, et id quod ad faciendam operam a quocumque suscepit, fortasse everterit, dominus eius aut pro eodem satisfaciat, aut servi ipsius, si maluerit, faciat cessionem* Lex Gundob. 21, 2 (Mon. Germ. Leg. 3, 542).

[112]) Ann. Fuldah. ad a. 870.

Gebrauch der Spindel auf, jener kleinen Maschine, die durch eine selbständige Drehbewegung den zu webenden Faden gleichmäßig rundet und stärkt. Während sich der Ausdruck für das Weben durch Vergleichung mit entsprechenden altindischen und griechischen Bildungen[113]) als gemeinindogermanisch erweist und somit uralt erscheint, sehen wir in Spindel ein junges, nur westgermanisches Wort: ahd. *spinnala*, *spinnila*, *spinala*, *spinela*, altsächs. *spinnila*, angelsächs. *spinel*, *spinle* und *spindel*, mit Kürzung ahd. zu *spilla*, mhd. und mnd. zu *spille* (vgl. DHA. 3, 216 und Deutsches Wb. 10, 1, 2482; 2492), deutlich aus dem gemeingermanischen Verbum *spinnan* herausgebildet, welches Verbum in seiner technischen Bedeutung auch nicht weiter reicht und sich auf die ältere des Ausziehens stützt[114]). Die Spindel kann nach ihrer ganzen Gestalt und der Art ihrer Verwendung nur eine frühe unmittelbare oder mittelbare Einführung von Griechenland oder Rom her sein (wie auch die Kunkel römischen Ursprung hat, DHA. 3, 217), die deutsch benannt wurde und eine ältere Weise des Fadendrehens vor dem Verweben, vielleicht aus freier Hand, verdrängte. Bemerkenswert und für die Jugend des Wortes zeugend ist, daß es nicht durchaus in der Bedeutung gefestigt erscheint, sondern auch teilweise das Weberschiffchen ausdrückt[115]).

Von maschineller Beihilfe bei einer anderen Art Spinnen, der des Seilers, ist aus alter Zeit so gut wie keine Kunde vorhanden, und doch muß jene da gewesen sein, weil sie die Voraussetzung für eine ganze Reihe in der Wirtschaft, beim Handwerk, bei der Schiffahrt, bei Jagd und Fischfang gebrauchter Geräte bildet: Schnur, Strick, Strang, Seil und Tau. Diese Bezeichnungen gehen alle auf die Vorstellung des Flechtens und Windens zurück und erlangen ihre neuere

---

[113]) Griech. ὑφή, ὕφος Gewebe, ὑφάειν, ὑφαίνειν weben, altind *ûrṇavâbhis* Wollenweber, von der Spinne. Leo Meyer, Handbuch der griechischen Etymologie 2, 160.

[114]) Vgl. oben S. 3f.; auch litt. *pìnti* flechten, altslav. *pęti* spannen gehört dazu, vgl. Deutsches Wb. 10, 1, 2515.

[115]) *radii: spinnilûn* Steinm. 2, 714, 40.

Bedeutung erst später. Was zunächst Schnur, ahd. *snôr*, *snuor* betrifft, so hat es in der ahd. Zeit zwar die Bedeutung des aus Fäden zusammengedrehten dünnen Stranges[116]), aber das S. 25 besprochene got. *snôrjô* σαργάνη weist deutlich auf den älteren Begriff des Flechtwerks. Das nur hoch- und niederdeutsche Strick, ahd. *stricch*, *laqueus* und *funis* übersetzend, gehört als Substantivbildung zu ahd. *strîchan*, dessen ursprüngliche Bedeutung die des festen Anziehens, Anfügens ist (vgl. lat. *stringere*), ebenso wie das schon gemeingermanische Strang, ahd. *strang*, angelsächs. *streng*, altnord. *strengr*, zu dem Adjektiv ahd. *strengi*, angelsächs. *strang*, altnord. *strangr* fest zusammenhaltend, in engster Beziehung steht und somit die bloße Handfertigkeit des Verbindens betont. Nicht weniger bezeichnet das ebenfalls gemeingermanische Seil (gotisch nicht bezeugt, aber im Verbum *insailjan* enthalten), altnord. *seil*, angelsächs. *sâl*, altsächs. *sêl*, ahd. *seil*, zunächst zusammengeflochtenes Riemenwerk, da es urverwandt zu griech. ἱμάς Riemen, Gürtel, und ablautend zu ahd. *silo* Riemenwerk, altnord. *sîmi* Riemen (Wurzel *si* binden, schlingen) ist[117]). Für das jüngere Tau, erst mittelniederdeutsch erscheinend als *touwe*, *tow*, *tau*, das dem mhd. *gezouwe* entspricht und seine Bedeutung aus der allgemeinen des Gerätes, Geschirres, Schiffsgeschirres entfaltet hat, gilt älter das gemeingermanische got. *raips*, altnord. *reip*, angelsächs. *râp*, altsächs. *rêp*, ahd. *reif*, und auch bei diesem Worte steht fest, daß der ältere Sinn der des Riemens, und nur der jüngere der des Seiles ist[118]). Weist dieses alte Sprachgut auf den Gebrauch des Leders für den angedeuteten Zweck und auf eine vielseitige Tätigkeit des Lederarbeiters (S. 29f) hin, so gibt es zunächst auch anderes Material, was ohne weitere künstliche Vorarbeit für das Binden, Schlingen und Schnüren verwendet werden kann,

---

[116]) *lineolus i. snûr, snur, snuor* Steinm. 3, 244, 38f.; *lineolus, filum i. snǒr* 278, 31. 337, 44. Dazu im Ablaut: *fidis: snare* 3, 383, 8.

[117]) Leo Meyer, Handbuch der griechischen Etymologie 2, 62 f.

[118]) Vgl. got. *skauda-raips* ἱμάς; ahd. *reiffa: funes, lora* Graff 2, 496; ags. *lora: râpas* Wright-Wülckcr 1, 434, 4; *funiculus vel funis: râp* 105, 10; *funes vel restes: râpas* 182, 22 u. ö.

den schon oben beim Flechtwerk erwähnten Bast[119]), der durch Schälen von den Bäumen gewonnen wird, und die biegsamen Zweige und Stengel gewisser Pflanzen, die man einfach zusammen dreht und unter dem Namen altnord. *við*, angelsächs. *wiððe*, altfries. *withthe*, ahd. *wid*, *wit*, mhd. *wide*, *wit*[120]) besonders für Fesselung gebraucht. Auch die zähe Binse dient zum Zusammenschnüren. Alle solche Stoffe aber müssen gegen den Hanf zurückstehen, dessen Faser allein erlaubt, Bindezeug von größter Dauerhaftigkeit und unbegrenzter Länge herzustellen, und man muß das bereits in vorgeschichtlicher Zeit versucht haben: die kleine scheiben- oder radförmige Maschine, mit deren Hilfe die Hanffaser zum Faden gedreht, und der gedrehte Faden wiederum mit andern gleichen zu einem festen Gefüge verbunden wird, mag wie der Hanf selbst (vgl. DHA. 2, 18) eine Einführung fremder Kultur sein. Je mehr im Laufe der Zeit ihr Gebrauch sich ausbreitet, kommen die Erzeugnisse aus der Hanffaser neben denen aus Leder, Bast und Stengeln empor, ja verdrängen sie selbst teilweise, und es ist natürlich, daß deren alter Name auf das Bindewerk aus dem neuen Stoffe sich überträgt. Ein eigenes Gewerbe aber entwickelt sich daraus auf lange hin noch nicht, und es scheint, daß nach frühmittelalterlicher Gewohnheit sich ein jeder in unscheinbarer Hausarbeit das Bindewerk, was er zu seinem Handwerk brauchte, selbst mit Hilfe einer Scheibe oder eines Rades hergestellt habe; vor allem gilt das wohl, abgesehen von der Verwendung im Hausgebrauch, z. B. am Brunnen (DHA. 1, 152; 199), von den Netzstrickern, die für Jagd, Fisch- und Vogelfang die Werkzeuge bereiten[121]) und dazu des

[119]) Das gemeingermanische Wort *bast*, im Gotischen und Ahd. nicht bezeugt, altnord. *bast*, angelsächs *bæst*, mhd. *bast*, mit *binden* zusammen zu bringen, ist lautlich unmöglich, da sich im Mhd. die ablautende Form *buost* Strick, dazu gesellt: *mit bästînen buosten bant ern* (den *satel*) *aber wider zuo* Parzival 137, 10 f. Für *bast* auch die hochd. Benennung *lint*, vgl. DHA 3, 226. *seile* aus *lint:* Weist. 3, 455 (Wetterau, von 1485).

[120]) Vgl. *tortus: wit* Steinm. 3, 290, 50. 309, 68; *torta: with* 371, 34; *retorta: wit* 287, 33, *wide* 645, 39.

[121]) Cap. de villis 45, die Stelle ausgehoben oben Anm. 108.

hänfenen Fadens am wenigsten entraten können, und den Schiffern, namentlich der Seeküste, die besonders starker Seile bedürfen. Es ist möglich, daß gerade von den letzteren die Anfänge eines eigenen Handwerks ausgegangen sind; denn während die Herstellung eines leichteren Schnur- und Strickwerks mit dem Hausworte des Spinnens benannt wird, erfordert die Fertigung des Taues schwerere und kunstgemäßere Arbeit, die man mit dem niederdeutschen Ausdruck *slahan, slân* nach der Bedeutung des hart und fest zusammenfügens bezeichnet[122]): und so hat sich wohl an der Küste der Verfertiger des Schifftaues, der *rêp-slegere*, zu frühest als ein eigener Hilfshandwerker für die Schiffahrt entwickelt. Immerhin kann Wort und Sache nicht früh emporgekommen sein, da sich *rêp-slegere* und das einfache gleichbedeutende *rêper* nur im späteren Mittelniederdeutsch und Mittelniederländisch zeigen[123]). Im Binnenlande findet sich Seiler als selbständige Handwerkerbezeichnung, auch in der Form *seil-macher*, niederdeutsch *sêl-meker*, seit etwa dem 14. Jahrhundert, aber auch im Wechsel mit dem Seilwinder[124]).

Aus recht dürftigen Anfängen wächst die Töpferei zu einem mechanischen Betriebe heraus. Die ältesten vorgermanischen Siedelstätten in Deutschland enthalten bereits die Zeugnisse dafür in mancherlei Gefäßen aus gebrannter Erde, wie diese zu solchem Zwecke an zahlreichen Orten entnommen werden kann: bauchige oder mehr zylindrische Töpfe, Schüsseln, Schalen und Näpfe aus einem dickwandigen, mit Glimmer oder Quarzsand versetzten Stoff, roh von Hand geformt, ohne Verzierung oder auch mit schlichten

---

[122]) mnd. *towe, kabele slân:* Hamburger Zunftrollen, gesammelt von Rüdiger (1874), S. 301 (von 1345).

[123]) In dem 1143 gegründeten Lübeck, wo Angaben über Handwerker hundert Jahre nach seiner Gründung einsetzen, erscheint erst 1283 ein *reeper*, 1317 ein *hennep-spinner*, 1374 ein *funifex*, während schon von 1243 her Zimmermann, Schmied, Schildmacher, Böttcher, Riemer und Kürschner genannt werden: Archiv für Kulturgeschichte 1 (1903), S. 130 ff.

[124]) *funifex: seyler, seyl-mecher, seyl-macher,* nd. *zêl-meker, zêl-wynder.* Diefenb. 252b; *restio: wyede-macher, reper, repe-of seyl-meker, vercoeper.* 495b.

band-, riemen-, streifen- oder stabartigen, mit dem Fingernagel oder einem spitzen Gerät eingerissenen Ornamenten, dürftig am Feuer erhärtet, offenbar vom Brauchenden selbst hergestellt; und diese uralten unscheinbaren Gefäße finden noch lange Verwendung für den Hausgebrauch, neben anderen, kunstvolleren, immer noch aus freier Hand gearbeiteten, aber aus feinerem Material geformten, von denen die verschiedenen, in Brandgräbern oder sonst gefundenen vielgestaltigen Urnen die bekanntesten sind. Das sind die irdenen Geschirre, die Tacitus erwähnt und bei den Germanen in gleicher Achtung wie etwa geschenkte silberne stehen läßt[125]). Und hier setzt das germanische Töpfergewerbe ein, da jenes feinere Material, der eigentliche Töpferton, nicht wie die grobe Topferde gewöhnlich vorhanden ist, und die Handfertigkeit zu tönernen Ziergefäßen nur aus fortgesetzter Übung entspringt. Die Anfänge aber des Gewerbes sind vor die geschichtliche Zeit zu setzen, und wir müssen uns vorstellen, daß im Norden wie im Süden gewisse Gegenden mit besonders geeignetem Material sich als Gewerbscentren früh ausbildeten und die nähere oder fernere Umgegend mit ihren Waren versorgten. Technische Fortschritte ergaben sich durch die Schlemmung der Tonerde, wodurch sie selbst zur Politur fähig wurde, durch sorgfältiges Brennen der Gefäße, das an Stelle des bloßen Backens bei offenem Feuer trat und die Erfindung der Brenngrube veranlaßte (Abbildung DHA. 1, 59); vornehmlich aber durch die Übernahme der römischen Technik mit der Drehscheibe und dem Brennofen. Daß dieselbe von Südwesten und von den Rheingegenden her erfolgt ist, steht fest, und zumal für die letzteren kommt auch der Einfluß des gallischen Gewerbes, das aber seinerseits selbst wieder auf das römische zurückgeht, in Betracht; die Ausbreitung ist zufrühest in Süddeutschland zu beobachten, wo zu und nach der Römerzeit in Österreich und Bayern, Baden und Schwaben zahlreiche Töpfereien bestanden, teils von römischen Handwerkern geleitet, teils aber auch, wie aus den eingestempelten

---

[125]) *est videre apud illos argentea vasa, legatis et principibus eorum muneri data, non in alia vilitate quam quae humo finguntur* Germ. 5.

Namen auf den Waren hervorgeht, von deutschen: dementsprechend wird auch ihre Nationalität durch den Namen *Germanus*, der unter den Stempeln der Gefäße von Westerndorf in Oberbayern mehrmals erscheint[126]), besonders deutlich bezeichnet. Eine schon völlig germanische Töpferei, die mit römischer Technik arbeitete, ist in einem Quadensitze an der March aufgegraben worden[127]). Es läßt sich im einzelnen nicht nachweisen, wie sich der Übergang römischer Art von Süden nach Norden vollzieht: hier hat man noch lange aus freier Hand Ziergefäße gebildet, die im Süden schon mit der mechanischen Hilfe der Drehscheibe, und damit einförmiger hergestellt wurden, und die nördlichen Bodenfunde früherer wie späterer Zeit weisen die verschiedensten Gefäße germanischen Ursprungs auf, die weder in der Form noch in der Verzierung eines künstlerischen Reizes entbehren, so daß man wohl verstehen kann, wie nach den Worten des Tacitus (oben Anm. 125) der germanische Hausvater die Erzeugnisse heimischen Gewerbes neben den fremden eben auch hoch achtete. Dadurch, daß die alte Brenngrube dem Brennofen weicht, durch dessen regulierte Hitze das Gefäß eine vollkommenere Härte empfängt, wird es widerstandsfähiger und ansehnlicher.

Immerhin, und trotzdem die Töpferei in der beschriebenen Ausbildung schon in altgermanischer Zeit auf den Handelsbetrieb angewiesen ist, f ü h l t sie sich doch auf lange hinaus als Hausgewerbe für die weit überwiegenden schlichten Erzeugnisse des Haushaltes, die schnell vergehen und schnell ersetzt werden; und man wird lange noch, nachdem die Töpferscheibe gewerbsmäßig eingeführt war, und man auf großen Gütern und in vornehmen Haushalten die Töpferware durch Kauf bezog, auf kleinen, abgelegenen und ärmlichen Sitzen nach uralter Weise sich sein Topfzeug roh mit der Hand geformt und flüchtig gebacken haben.

---

126) Vgl. Hefner, Die römische Töpferei in Westerndorf, im oberbayrischen Archiv für vaterländische Geschichte 22 (1863), S. 45.

127) Vgl. Much in den Mitteilungen der anthropologischen Gesellschaft in Wien 5 (1875), S. 55; 74.

Das Sprachgut, welches uns über die Entwicklung der altgermanischen Töpferei belehrt, ist dürftig und zeigt dadurch, daß man wenig Aufsehen von dem Handwerk gemacht hat, entbehrt aber gleichwohl nicht einiger wichtiger Andeutungen. Zunächst dadurch, daß ein einheitlicher Name für die Topferde fehlt, vielmehr verschiedene durcheinander laufen und sich erst recht spät eine technische Bezeichnung herausbildet. Das gemeingermanische Wort, die Vorform unseres Ton, got. *þâhô*, altnord. *þâ*, angelsächs. *þôhe*, *þô*, altsächs. *thâha*, *thâ*, ahd. *dâha*, mhd. *dâhe*, *tâhe*, hat nur die Bedeutung einer festen oder zähen Erdart überhaupt[128]). Obwohl es im Gotischen schon im technischen Sinne gebraucht ist[129]), teilt es seine Beziehung auf die Töpferei mit der Bezeichnung für Lehm[130]), ja mit der für Erde schlechthin[131]). Das beweist deutlich eine lang andauernde Sorglosigkeit bei der Auswahl des Materials, wenigstens in häuslicher Arbeit. Bei der Verarbeitung tritt auch die Scheibe sprachlich erst spät hervor[132]); und der alte Ausdruck für das Festigen der Ware im offenen Feuer oder in der Brenngrube, backen, erhält sich noch, wo längst

---

[128]) altnord. *þâ*, aufgefrorene oder weiche Erde. FRITZNER 3, 1002a. Ags. *argilla: thôae* WRIGHT-WÜLCKCR 1, 7, 2, *ðô* 348, 12; *argillosa: ðôihte* ebenda 11; altsächs. *glis, terra tenax: thâ* STEINM. 4, 178, 17; ahd. *argilla: dâha vel leddo* (*lette*), *dâh-erda vel leddo* 3, 119, 40; *argilla: dâhe vcl leim vel ledde, quod quidam nominant liet* 407, 60 f.

[129]) *þau niu habaiþ kasja waldufni þâhôns* ἢ οὐκ ἔχει ἐξουσίαν ὁ κεραμεὺς τοῦ πηλοῦ Röm. 9, 21. Auch im Ahd. muß *dâha* das Töpfergeschirr mit bezeichnen: *testa de samiis: dâha vonna leimun, thâha von lîme* STEINM. 1, 613, 11ff.; *testa: dâha* 621, 21; *testa: tâhe vel schirbe* 3, 411, 49; vgl. dazu das Adj. *fictile vas: dâhinaȥ faȥ* 1, 279, 62; *de vasis fictilibus, fona tâinen faȥȥen* NOTKER, Ps. 103, 14.

[130]) angelsächs. *argella: laam* WRIGHT-WÜLCKER 1, 6, 38; *argilla: laam* 146, 18; *vas fictile: lêmen fet* 82, 40; *fictilia, vel samia: lǣmene fatu* 154, 20; ahd. *arcilla: laimo* STEINM. 3, 4, 54. Ags. auch *samia: clǣg* WRIGHT-WÜLCKER 1, 146, 19; got. ganz allgemein *daigs* φύραμα auf den Ton gewendet: Röm. 9, 21.

[131]) Vgl. ahd. *fictile:* (verstanden *vaȥ*) *erdinaȥ* STEINM. 2, 428, 6. ags. selbst *glarea, glitis, vel samia: sand* WRIGHT-WÜLCKER 1, 117, 37.

[132]) Erst mhd. gewöhnlich: *der havener leit die erde uf die sheibe . . chêrt die sheiben umbe mit den vüeȥȥen* LEYSER, Pred. 15, 35; *die dâ drænt ûȥ tâhen heven unde krüege* OTTOKAR 65698 Seemüller.

der Brennofen gewerblich eingeführt ist[133]). Ein technischer Name für die Gesamtarbeit des Töpfers hat sich nicht ergeben, got. *deigan* kneten, knetend formen, ist wie griech. πλάσσειν auf das Bilden in Ton bezogen[134]), und auch ahd. begegnet ein *leim-bilidâri* wahrscheinlich nicht als eigentliche Gewerksbezeichnung, sondern als gelehrte Verdeutlichung des lateinischen *figulus*[135]); und ebensowenig findet sich eine einheitliche Bezeichnung des Handwerkers selbst. Das, was er fertigt, das tönerne Gefäß im allgemeinen, heißt ahd. *scirbi* oder *kahhala*[136]), und die Hauptsorten führen je nach ihrer Art verschiedene heimische oder auch von der Fremde eingeführte Namen, die aber auch auf Erzeugnisse aus Metall oder Holz gehen können. Am häufigsten erscheint in Oberdeutschland Hafen, ahd. *havan*, mhd. *haven*, auf diese Gegenden beschränkt, und wörtlich nur „Behälter" ausdrückend (zur deutschen Wurzel *hab* im Sinne von in sich schließen, fassen, gehörig); erst viel später, im Ahd. noch unbezeugt, taucht Topf (mit der Nebenform *tupfen*) auf, ein besonders in Mitteldeutschland verbreitetes Wort, das zu dem mittelniederd. *dop*, *doppe*, hohle Rundung (z. B. die Schale, worin Eicheln, Buch- und Haselnüsse stecken), und weiter zum Adjektiv *tief*, got. *diups* in Beziehung steht; nur niederdeutsch ist altsächs. *gropo*, mittelniederdeutsch *grope*, *gropen*[137]), zu dem sich ein mittelniederdeutsches Verbum *gropen* aushöhlen, findet. Eine ahd. Glosse *olla: steinna*[138]) weist auf das Material hin. Von fremden Gefäßnamen hat schon der Gote sein *aúrkeis*

---

[133]) Noch 1259 in Lübeck *ûlenbecker* als Bezeichnung des Töpfers: Archiv für Kulturgeschichte 1, 131. Vgl. dazu die Übertragung auf den gebrannten Ziegelstein: *gebacken steine:* Mone, Zeitschr. 9, 411 (von 1368).

[134]) *ibai qiþiþ gadigis du þamma digandin* (lies *deigandin*), μὴ ἐρεῖ τὸ πλάσμα τῷ πλάσαντι Röm. 9, 20. *kasa . . triweina jah digana*, σκεύη . . ξύλινα και ὀστράκινα 2. Tim. 2, 20.

[135]) *figuli: ênes leim-bilidares, eines leimbilithires* Steinm. 1, 718, 47 f.

[136]) *testula: chachala vel scirpbi* Steinm. 2, 401, 23, *chachala, scirpi* 416, 49; *testula: scirbi* 535, 9. *chachele: cacabus* Graff 4, 362.

[137]) *allas* (lies *ollas*)*: gropun* Steinm. 1,449,13 (Lesart unsicher). *olla: gropen, groppen* Diefenb. 395b. Ein seltenes und dunkles *olla: greoua* Wright-Wülcker 1,276,14. 460, 36 kann nicht dazu gehören.

[138]) Steinm. 1, 286, 17. *caccabum: steinna* 392, 16.

von lateinischem *urceus* entlehnt, was sich im häufig vorkommenden altsächs. *ork*, angelsächs. *orc*, und ahd. *urzeol, urzil, urzal, urzol, urzel* aus *urceolus*, selbständig wiederholt; lat. *olla* ist im ahd. als *ûla*,[139]) mhd. als *ûle* übernommen, was sich landschaftlich noch im Nhd. als *aul* fortgesetzt hat; als undeutschen Ursprungs gelten auch ahd. *kruog, chruoc*, mhd. *kruoc*, Krug neben angelsächs. *crôg* und nicht genau entsprechendem altsächs. *krûka*, altnord. *krukka*, letzteres in der Bedeutung Topf, überhaupt; ferner mhd. *krûse*, irdenes Trinkgefäß, das sich auch altnord. als *krûs* und mittelengl. als *crouse* zeigt, und mittelniederd. *pot, put*, das bis ins altnord. als *pottr* reicht und für das man keltische Herkunft annimmt. Solcher Vielheit in den allgemeinen Benennungen der Topfgefäße entsprechen die mancherlei Namen, die man dem Verfertiger gegeben hat, und von denen keiner über größere Landstriche geht, geschweige denn, daß er, wie z. B. der Name des Schmiedes, gemeindeutsch sei. Der Gote übersetzt das griechische κεραμεύς (Matth. 27, 7, Röm. 9, 21) durch *kasja*, wörtlich Gefäßbildner, aber nicht besonders auf den Töpfer gehend, da das Grundwort *kas* auch Holz- und Metallgefäß bezeichnet (vgl. oben Anm. 134); von späteren Benennungen ist ahd. sehr verbreitet *havinâri*, mhd. *havenære, hevenære*, während ein mhd. *kacheler, kecheler* vor dem 14. Jahrhundert nicht belegt ist; und frühestens zu eben derselben Zeit erscheint mhd. *topfer, töpfer*, das sich später allgemein festsetzt; mnd. ist dafür *groper*[140]) gebräuchlich. Zu dem ahd. entlehnten *ûle* fügt sich mhd. ein *ûlner*[141]) und zu mittelniederd. *pot* ebendaselbst ein *potter, potker, potmaker*[142]). Und wie diese Vielheit der Namen deutlich auf intimsten Zusammenhang mit dem Hause und seiner engeren Umgebung hinweist, so vermögen wir noch aus späteren Bestimmungen, die aber auf alter Übung beruhen, zu ersehen,

[139]) *olla: ûla, gillo, habin* Steinm. 2, 511, 58. *gillo* ist unverständlich.

[140]) Ein *groper, lutifigulus* 1283—1298 in Lübeck: Archiv für Kulturgeschichte 1, 130. *lutifigulus: gröper* Diefenb., nov. gloss. 173b.

[141]) *figulus: ulner* ebenda; *die ulner die in der marg gesessen sein* Weist. 3, 455 (Wetterau, von 1485); *eulner*: 5, 249 (ebenda, von 1454). mnd. *ûlenbecker*, vgl. Anm. 133.

[142]) Schiller-Lübben 3, 368.

wie das Töpfergewerbe als ein Handels- und Hausiergewerbe erwächst, indem es von dem überschüssigen Vorrate der hergestellten Ware nicht nach freiem Ermessen, sondern nach einer festen, mit Rücksicht auf nähere und fernere Nachbarn gehaltenen Ordnung abgibt. Gewohnheitsrecht der Allenstädter Mark in der Wetterau noch des 15. und 16. Jahrhunderts ist, daß die heimischen Töpfer, deren Zahl nicht beschränkt, nur jährlich dreizehn Mal ihre Topfware brennen dürfen, wozu ihnen das Abfallholz des Waldes zur Verfügung steht; den frischen Brand haben sie zunächst den Märkern zum Kauf anzubieten; erst wenn deren Bedarf völlig befriedigt ist, ziehen sie mit ihren Wagen oder Karren an den nächsten Ort und bieten feil, sodann an den zweit- und drittnächsten; haben alle diese Nachbarorte sich gehörig versorgt, dann erst ist den Töpfern gestattet, auch fernere Orte mit ihren Waren zu besuchen[143]).

Wie das Töpferhandwerk wesentlich auf der Drehscheibe fußt, so das Gewerke des Drechslers auf der Drechselbank, einem ebenfalls aus dem griechisch-römischen Altertum entlehnten mechanischen Getriebe. Es ist nicht unwahrscheinlich, daß das Drechseln eine verhältnismäßig späte Einführung in deutsche Handwerksübung darstellt, da eine bezügliche heimische Doppelbezeichnung im technischen Sinne sich nur im Althoch- und Niederdeutschen nachweisen läßt. Die erste ist ahd. *drâhan*, *drâian*, mhd. *dræjen*, das neben dem lateinischen allgemeinen *torquere* auch das handwerkliche *tornare* übersetzt und sich sowohl als Verbum wie in Ableitungen davon zeigt[144]); die zweite ist in der Verbalform, als einer Weiterbildung von *drâhan*, nicht belegt[145]),

---

[143]) Weistümer 3, 455.

[144]) *tornavit: drâta, drâte, drâti, trât, treite* Steinm. 1, 612, 52 ff. (nach Jes. 44, 13), *kidrâta* 621, 16, *threide, dreyde* 4, 280, 27; *torno: ih trâion, i drâge, drêwe* 3, 262, 48 f., *drâio* 290, 36, *dræ* 328, 17, *dreio, dreie* 346, 49 u. ö. Dazu *tornatura: thrât* 1, 431, 3; *tornaturas: gidrâti, gidrât, drâunga, drâunge* u. ä. 434, 57 ff.

[145]) Das Verbum muß *drâhisôn, drâisôn* gelautet haben und steht, als ein eigens für das Gewerke gebildetes Wort, neben *drâhan* wie ahd. *rîchisôn* herrschen, neben *rîchen* mächtig machen, *hêrisôn* herrschen, neben *hêren* hehr machen, *scutisôn* erschrecken, neben *scutten* schütten, schütteln u. a.

aber in Ableitungen vorhanden und besonders in dem Namen des betreffenden Handwerkers ausgeprägt[146]). Des Drechslers Werkzeug, die Lade oder Bank, woran er arbeitet, das Eisen, mit dem er formt, und die Wippe, eine federnde Stange, das eigentliche mechanische Treibwerk des Drehens, wird in alten Quellen übergangen, und erst später im Mittelhochdeutschen gelegentlich mit Namen angeführt[147]).

Der Drechsler erscheint von seinem ersten Vorkommen an als vielseitiger Handwerker und der spätere Unterschied von Grob- und Feindrechslern ist schon von Alters her vorgebildet. Als Hilfskraft des Holzmeisters (S. 18) ist er tätig beim Bau des Holzhauses und beim Fertigen der Holzmöbeln, so der Bettstellen[148]), der Sitze und jenes verbreiteten Küchenschrankes, der unter dem Namen mittellat. *toreuma, toregma* und ahd. *drâsli* DHA. 1, 115 f. geschildert wird und durch die letztere Benennung[149]) ausdrücklich auf den Zusammenhang mit dem Drechsler hinweist; als Feinhandwerker fertigt er Leuchter[150]), Holzflaschen, Becher, Schalen und Schüsseln und was sonst an zierlichen oder schlichteren Gefäßen in einem guten Hause nötig ist[151]), und es gibt für die einschlagenden Bedürfnisse eines solchen, und für die Wertschätzung des Drechslers als Hofhandwerkers einen

---

[146]) *tornator: drêhsil, drâhsil, drâsil, drâchsel, trâhsel* Steinm. 3, 139, 49 ff., *drêsil* 186, 9; *tornarius: trêhsel, drêhsele* 262, 16 u. ö.; mhd. als *dræhsel, drehsel* fortlebend und zu *dræhseler* erweitert; altsächs. *thrâslari:* Gallée, Vorstudien zu einem altniederd. Wb. 345. *drâhsil* ist gebildet wie *wartil* Wächter (zu *wartên*), *butil* Bote (zu *biotan*) u. a.

[147]) *tornus: dræ-eysen, drey-yserne*; *tornalis: dræ-panck* Diefenb., nov. gloss. 367b; über *wippe* vgl. Schiller-Lübben 5, 736b.

[148]) Bettstellen mit gedrechselten Stollen in den Alemannengräbern von Oberflacht; vgl. Dürrich und Menzel, Die Heidengräber am Lupfen (bei Oberflacht), Stuttgart 1847, S. 9 ff. mit Abbildungen.

[149]) Auch *toreuma: gedrâti* Steinmeyer 4, 163, 15.

[150]) Vgl. die Abbildungen DHA. 1, 127.

[151]) Vgl. die Funde von Oberflacht: Holzschüsseln und Schalen, Fäßchen, Krüge und Flaschen, bei Dürrich und Menzel a. a. O. S. 19 (mit Abbildungen); Stücke von Webergerät: ebenda S. 20. *dîn nabalo ist gedrâter naph, niewanne drinchenes ânig* Williram 113, 1 (*umbilicus tuus crater tornatilis, nunquam indigens poculis* Cant. cant. 7, 2). *tornare: dräyen becher o. kophy* Diefenb., nov. gloss. 367b.

Fingerzeig, wenn in dem Capitulare de villis Karls des Großen die *tornatores* in erster Reihe, und gleich hinter den Eisen- und Edelschmieden und Lederarbeitern als solche aufgezählt werden, um deren Tüchtigkeit sich ein Gutsvorstand besonders bemühen müsse[152]). Besonders wird am Drechsler hervorgehoben, daß er freier wie andere Werkleute dastehe, da er bei seiner Arbeit von Richtscheit und Meßschnur unabhängig sei[153]). Unter seinen Kleinarbeiten muß die Herstellung von Schalen und Schüsseln von jeher besonders häufig gewesen sein, weil sich später daraus ein Kunstgewerbe ergibt, dessen Betreiber mhd. *schüzzelære* genannt wird[154]); auch ihnen wird landschaftlich der freie Verkauf zugunsten der Ortseingesessenen beschränkt[155]).

Zu einem mechanischen Betriebe hat sich endlich auch das Mühlenwesen entfaltet, über das DHA. 2, 257 ff. eingehend berichtet ist[156]). Auch hier ist die Vertauschung der rohen menschlichen Handkraft mit einer maschinellen, durch Tiere oder Wasser bewerkstelligten eine fremde Einführung, die, in Anlage und Ausführung vielgestaltig, sich nach und nach so verbreitet, daß der Ausdruck Mühle für Maschine geradezu stehen kann, gar nicht mehr im Zusammenhang mit menschlicher Nahrung, sondern nur mit Rücksicht auf verwendetes mechanisches Werk. Wie früh solche, DHA. 1, 310 aufgeführten, Getriebe sich ausbilden, darüber fehlt Kunde: Lohmühlen, Holzmühlen, Sägemühlen, Kalkmühlen, auch Papiermühlen, sehen wir erst im späteren Mittelalter als gewöhnliche Einrichtungen genannt; älter mögen die

---

152) Cap. de villis 45.

153) *alsô der drâhsel samftor wirchet, danne ander dehein werchman, wante imo niet durft ist extrinsecus regula vel rubrica* Williram 92, 2 ff.

154) *scutellarius: schusselmacher*, nd. *schottelmecher; scutellifex schusselmacher, schuszler* Diefenb. 522 b; *einen man ..., so von holtze was nutzhafftig machen kan, als einen schüsseldreier* Weistümer 3, 296.

155) *dasz die schüszler mügen hauen erlen, espen und birkenholz und kein andres mehr; die schüsseln, so sie daraus machen werden, sollen sie vertreiben under denen die in die alment gehören* Weistümer 1, 454 (Sachsenheim an der Bergstraße, von 1449).

156) Vgl. auch ebenda 177 f. und DHA. 1, 44 f. 309

Walkmühlen sein, die das nach römischer Technik angewendete Treten der Stoffe mit den Füßen durch ein vom Wasser getriebenes Stampfwerk ersetzt haben[157]). Und bei solchen Mühlwerken bilden sich dann Großbetriebe mancher Art, von denen weiter unten.

Die Entwicklung altgermanischer Kunstgewerbe schlägt verschiedene Wege ein. Hausgewerbe können dazu werden unter dem Walten günstiger Bedingungen und mit einem sich ausbildenden Sinne für Schönheit und Zierlichkeit. So schreitet der Zimmermann vom einfachen Wohnbau zur künstlerischen Ausgestaltung der Konstruktionsteile vor, indem er Balken, Bretter, Türsturz und Dachsparren mit seinen Figuren und Ornamenten versieht; so gestaltet sich die Weberei und die Nadelarbeit zum Kunstgewerbe, wenn sie die DHA. 1, 52; 103 f. aufgeführten wollenen oder leinenen Teppiche oder entsprechende Kleidungsstücke herstellt; Töpfer und Drechsler werden Kunsthandwerker, sobald durch sie anstatt des einfachen gedrehten Gefäßes das feinere und verzierte entsteht.

In einem Falle hat aber ein in vorgeschichtlicher Zeit von fremd her eingeführtes Kunstgewerbe umgekehrt ein heimisches Hausgewerbe, nämlich das des Grobschmiedes, geschaffen. Der Schmied ist zuerst ein Künstler (oben S. 19ff.), der lange vor dem Aufkommen des Eisens seine Tätigkeit ausübt; und diese entwickelt sich, entsprechend ihrer Wichtigkeit für das altgermanische Leben, in einer so mannigfachen Weise wie keine andere Kunst: es bildet sich zu der Technik des Metallgießens die des Hämmerns auf dem Boden des Kunsthandwerks hervor, und der Grobschmied entsteht erst später.

Die Metallzeit setzt, wie für andere europäische Völker, auch für den vorgeschichtlichen Germanen mit der Kenntnis der Bronze ein, da eine dieser vorausgehende Verwendung

---

[157]) *stampfmül:* Urkundenbuch des Zisterzienserstiftes Heiligenkreuz 2, 186 (von 1343). Aber schon im 13. Jahrhundert heißt *stampfhart* grobes gewalktes Tuch: Seifr. Helbl. 2, 73.

des reinen Kupfers für ihn nur als Übergang in Betracht kommt. Die Bronze bringen fremde Handelsleute in das Land, welche vorgeschichtliche Handelsstraßen befahren, und wir müssen annehmen, daß sie nicht nur Händler, sondern auch Wanderhandwerker sind, welche die mitgebrachten rohen Bronzemassen im Lande verarbeiten und so die Technik für die Einheimischen vermitteln. Woher sie kommen, dafür fehlt bis jetzt die Feststellung, ein Fingerzeig ist auch durch den germanischen Namen des Metalls nicht zu erlangen: got. *aiz*, das nur einmal in der Bedeutung Kupfermünze (χαλκός Marc. 6, 8), und einmal in der Zusammensetzung *aiza-smiþa* Metallarbeiter (χαλκεύς 2. Tim. 4, 14), begegnet, und im ahd. mhd. *êr*, angelsächs. *âr* fortdauert, hat unter den urverwandten europäischen Sprachen einzig im lateinischen *aes* entsprechendes, und kehrt sonst nur im altindischen *ayas*, dem Namen für Metall und Erz überhaupt, avest. *ayanh* Eisen, wieder, zeigt demnach eine auffallende Lücke in der Überlieferung, die allerdings durch das nachher vorzuführende gallische *îsarn* etwas verengt wird. Der Umstand aber, daß sowohl das lateinische wie das germanische Wort zunächst das Kupfer bezeichnet, gibt zu erkennen, daß dieses Metall das älter bekannte, und der Name dann auf die jüngere Bronze übertragen worden ist. Noch mhd. *êr* bezeichnet diese ausschließlich; der jetzige Name taucht erst im 14. Jahrhundert mittellateinisch als *bronzium* auf und wird mit altpers. *barinz* Messing (neupers. *birinǧ*, *piring*) zusammengestellt[158]).

Der fremde Wanderarbeiter hat gelehrige Schüler gehabt. Es erwächst eine germanische Bronzetechnik, die auf gemeinsamem Grunde stehend, landschaftlich sich verschieden entfaltet, und von schlichten Anfängen zu künstlerischen

---

[158]) Mitteilungen der k. k. Zentralkommission zu Wien, Bd. 13, 17. Andere sehen darin (*aes*) *Brundisinum*, weil nach Plinius (33, 9: *atque ut omnia de speculis peragantur in hoc loco, optima apud maiores fuerant Brundisina, stagno et aere mixtis*) zu Brindisi Spiegel aus einer Legierung von Zinn und Kupfer verfertigt worden seien. Was das neben ahd. mhd. *êr* vorkommende ahd. *aruz*, *aruzi*, *erezi*, altniederd. *arut*, mhd. *arze*, *erze* betrifft, so steht seine Abkunft nicht fest; man ist geneigt, es als (*aes*) *Arretium* zu deuten, von der gleichnamigen etrurischen Stadt, die durch ihre Waffenfabriken berühmt war.

Gebilden aufsteigt, bewährt an allerlei Dingen, Hausgeräten, Gefäßen, Waffen und Schmuck, zu welchem letzteren der schöne Goldglanz der Bronze förmlich einladet: und diese Arbeiten setzen sich fort bis in die geschichtlichen Zeiten, nachdem längst das Eisen einen wichtigen Teil der Metallverarbeitung an sich gerissen hatte.

Das Bearbeiten der Bronze ist vornehmlich durch Gießen erfolgt: Funde von Gußformen in den Landschaften Germaniens sind davon Zeuge[159]). Daneben aber tritt für zahlreiche Gegenstände die Hämmerung auf, die aus Bronzebarren Platten und Bleche, an Waffen, Sägen, Pfriemen und Nadeln Spitze und Schneide, an Ziergegenständen Ornamente schafft, welche sorgfältig eingepunzt werden: es entfaltet sich eine Technik, die sich auch an hohe künstlerische Aufgaben wagt und mit den Zeiten immer größere Vollendung gewinnt[159a]), um so mehr, als die Bronze stets ein vornehmes Metall bleibt, für ärmere Kreise schwer oder gar nicht zu erreichen. Darum dauern auch für den geringen Mann im Bronzealter Stein und Knochen zu Hauswerkzeugen und Waffen, selbst zum Teil als Putz fort. Wie kostbar Bronze in jenen Zeiten gehalten wird, dafür spricht beiläufig auch der Umstand, daß sie gewöhnlich verwendet erscheint für Waffen, von denen man sich nicht trennt, Schwert, Speer, Dolch, Messer, daß aber bronzene Pfeilspitzen, also Waffenteile, die leicht verloren gehen, zu den seltenen Fundstücken gehören, ja in der älteren Bronzezeit gar nicht vorkommen.

Mit dem Aufkommen des Eisens tritt eine völlig neue Bearbeitungsweise auf. Es ist nicht, wie die Bronze, gießbar, sondern nur hämmerbar, eignet sich wenig für Schmuck, desto besser aber für Waffen, schneidende oder stechende Werkzeuge und gröbern metallenen Hausrat, und erfordert

---

[159]) Zu den bekannteren Funden tritt noch ein solcher von steinernen Gußformen für Bronzemesser und Sicheln bei Müncheberg: Anz. des Germ. Museums 1867, S. 33 ff.

[159a]) Über die betr. Kunstentfaltung und ihre Verschiedenheit in den germanischen Landschaften vor und zu der Völkerwanderungszeit vgl. B. Salin, Die altgermanische Tierornamentik, aus dem schwedischen Manuskript übersetzt von J. Mestorf, Stockholm 1904.

mindere Sorgfalt bei der Verarbeitung. Kennt man einmal die Art seiner Gewinnung, so ist es auch leicht zu erlangen, da es an vielen Orten gefunden wird, und der Schmelzprozeß ein verhältnismäßig leichter und einfacher ist. Erst mit der Verbreitung des Eisens kann man füglich von einer allgemeinen Metallzeit Germaniens sprechen, wo der Stoff, im Gegensatz zur Bronze, in den Dienst von Hoch und Niedrig tritt. Offenbar hat man in der ältesten Eisenzeit größere Erwartungen an dieses Metall geknüpft, als sich nachher erfüllt haben: man hat es auch zu Schmuck verwendbar geglaubt und selbst Zierringe daraus zu bilden versucht, es aber bald wieder aufgegeben; nur Fibel und Gürtelschnalle von Eisen sind in den vorgeschichtlichen wie in den geschichtlichen Zeiten geblieben. Die Bronzeverarbeitung geht dabei nicht unter, sie beschränkt sich nur auf Gefäße und Schmuck, und es tritt nunmehr Arbeitsteilung ein: gegenüber dem Bronzeschmied, der seine Tätigkeit auch auf die später zu besprechenden Edelmetalle ausdehnt, tritt der Eisenschmied[160]).

Woher für die Germanen das Eisen eingeführt ist, dafür kann der gemeingermanische Name desselben Zeugnis ablegen: got. *eisarn*, altnord. *îsarn* und *járn*, angelsächs. *îsern* und *îren*, altsächs. *îsarn*, ahd. *îsarn* und dann mit Ausfall des *r* *îsan* ist unmittelbares Lehnwort aus gallischem Stamme *îsarno*, altirisch *iarn*, das sich seinerseits als eine Ableitung speziell keltischer Färbung von dem Wortstamme erweist, der in lat. *aes*, got. *aiz* (S. 47) zutage tritt. Kelten müssen die nächsten Lehrmeister der Germanen in der Gewinnung und Verarbeitung des Eisens gewesen sein, und zwar diejenigen Kelten, die in Noricum und Rhätien alten Eisenbergbau betrieben, von wo sie schon in sehr früher Zeit Norditalien mit Eisen versorgten; und wie der *Noricus ensis* in römischen Schriftquellen Zeugnis von der Berühmtheit des keltischen Metalls ablegt, so scheint das *beierische swert*,

[160]) ahd. *faber ferrarius: îsarnsmid, îsarnsmit* Steinm. 1, 612, 30 f. altsächs. *îsarnsmith* Trierer Gl. bei Gallée 165. angelsächs. *îsensmiþ* und *îsenwyrhta* Bosworth-Toller 601b. altnord. *járnsmiðr* Fritzner 2, 234b.

das in deutschen Quellen des Mittelalters als das vorzüglichste hervorgehoben wird, eine Erinnerung an die Ursprungsstätte der ersten Eisenfabrikate zu bewahren[161]), ebenso die sagenhafte Gestalt des Waffenschmiedes Madalgêr, der zu Regensburg seine Werkstatt gehabt haben soll (vgl. unten Anm. 171).

Wir haben uns danach jedenfalls als die ersten Erzeugnisse der germanischen Eisenindustrie Waffen, Speer und Schwert, zu denken. Welchen Wert man diesen, die unvergleichlich leistungsfähiger als die bronzenen sind, beimaß, zeigen uns die Sagen von der Herkunft der Waffenschmiedekunst, welche die Götter selbst üben, und deren Meister die Zwerge sind, von denen sie der halbgöttliche Wieland und der Held und Königssohn Siegfried erlernen. Ist noch zu des Tacitus Zeit (nach dessen Zeugnis Germ. 6) das Eisen bei den Germanen knapp gewesen, so ist es natürlich, daß die ersten entsprechenden Zeugnisse[162]) sich auf Waffen und gewöhnlicher sogar kleinere als größere einschränken; aber die gemeingermanischen Namen sowohl für Speer als für Schwert deuten bereits auf eine solche Formenverschiedenheit dieser Waffen hin, daß wir auf eine recht frühe Ausbildung des germanischen Waffenschmiedes schließen müssen. Und nennen sich ganze Völkerstämme nach der eigentümlichen Schwertform, die bei ihnen gäng und gäbe ist[163]), so kann der Besitz eines Schwertes in frühen geschichtlichen Zeiten

---

[161]) *Tristes ut irae, quas neque Noricus Deterret ensis nec mare naufragum* Horat. Od. 1, 16, 9 f. *dâ (in heidnischin buochin) liset man Noricus ensis, daȥ diudit ein suert Beierisch; wanti si woldin wiȥȥen, daȥ nigeini baȥ biȥȥen, die man dicke durch den helm sluog; demo liute was ie diz ellen guot* Annolied 301 ff. *dô hieȥ er im dar tragen ein swert ze Beiern geslagen, daȥ was zæhe und alsô herte, daȥ an der selben verte ein beȥȥerȥ nie gefüeret wart* Stricker, Karl 2149 ff. *nu nim die Beier zuo dir, . . . si hânt ûȥerweltiu swert* 9230 ff.

[162]) *rari gladiis aut maioribus lanceis utuntur: hastas vel ipsorum vocabulo frameas gerunt, angusto et brevi ferro, sed ita acri et ad usum habili ut eodem telo prout ratio poscit vel comminus vel eminus pugnent* Tac., Germ. 6.

[163]) Die Sachsen nach dem *sahs*, angelsächs. *seax*, altnord. *sax* Kurzschwert; die Heruler nach got. *haírus*, altsächs. *heru*, ags. *heoru*, altnord. *hjǫrr*, Schwert, Langschwert, vielleicht auch die Cherusker;

nicht mehr eine Ausnahme für Bevorzugte gewesen sein. Ein verhältnismäßig rasch ausgebreiteter Eisenverbrauch ist seit der Zeit anzunehmen, wo zu dem von Deutschen nach keltischer Art fort betriebenen Bergbau[164]) nun auch die Gewinnung des Eisens aus Sumpferz und Raseneisenstein tritt. Und wie schon im ersten Jahrhundert unserer Zeitrechnung der germanische Schmied neben der Waffe auch den eisernen Ring und das Band für die Fesselung zu arbeiten versteht, der auch symbolisch verwendet wird[165]), so stellt er eine besondere einschneidige Schwertform in den Dienst der Haushaltung zum Zerkleinern der Speisen, er schafft das Messer, mit eigentümlichem, auf die Bestimmung hinweisenden, westgermanischen Namen[166]). Damit aber greift er ins Hausgewerke: häusliches Schmiedezeug, wie Axt, Beil, Barte, Haue, Spaten, Pflugschar, wird aus Eisen hergestellt, er wird zum Zeugschmied, und hier setzt der Punkt ein, wo seine Kunst für jene und noch schlichtere Gegenstände vom Hausvater und seinen Leuten abgesehen und als Haushandwerk geübt wird.

---

die Suardonen möglicherweise nach altnord. *sverð*, ags. *sweord*, alts. *swerd*, ahd. mhd *swert*. Vgl. zu diesen Fragen Müllenhoff, Altertumskunde 4, 164; 440; 581. (Die Form *Cherusci* wird freilich von Kluge als Dehnform für *Chrusci* genommen und der Name mit Bezug auf angelsächs. *horsc*, got. *hruskan* als „die Klugen" gedeutet: Zeitschrift für deutsche Wortforschung 7, 168.)

[164]) *zi nuzze grebit man ouh thâr* (bei den Franken) *êr inti kuphar; joh bi thia meina îsîne steina* Otfrid 1, 1, 69 f. Daß hier unter *îsîne steina* Kristalle verstanden werden können, wie einige Ausleger wollen, ist ganz unmöglich, da in der Stelle und ihrer Umgebung nur von Metallen die Rede ist, und zwar in der bezeichnenden Steigerung Erz, Kupfer, Silber, Gold; *îsîn* erscheint als Kürzung von *îsnîn* (*îsnîne grindila* Isidor 7, 12).

[165]) *fortissimus quisque* (der Chatten) *ferreum insuper anulum* (*ignominiosum id genti*) *velut vinculum gestat, donec se caede hostis absolvat* Tac., Germ. 31.

[166]) ahd. *cultellus: maȝ-sahs* Steinm. 3, 632, 22; ags. *mete-seax* Bosworth-Toller 682a. Der häufige Gebrauch des Wortes schafft verstümmelte Formen, so altsächs. *mezas* (für *met-sahs: tô mezas-kâpe* zum Ankaufe von Messern. Freckenhorster Heberolle 452); ahd. *meȝirahs, meȝiras, meȝȝeres* u. ä., vgl. Steinm. 3, 632, 21; 634, 11; 635, 27.

4*

So vollzieht sich in Jahrhunderten die Arbeitsteilung in einem von fremd her gekommenen, ursprünglichen Wandergewerbe, das in seinem höchsten Zweige als Kunsthandwerker den Edelschmied ausbildet. Auch die Grenze zwischen diesem und dem Waffenschmied ist flüssig, da wo es sich nicht um eigentliche Notwaffen, sondern um Prunkwaffen handelt, um Hiebwaffen, deren Heft und Scheide mit Gold und Edelsteinen geschmückt ist, um Bogen und Köcher in herrlicher, mit metallenen Zieraten versehener Ausführung, um Schilde und Helme mit Edelmetall beschlagen[167]).

Die Kenntnis des **Goldes** und **Silbers** bei den Germanen rückt in eine frühe Zeit hinauf, die Namen sind gemeinsam deutsch und slavisch[168]), und die Technik ihrer Verarbeitung ist der der Bronze ganz ähnlich, durch Gießen und Hämmern ausgeführt. Alle drei Metalle sind nach der Ausbreitung des Eisens, als des hervorragenden Nutzmetalles, in den Dienst des Prunkes und der Zier getreten; aber die Bronze steht, besonders für Körperschmuck, bald zurück, wo Gold und Silber sich in der Gunst der höheren Kreise fast ausschließlich festsetzen. Silber hat nach den alten Zeugnissen vorwiegend für Gefäße gedient[169]), Gold sowohl für diese

---

[167]) Solche Stücke (Köcher von Elfenbein mit Gold und Edelsteinen, Bogen von Horn mit seidener Sehne, Schild von Gold, der Buckel ein großer Almadin) in späterer Zeit beschrieben: Herzog Ernst 3019 ff. Eiserne Helme mit Bronze- und Silberverzierungen: LINDENSCHMIT, Handbuch der deutschen Altertumskunde 1, 256 ff. MÜLLER-JIRICZEK, Nord. Altertumskunde 1, 253. 2, 128. Vgl. dazu Beschreibung von Helmen: Beowulf 303 ff., 1031 ff., 2616, 2812; goldgeschmücktes Schwert und Hifthorn mit Gold beschlagen: Ruodlieb 1, 26 ff.

[168]) Got. *gulþ*, altn. *gull*, ahd. altsächs. ags. *gold*, altslav. *zlato*; got. *silubr*, altnord. *silfr*, ahd. *silubar*, altsächs. *silubar*, ags. *seolfor*, altslav. *sirebro*, litt. *sidãbras*. Über Herkunft und Verbreitung vgl. SCHRADER, Reallexikon der indogermanischen Altertumskunde 301. 766 f.

[169]) *amplitudo cornuum* (des germanischen Urs) *et figura et species multum a nostrorum boum cornibus differt. haec studiose conquisita ab labris argento circumcludunt atque in amplissimis epulis pro poculis utuntur* CAESAR, de bello Gall. 6, 28. *argentea vasa* TAC., Germ. 5 (siehe die Stelle oben Anm. 125). Nordische Funde von Trinkhörnern mit reichem Beschlag: MÜLLER-JIRICZEK 2, 62 f., 177.

als für sonstige kostbare Geräte und Schmuck. Bronze aber bleibt für doppelten Zweck vorbehalten, einmal für den Guß schwerer Gegenstände, zu denen das Edelmetall nur in ganz seltenen Fällen genommen wird, Königssessel, Türbeschläge und Türteile, Leuchter und anderes, besonders einer frühen kirchlichen Kunst[170]); und dann als nicht sichtbare Unterlage für Goldschmuck in Gestalt von Platten oder Randeinfassungen, auf denen das Schmuckstück aufgebaut ist.

Die soziale Stellung solcher Künstler bleibt zunächst unter der des Gemeinfreien. Zwar ist der Waffenschmied durch die Wertschätzung seines Berufes so gehoben, daß der Name der besten der Nachwelt überliefert wird[171]), daß der eine oder der andere Landbelehnung und gesellschaftliche Rangeserhöhung erfahren kann, woran gelegentlich auch der Edelschmied teilnimmt[172]); doch bleiben das zunächst immer Ausnahmen. Die vornehme Hofhaltung zählt Schmiede aller Arten unter ihre Haushandwerker[173]), und wie der Herr sie, wenn er ihrer nicht selbst bedarf, verleiht[174]) oder sie wie andere gemeinere Handwerker auf seine Rechnung Verkaufsarbeiten vornehmen läßt und für den von

---

[170]) Vgl. unten die Anmerkungen 177 und ff.

[171]) Vgl. Grimm, Heldensage, S. 56 ff. Der bayrische Schmied Madalger als Verfertiger eines berühmten Schwertes: *der smit hiez Madalgêr. daz selbe swert worhte er in der stat ze Regenesburh. iz was mære unde guot* Ruolantes Lied 58, 17 ff.

[172]) Die Waffenarbeiten der Vandalen werden gerühmt; der König Geiserich erhebt einen darin sich auszeichnenden Vandalen aus dem gemeinen Volke zum Range eines Grafen: Papencordt, Geschichte der vandalischen Herrschaft in Afrika (1837) S. 261, mit Quellenangabe. Die neuere Geschichte der Vandalen von L. Schmidt (1901) erwähnt darüber nichts. Ehrung eines angelsächs. Goldschmiedes, der für seinen König Geschmeide (*wêl*) gefertigt hat, durch Landverleihung: *bî manna wyrdum* 75 f. (Grein, Bibl. 2, 209). Bei den Alemannen haben *faber aurifex* und *spatarius* das gleiche hohe Wergeld: Mon. Germ. Leg. 3, 73.

[173]) Cap. de villis 45 (siehe die Stelle oben Anm. 108).

[174]) *Ein malleator artifex Aletus* wird vom Bischof Joseph von Freising (757) dem Adeligen Kawo für seinen Hausbedarf geliehen: Meichelbeck, Histor. Frising. 1, no. 4, vgl. Fastlinger a. a. O. S. 30; siehe auch unten Anm. 222. Über Verleihung anderer Handwerker in geistlichen Kreisen vgl. Wackernagel, Glasmalerei (1855) S. 24.

ihnen angerichteten Schaden (besonders durch Veruntreuung des ihnen zur Verarbeitung anvertrauten Metalls) haftet, ist aus der schon früher angeführten burgundischen Gesetzesbestimmung zu ersehen[175]). Der freie Edelschmied wird in den Volksrechten kaum erwähnt[176]). Die Schätzung der Kunstfertigkeit drückt sich in der Höhe des Wergeldes aus, das für den *aurifex* oder *argentarius* gezahlt werden muß (vgl. oben S. 31 und Anm. 105). Wesentlich wird der Stand von der Zeit ab gehoben, wo in Klöstern und Stiftern sich das Metallgewerke in den Dienst der Kirche stellt, wo Kunstgebilde zu Ehren Gottes und der Heiligen entstehen, und wo der geistlich gewordene Freie das Handwerk auch gesellschaftlich in Ansehen bringt[177]). In die erste Reihe der Kunsthandwerker steigt der Edelschmied ferner dadurch

---

[175]) Oben Anm. 111. An einen treulosen unfreien Edelschmied denkt auch die Lex Visigot. Reccasvind. 7, 6, 3 und 4, wenn sie bestimmt: *qui aurum ad facienda ornamenta susceperit et adulteraverit, sive heris* (d. i. *aeris*) *vel cujuscumque vilioris metalli permixtione corruperit, pro fure teneatur. aurifices aut argentarii vel quicumque artifices, si de rebus sibi commissis aut traditis aliquid subtraxerint, pro fure teneantur.*

[176]) Vielleicht in der Lex Frisionum: *qui harpatorem, qui cum circulo harpare potest, in manum percusserit, componat illud quarta parte maiore compositione quam alteri eiusdem conditionis homini; aurifici similiter* Mon. Germ. Leg. 3, 700. Vgl. Richthofens Bemerkung dazu, in welcher die zahlreichen Stellen der Volksrechte aufgezählt werden, die der Edelschmiede als Unfreier gedenken. Auch die Goldarbeiter, welche die Königin der Rugier, Giso, in strengem Gewahrsam hielt, damit sie ihr einen königlichen Schmuck verfertigten, scheinen freie gotische Künstler gewesen zu sein: Leben des heil. Severin 8.

[177]) Kunstgewerbliche Werkstätten für Metallarbeit in Fulda, vgl. Inama-Sternegg, D. Wirtschaftsgeschichte 2, 303. Tanko, ein Mönch von St. Gallen, Glockengießer: Mönch von St. Gallen 1, 29. Vgl. angels. *o monache, qui mihi locutus es, ecce probavi te habere bonos socios, et valde necessarios; qui sunt illi* (*eala munuc þe me tôspycst, efne ic hæbbe afandod þe habban gôde geféran and þearle neódþearfe, and ic ahsie þâ*)*? „habeo fabros, ferrarium, aurificem, argentarium, ærarium, lignarium, et multos alios variarum artium operatores* (*ic hæbbe smiþas, îsene-smiþas, gold-smiþ, seolofor-smiþ, âr-smiþ, treow-wyrhtan and manegra ôþre mistlîcra cræfta big-genceras*)“ Wright-Wülcker 1, 99.

empor, daß er als Münzer[178]) in den Dienst eines Münzherrn tritt und, da die Prägestätte in dessen Hause sich befindet, zu seiner nächsten Umgebung gehört[179]), und endlich nicht zum wenigsten, daß aus seinem Stande ein Heiliger hervorgeht, der Schutzpatron des Handwerks ist: der heilige Eligius aus Limoges, Sohn ganz armer Leute, gelernter Goldschmied, vom Frankenkönig Chlothachar II. (584—622) wegen seiner Redlichkeit zum Münzmeister erhoben, wegen seines heiligen Lebenswandels zum Bischof von Noyon gewählt, auch da noch in seiner Kunst sich durch künstlerisch hervorragende Leistungen betätigend. Eines solchen Patrons konnte sich kein anderer Stand rühmen; und die ursprüngliche Einheit des Schmiedehandwerks wird dadurch betont, daß ihn alle Metallarbeiter, neben den Goldschmieden auch die Waffen-, Zeug- und Hufschmiede, sowie die Kleinschmiede und Schlosser, als ihren Heiligen anrufen.

Zu einer höheren Kunststufe als das Gewerke des Edelschmieds hat sich in alter germanischer Zeit kein Kleinhandwerk entwickelt. Das Material, das uns für die Beurteilung vorliegt und hauptsächlich aus einer Reihe erhaltener Arbeiten von vorgeschichtlichen Zeiten ab bis zu den nachkarolingischen besteht, erlaubt den Gang der Entwicklung vollständig zu verfolgen und die Technik der germanischen Edelschmiedekunst in ihrer ganz eigenartigen Erscheinung zu erfassen. Wir haben es hier mit Gebilden zu tun, die, was die besten angeht, auch für das moderne Auge auf voller künstlerischer

---

[178]) *monetarius, qui monetam cudit* Du Cange 5, 505. ahd. *monetarius: munizare, munezare, munzare, munzære* Steinm. 3, 246, 54 ff. 280, 33, ags. *mynetere* Wright-Wülcker 1, 183, 24. bildlich *godes feoh, þæt is seó hâlige lâr, bið befæst myneterum tô sleanne* Ælfric, Hom. 2, 554 Thorpe. Münzer heißen aber auch die Geldwechsler; *trapezeta: munzare, munizâri* Steinm. 3, 190, 10 f. *gilampf thir zi bifelahanne mînan scaz munizzerin (numulariis), inti ih quementi intfieng thaz dâr mîn ist mit pfrasamen* Tatian 149, 7. ags. *numularius, nummorum praerogatur: myniteri* Wright-Wülcker 1, 34, 29 f.; *numulariorum: munetera* 482, 29.

[179]) Als ahd. *hûs-ginôȝ* Hausgenoß (*domestici: ûskinôȝȝa, hûskinôȝî* Steinm. 1, 277, 62, *hûskinôȝȝâ* 421, 31) die offizielle Bezeichnung, die später die Münzer führen.

Höhe stehen und das Märchen von einer niederen Kultur- und Kunststufe germanischer Völker zur Völkerwanderungszeit[180]) vernichten helfen. Der starke Sinn für Schmuck und die Vorliebe für Edelsteine, denen man Schutz- und Wunderkraft beimißt (vgl. DHA. 3, 351), nicht weniger die Freude an der bunten heimischen Schmelzarbeit vereinigen sich, die Kunst nach sehr verschiedenen Seiten hin zu entfalten. Daß sie Anregung und Beeinflussung von griechischer und römischer Seite her empfängt, ist natürlich[181]), aber ihr heimischer Charakter wird dadurch nicht weiter beeinflußt. Ein intimes Verhältnis zum besseren germanischen Haushalt bewahrt sie davor; und für dieses Verhältnis ist bezeichnend, daß auf einem Kalenderbilde des Chronographen von 354 einem gefangenen vornehmen Germanen nicht nur seine Waffen beigegeben sind, sondern auch sehr elegant gearbeitete und mit Edelsteinen besetzte Trinkgefäße, Becher, ein Trinkhorn und eine Schale (Fig. 11).

Welche umfangreiche Tätigkeit ein deutscher Gold- und Silberschmied ausübt, darüber liegen seit den Merowingerzeiten zahlreiche geschichtliche Nachrichten vor, die oft mit Behagen bei der Beschreibung der einschlägigen Arbeiten verweilen. Dem weltlichen Bedürfnisse dient er ebenso gern als dem kirchlichen. Dem kaiserlichen Schatze liefert er den Herrscherschmuck, Kronen und Waffen, die mit Gold und Edelsteinen verziert sind[182]), von anderer Kleiderzier werden namentlich Spangen von Gold hervorgehoben, wunderbar durch den mannigfaltigen Schimmer edler Steine[183]), sowie goldene Ketten, die man gerne als Gnaden-

---

[180]) Vgl. das völlig falsche Urteil, das L. M. Hartmann in seiner Geschichte Italiens im Mittelalter, 2. Bd. 1. Hälfte (1900) S. 22—32 über die Bildung und Kunst der Langobarden fällt.

[181]) Vgl. J. Hampel, Der Goldfund von Nagy-Szent-Miklós, sogenannter Schatz des Attila. Beitrag zur Kunstgeschichte der Völkerwanderungsepoche (1885), besonders die Ausführungen S. 127 ff. und die dort angezogenen Quellen.

[182]) Größeres Leben Ludwigs des Frommen, Kapitel 63.

[183]) Widukind 2, 35.

geschenke gibt[184]), wohl auch so fein gearbeitet, daß sie zum Erdrosseln dessen, der sie um den Hals trägt, gebraucht

Fig. 11. Die Stadt Trier als Amazone dargestellt. Die Rechte auf das Haupt eines gefangenen Germanen gelegt, der in einen kurzen, mit Schulter- und Bruststücken geschmückten Rock und Hosen gekleidet ist. Zu seinen Füßen Schild, Bogen und Köcher. In der Luft schwebend Trinkhorn, Becher, Trinkschale und eine Art Kantharos.
Kalenderbild des Chronographen v. 354; vgl. die Kalenderbilder des Chronographen v. J. 354, herausgegeben von Jos. Strzygowski. Berlin 1888. Taf. VII.

werden können, was in einem erzählten Falle freilich die Rechtlichkeit des Goldschmiedes verhindert[185]). Prunkgeräte

[184]) Thietmar 2, 18.

[185]) Ebenda 1, 4. Widukind 1, 22.

und Gefäße von ungemeiner Schwere und besonderem Umfange werden ebenso namhaft gemacht und beschrieben. An einem vom Frankenkönige Chlothachar beim heiligen Eligius bestellten Throne von Gold und Edelsteinen erprobt sich wiederum die Ehrlichkeit des Goldschmiedes, denn aus dem gelieferten Stoff fertigt er deren zwei[186]). Für die Schätze der Frankenkönige wird die Kunstfertigkeit der heimischen Arbeiter auch sonst in der vielseitigsten Weise in Anspruch genommen. So besitzt der König Chilperich ein Gerät zum Aufsetzen der Speisen (*missorium*) aus Gold und Edelstein gearbeitet, fünfzig Pfund schwer, das er, wie er sagt, zum Ruhm und Glanze des Frankenvolkes hat anfertigen lassen, und er beabsichtigt noch mehr Aufträge der Art zu geben[187]). Schüsseln und Becken aus Edelmetall spielen im königlichen Haushalte eine große Rolle: König Gunthramn erhält in einer Beute deren siebenzehn von Silber, von denen er fünfzehn zerschlagen läßt und nur zwei aufhebt, darunter eine, vierhundert und siebenzig Pfund schwer[188]); als Geschenke werden sie paarweise gegeben[189]), ebenso die Becken, die als Wirtschaftsgeräte von Holz zu sein pflegen, als Prunkschalen aber aus Gold mit Edelsteinen verziert hergestellt werden; solche schenkt die Königin Brunechild nebst einem Schilde von wunderbarer Größe gleichen Metalls und gleicher Verzierung dem Könige von Spanien[190]). Auch im Schatze Ludwigs des Frommen befinden sich dergleichen Geräte[191]).

Aber die höchste Kunst des Goldschmiedes wird doch für die Kirche entfaltet. Hier zeigt sich zu Ehren Gottes und der Heiligen ein Glanz, welcher den der Höfe weit überstrahlt und dadurch noch gehoben wird, daß weltliche Kreise wetteifern, Kostbarkeiten zum Heile ihrer Seele zu stiften:

---

[186]) Vita S. Eligii, cap. 5 (Mon. Germ., Script. rer. Merowingic. 4, 672).

[187]) Greg. Tur. 6, 3.

[188]) Ebenda 8, 3.

[189]) Ebenda 3, 24.

[190]) Ebenda 9, 28.

[191]) Größeres Leben Ludwigs des Frommen, Kapitel 63.

Kelche, Schüsseln, Kronen, Evangelienbehälter[192]), Leuchter auf den Altar[193]), Reliquienkästchen[194]), die nach Gelegenheit und Vermögen sich zu ganzen Särgen für die Leiber der Heiligen ausbilden[195]), Reliquienbehälter in der Form der darin aufbewahrten Leibesteile, Kopf, Hand, Arm, Fuß[196]), woraus in späterer Zeit Kunstgebilde entstehen, welche den besonderen Ruhm des deutschen Goldschmiedgewerbes begründen; selbst ganze Altäre[197]). Unter diesen Umständen ist das individuelle Künstlergefühl beim Edelschmied nicht weniger rege als beim Waffenschmied, was sich dadurch kundgibt, daß er gern seinen Namen auf das von ihm gefertigte Stück setzt. Auf solche Weise sind uns von frühen germanischen Goldschmieden manche Namen geblieben[198]).

Daß germanische Goldschmiede auch die Fäden von Gold oder Bronze gefertigt haben, mit denen kostbare Wollstoffe durchwoben wurden, kann mit keinen Zeugnissen erwiesen werden, ja es bleibt zweifelhaft, ob dergleichen

---

192) Greg. Tur. 3, 10. Thietmar 6, 30. Buchdeckel in Gold getrieben, mit den Bildnissen Ottos II. und seiner Gemahlin, dem Dom zu Magdeburg geschenkt: 3, 1. Heiligenkronen: 4, 44.

193) Thietmar 6, 12. 61.

194) Ein solches von Silber: Greg. Tur. 10, 31.

195) Ungemein großer silberner Sarkophag zur Aufbewahrung von Gebeinen der Heiligen: Thietmar 6, 43. Ein Katalog von Arbeiten des heiligen Eligius, dessen Stärke gerade die Anfertigung von solchen Sarkophagen (*sepulchra*) für Heilige war, in der Vita S. Eligii, cap. 32 (Mon. Germ., Script. rer. Merow. 4, 688).

196) Die Hand des Märtyrers Dionysius, eingefaßt in Gold und Edelstein: Widukind 1, 33.

197) In Magdeburg Altar mit Gold, Edelstein und dem besten Bernstein verziert: Thietmar 4, 43, in Merseburg goldene Altartafel: 7, 48. 8, 8. Verzeichnis der von Heinrich II. dem Dome daselbst geschenkten Kostbarkeiten: ebenda.

198) z. B. vom Verfertiger des Goldhorns von Gallehus: *HlewagastiR* vgl. S. Müller, Nord. Altertumskunde 2, 99. 155. Auf einer Bronzeschnalle aus den Gräbern bei Dietersheim in Rheinhessen die Inschrift *Ingeldus ficit:* Lindenschmit, Deutsche Altertumskunde 1, Taf. V zu S. 366. Auf einem Reliquienkästchen von St. Maurice: *Nordoalaus et Rihlindis ordenaverunt fabricare. Undiho et Ello ficerunt* Aubert, tresor de l'Abbaye de Saint Maurice d'Augaune (Paris 1872) S. 142. Atlas Taf. XIII. XIV.

Stoffe überhaupt in germanischen Ländern gefertigt, und nicht vielmehr von fremd her eingeführt worden sind (vgl. DHA. 3, 216; 328). Wohl aber verstand man, aus Edelmetall und Bronze Draht zu ziehen, und diesen in den reizvollsten Verschlingungen als Schmuck auf mannigfaltigen Gegenständen anzubringen. Für solches Filigran gilt ahd. altsächs. der Name *wiara*, *wiera*, *wîra*, angelsächs. *wîr*, altnord. *vîra-virki*, entsprechend lateinischem *viriae*, dem von Plinius keltische Abkunft zugewiesen wird; auf deutsche Verwandtschaft läßt sich auch das Wort nicht zurückführen[199]). Ferner fiel dem Goldschmied zu die Herstellung der Metallverzierungen auf Kleidern, die in Form von Scheiben, Knöpfen, Nägeln schon in früher Zeit erscheinen und sich sehr lange halten[200]). Auch fertigt er die Handspiegel, seit dieselben als vornehmes Gerät, besonders für Frauen (vgl. Anm. 202), von Rom her Eingang gefunden hatten. Sie sind von Metall, zunächst importiert, dann im heimischen Gewerke nachgeahmt[201]); der gotische Name, den man ihnen gegeben hat, *skuggwa*, lehnt daran an, daß man in ihnen, vermöge der gewöhnlich dunkeln Folie, das Bild gleichsam als Schatten sieht (altnord. *skuggi*, angelsächs. *scûwa*, *scûa*, ahd. *scûwo* Schatten); verdeutlichend heißen sie im Altnordischen *skugg-sjâ* die Schattensehe, im Althochdeutschen *skû-kar* Schattengefäß[202]). Aber diese Namen halten vor der

---

[199]) ahd. *obrizum: wiera, wîra* Steinm. 3, 120, 6 f., *wiera, wiere* 192, 4. *auri obryzi: des gewiereten goldes* 415, 62. ags. Helm mit Filigranschmuck (*wîrum bewunden*): Beowulf 1032. Spangen in Filigranarbeit (*wîra gespann*): Andreas 302; Elene 1135. Bucheinband mit dergleichen (*wrætlîc weorc smiða wîre befongen*): Rätsel 27, 14. Vgl. *viriae Celticae dicuntur* Plinius, Hist. nat. 33, 3.

[200]) *mantel .. genagelt wol mit golde* Wigal. 25, 19 ff. *von genageltem pfelle was sîn wafenroc* 144, 24 f. u. ö. Ziernägel als Schmuck auch an anderen Gegenständen: Beow. 2024; Beowulfs Schwert führt davon den Namen *Nægling*: 2681. Vom Goldschmied gefertigte Besatzstücke auf Gewändern: DHA. 3, 328. Vgl. auch das Kleid des Germanen, Fig. 11.

[201]) Spiegelfunde der älteren Eisenzeit im Norden: Müller-Jiriczek, Nord. Altertumskunde 2, 59.

[202]) *specula sunt in quibus femine vultus suos intuentur, i. scû-car vel spiegal* Steinm. 2, 358, 35 f. 356, 11 f.

Aufnahme des lateinischen Wortes in Volksform, wenigstens in Hoch- und Niederdeutschland, nicht Stand, ein Beweis, wie abhängig man sich hier von römischen Vorbildern und von römischer Technik fühlte[203]). Später erscheinen Spiegel von Glas (ahd. bei Notker, mhd. *spiegelglas*), eine nach Plinius[204]) ursprünglich sidonische Erfindung, die den silbernen und zinnernen[205]) Spiegeln mit ihrem helleren Spiegelbilde zunächst kommt und den älteren Metallspiegel nach und nach verdrängt[206]). Daß übrigens der Metallarbeiter zugleich Glasarbeiter sein kann, wird durch die Kunde von einem Meister in Aachen zur Zeit Karls des Großen bezeugt, der in allen Werken von Erz und Glas die übrigen übertroffen habe[207]).

Auch die Bereitung und Verarbeitung des Glases muß als eine alte deutsche Technik gelten. Das erste Glas ist in vorgeschichtlichen oder sehr früh geschichtlichen Zeiten eingeführt worden in der Form von Perlen oder ähnlichen,

---

[203]) ahd. *speculum: spiegal, spiegil, spigil, spiegela, speigela, spigela* Steinm. 1, 596, 58 ff. *specula: spiagal* 619, 38, *spiegal* 622, 30 u. ö. altsächs. *speculum: spêgal* 2, 572, 42, vgl. Gallée, Vorstudien 293.

[204]) *(vitrum) ex massis rursus funditur in officinis, tinguiturque, et aliud flatu figuratur, aliud torno teritur, aliud argenti modo caelatur, Sidone quondam his officinis nobili, siquidem etiam specula excogitaverat* Plinius, Hist. nat. 36, 26.

[205]) Zinnerne Spiegel ursprünglich feiner als silberne, weil letztere selbst die römischen Mägde trugen: *specula quoque ex eo (stanno) laudatissima, ut diximus, Brundusii temperabantur, donec argenteis uti coepere et ancillae* ebenda 34, 17. Das Zinn ist in Germanien schon in vorgeschichtlichen Zeiten bekannt gewesen und findet sich in Gräbern selten als Schmuck (Armspangen, Spirale, Ringe, Zierstifte), häufiger in dünnen, unverarbeiteten Stäbchen, und mit dieser Form wird auch der germanische Name des Metalls, altsächs. ags. altnord. *tin*, ahd. *zin* zusammenhängen, da er in Ablaut zu got. *tains*, altnord. *teinn*, ags. *tân*, ahd. *zein* Zweig, Reis, Gerte, steht. Verarbeitung des Zinns zu Gefäßen wird erst im späteren Mittelalter gewöhnlicher; eine *ampulla stagnea* um 810 aufgeführt: Mon. Germ., Capitularia Reg. Franc. 1, 251.

[206]) Wackernagel, Über die Spiegel im Mittelalter, kl. Schriften 1, 128—142. Der Spiegel Friederunens bei Neidhart von Reuental von Glas: *oben in dem knophe* (eines Schwertes) *lît ein spiegelglas, dem gelîch alsô daȝ Friderûnen was* 79, 29 f. Haupt.

[207]) Mönch von St. Gallen 1, 29.

auch ringförmigen Schmuckstücken, die solchen des heimischen Bernsteins ähnlich sahen, daher die Übertragung seines Namens auf das fremde Erzeugnis: Plinius gibt ihn als *glessum*[208]), Tacitus als *glesum*[209]), und wie der Name übergehen konnte, das zeigen besonders ostpreußische Grabfunde, wo neben dem natürlichen heimischen das fremde künstliche Gebilde angetroffen wird; das ahd. vereinzelt vorkommende *glas* in der Bedeutung Bernstein[210]) scheint wie eine Erinnerung an den alten eigentlichen Sinn des Wortes. Ob neben den auf frühen Handelswegen eingeführten Glasperlen und Glasflüssen, Nachahmungen von Edelsteinen, sich auch früh in heimischen Werkstätten gefertigte befinden, muß in Zweifel gelassen werden (vgl.DHA. 3, 350 f.). Aber sicher ist es, daß von Italien und Gallien die Kunst, Glasgefäße und Scheiben zu fertigen, hereinkommt und neben der Einfuhr besserer derartiger Erzeugnisse von heimischen Handwerkern betrieben wird. Diese Handwerker arbeiten im Kleinbetriebe in eigenen, schlichten, mit Schmelz- und Formvorrichtungen versehenen Baulichkeiten, für die erst im 13. Jahrhundert der Name *glas-hütte* bezeugt, aber gewiß viel älter ist; an eine fabrikmäßige Einrichtung ist selbst dann nicht zu denken, wenn mehrere solche Hütten näher zusammen liegen[211]). Der Name des Handwerkers begegnet in lateinischen Quellen als *vitrarius*, *vitrearius*, *vitrator*, *vitreator*[212]), wofür die deutsche Benennung *glaseri*, *glesari*, die allerdings erst verhältnismäßig spät bezeugt ist[213]); aber ein geachteter Kunsthandwerker ist er weiter nicht, im

---

[208]) *ab Germanis appellari glaesum* (*glessum* codd. FL.) Hist.nat. 37, 42.

[209]) *sed et mare (Aestii) scrutantur ac soli omnium sucinum, quod ipsi glesum vocant, inter vada atque in ipso litore legunt* Germ. 45.

[210]) *electri: clases* Steinm. 1, 653, 15 (nach Hesek. 1, 4).

[211]) *Bertoldus et Wernherus von dien glashutton*, Bauernnamen im Wehratal vom Jahre 1257: Socin, Mhd. Namenbuch (1903) S. 377 a.

[212]) Du Cange 8, 360 f. Im Jahre 863 werden genannt ein *vitrearius Baldricus* und ein anderer *Ragenulfus* als Lehnsleute, vgl. Mon. Germ., Script. 2, 763 Anm.

[213]) *vitrum: glas. inde vitriarius: glesere* Steinm. 3, 687, 16; *vitriarius: glaseri* 697, 43. Später *vitriator, vitricator, vitrifex, vitrarius: glasemecher, glasmacher, gleser, glaser* Diefenb. 624 a.

Gegenteil, er wird unter den geringsten genannt[214]). Das läßt sich so erklären, daß er nur schlichte Nutzprodukte herstellt, Scheiben, Behälter, Näpfe, Schalen und geringe Becher, während die feinen Glaswaren aus Italien bezogen werden. Doch soll in Gallien und am Rhein noch während der merowingischen Zeit die Glasverfertigung von römischer Tradition her geübt worden und Spuren davon in Schalen, Flaschen, Bechern und Kelchen zu finden sein; selbst Gefäße, die geschnitten waren, freilich nach barbarischer Art, und auch Glasgemmen wurden gefertigt[215]).

Was an schlichten und besseren Glasarbeiten in Kirchen, Klöstern und weltlichen Haushalten gebraucht wurde, dafür liegen seit dem 6. Jahrhundert vielfach schriftliche Zeugnisse vor. Auf den Gebrauch gläserner Becher zu einer noch früheren Zeit bei den Goten kann aus dem Umstande geschlossen werden, daß got. *stikls* Kelch, ποτήριον, ahd. *stecchal*, als Lehnwort mit der Bedeutung Glas in die slavischen Sprachen übernommen worden ist: lit. *stìklas*, altpreuß. *sticlo*, altslav. *stĭklŭ*[216]). Sonst werden in den späteren Dialekten Becher, Kelche, Gefäße durch entsprechenden Beisatz ausdrücklich als gläsern hervorgehoben[217]). Von schlichten Hausgefäßen zählt man im Schema eines Inventars um 810 auf *ollam vitream magnam I, ampullas vitreas parvulas cum balsamo II*[218]). Umgekehrt berichtet Ekkehart von ausgezeich-

---

[214]) *quae eius (Hludovici) liberalitas usque ad infimos etiam pervenit, adeo ut Stracholfo vitreario, servo sancti Galli, totam vestituram suam tunc sibi servienti praeciperet dari* Mönch von St. Gallen 2, 21 (Mon. Germ., Script. 2, 763).

[215]) Vgl. Friedrich, Die altdeutschen Gläser. Beitrag zur Terminologie und Geschichte des Glases (1884), S. 2; 181 f.; 191; 201. *capsas reliquiarum deauratas et cum gemmis vitreis et cristallinis ornatas V* Mon. Germ., Capitularia Reg. Francor. 1, 250.

[216]) Schrader, Reallex. der indogermanischen Altertumskunde (1901) S. 297.

[217]) ahd. *fiala: clasechopf, glaschopf, glascoph* Steinm. 3, 237, 8 f.; *fiola: glasecoph, glasecopf, glasechof* 273, 48 f.; *lucernas: glasevaȝ* 420, 3. *daȝ lieht in demo glasevaȝȝe* Williram 138, 3. *vitrum i. glesin stouf* Steinm. 2, 13, 35. ags. *glæsen fæt, glaesen calic*: Bosworth-Toller 479b.

[218]) Mon. Germ., Capit. Reg. Franc. 1, 251. Dergleichen gläserne Hausgefäße sind es wohl auch gewesen, die Gregor von Tours unter

neten gläsernen Trinkbechern[219]), die also wohl fremden Ursprungs waren, wie denn Widukind[220]) solche ausdrücklich als Geschenke fremder Gesandtschaften für Kaiser Otto I. anführt. Verglasung von Fenstern kommt früh an westfränkischen Kirchen, ums Jahr 1000 auch in Tegernsee (hier mit farbigen mosaikartigem Glas) vor[221]), noch nicht aber an Privathäusern. Die Glaserei ist demnach wesentlich auf Hohlglas beschränkt.

Höher als der heimische Glaser, den man geneigt ist, mit dem Töpfer auf eine Stufe zu stellen[222]), steht in der Wertschätzung der Schnitzer. Abgesehen von jener großen Holzbildhauerei in Verbindung mit der Errichtung von Baulichkeiten, über die oben S. 17f berichtet ist, hat er seine Bedeutung auch als Kleinmeister; und hier ist wieder das Kloster vorzugsweise der Ort, wo er sich ausbildet, und wo er seine Kunst in den Dienst der Kirche stellt. Bezeichnend für die Verbreitung des Schnitzwerks ist, daß *plastes*

---

dem Namen *orcae* als mit Öl und Schmalz gefüllt und nachher gestohlen anführt (*Vigilii diaconi homines septuaginta vasa quas vulgo orcas vocant olei liquaminisque furati sunt* 4, 43), da derartige Sachen lieber in Glasgefäßen als irdenen Töpfen bewahrt wurden. Der Name *orc*, got. *aúrkeis* (vgl. S. 41f) kann beides bedeuten.

[219]) *afferuntur tamen viris animosis cara munera tandem recessuris, inter quae erant vascula duo vitrea nimis insignia, quae ipsi pridem in convivio prae caeteris mirabantur* Ekkehart, Casus Sti. Galli cap. 13.

[220]) Widukind 3, 56.

[221]) Vgl. Wackernagel, Die deutsche Glasmalerei (1855) S. 19 ff. 132 ff., der hier schon an eigentliche Glasmalerei denkt.

[222]) Als unfreier Hausarbeiter kann er auch von seinem Herrn verliehen werden (vgl. Anm. 174). So ersucht im Jahre 764 der Abt Gutbertus von Wiremuth den Erzbischof Lullus von Mainz um Übersendung eines Glasmachers: *si aliquis homo in tua sit parrochia, qui vitrea vasa bene possit facere, cum tempus adrideat, mihi mittere digneris. aut si fortasse ultra fines est in potestate cuiusdam alterius sine tua parrochia, rogo, ut fraternitas tua illi suadeat, ut ad nos usque perveniat. quia eiusdem artis ignari et inopes sumus. et si hoc fortasse contingit, ut aliquis de vitri factoribus cum tua diligentia Deo volente ad nos usque venire permittatur, cum benigna mansuetudine, vita comite, illum suscipio* Mon. Germ. Hist., Epistolae Merov. et Karolini aevi 1 (1892), 406. Schon um das Jahr 700 hatte sich der Abt des gleichen Klosters Glaser aus Frankreich zur Verglasung der Kirchenfenster verschrieben: Beda, Opp. 4, 366 Giles.

stets durch *snizzari* glossiert wird[223]). Das Material ist Holz und Elfenbein. Die Bearbeitung geschieht in zweierlei Hauptform, durch Graben[224]) oder Schnitzen; das erstere, auf Flächen hergestellt, wird mehr geübt als das zweite, das sich vornehmlich auf die Herstellung körperlicher Bildwerke bezieht[225]). Die Sitte, Hausteile mit Flachschnitzereien zu bedecken, ist uralt germanisch und in ihrer Art und ihrem Verlaufe DHA. 1, 49 ff. beschrieben. Das Riemenwerk, das diese Schnitzereien darstellen, wird nicht nur in der Großbildnerei verwendet; so allgemein ist es verbreitet, daß es überall und an Zierat jeder Art erscheint[226]). Notwendig ist es auch der Kleinkunst in der Holzschnitzerei eigen, wenn es selbst gestickt und gewirkt auf Kleidersäumen prunkt. Aber hier bringt sich eine Anschauungsweise der Kirche zur Geltung, die in diesem Riemenwerk mit dem Auge der Zeit Schlangen- und Drachenleiber sieht, Bilder des Antichrists, und dagegen eifert[227]); und so verschwindet es langsam, indem es unter Einfluß antiker Motive sich in

---

[223]) *plastes: snizzare, snizere, snizari, snizar, snizzer* STEINM. 3, 140, 37 f.; *plastes, formator: snizere* 186, 42.

[224]) ahd. *graban*: ahd. *sculpes: crebis* STEINM. 1, 291, 47; *sculptile: picrapht, picraft* ebenda 29, *grepthi* (lies *grephti*) 322, 24.

[225]) mhd. *snitzen*, ahd. als Verbum nicht belegt, aber durch *snizzari* (Anm. 223) als vorhanden bezeugt, der Bildung nach Frequentativ oder Intensivum zu ahd. *snîdan* schneiden; im Mhd. außer im engern künstlerischen Sinne auch für die Tätigkeit eines Zimmermanns verwendet: *Joseph* (Christi Vater) *zuo sînem werke greif, sîniu wâfen er dô sleif, wan er kunde snitzen* Kindheit Jesu 1341 ff.

[226]) Vgl. darüber auch die Abhandl. „Schnitzwerk" von DIETRICH in Haupts Zeitschrift 10, 215 ff.

[227]) *supervacuam et Deo odibilem vestimentorum superstitionem omni intentione prohibere stude. quia illa ornamenta vestium — ut illis videtur, quod ab aliis turpitudo dicitur — latissimis clavis vermium marginibus clavata, adventum antichristi, ab illo transmissa, precurrunt; illius calliditate, per ministros suos introducere intra claustra monasteriorum fornicationem et luxuriam clavatorum iuvenum et foeda consortia et tedium lectionis et orationis et perditionem animarum. haec indumenta nuditatem animae significantia signa in se ostendunt arrogantiae et superbiae et luxuriae et vanitatis* Brief von Bonifatius an den Erzbischof Cudberht von Canterbury von 747, in den Mon. Germ., Epistolae Merov. et Karol. aevi 1, 355.

Blätter- und Rankenwerk umsetzt, und hier namentlich an steinernen Bauteilen fortdauert. Vollfiguren zu schnitzen, Menschen- und Tiergestalten oder Teile derselben, zumal Köpfe an Häusern oder Schiffen, hat man in vorgeschichtlichen Zeiten bereits vorzüglich verstanden[228]), und im nordischen Heidentum sind die Götterhöfe mit hölzernen Bildsäulen, behängt mit Gold und Silber, geschmückt gewesen[229]). In Deutschland haben wir für solche Vollbildnerei aus frühgeschichtlicher Zeit ein Zeugnis, wenn sich die Nachricht des Tacitus, daß die Germanen Bildnisse und allerlei Gestalten aus den heiligen Hainen in den Krieg führen, auf Erzeugnisse der Holzbildnerei bezieht[230]). Im sagenhaften Leben des heiligen Gallus, das erst kurz nach 771 verfaßt ist, werden drei eherne und vergoldete Bildsäulen aufgeführt, welche heidnische Alemannen in Bregenz verehrten; hat diese Nachricht einen historischen Kern, so wird es sich auch hier um nationale holzgeschnitzte Götterbilder, und nicht um erzgegossene, gehandelt haben[231]). Seit der Christlichwerdung tritt besonders die Kleinkunst in den Dienst der Kirche, indem sie geschnitzte Lichtgestelle, Trag- und Stehleuchter für Chor und Altar fertigt und dabei mit dem Drechsler wetteifert, welcher dergleichen auf der Drehbank herstellt;

---

[228]) Beschreibung eines hölzernen Götterbildes aus der älteren Eisenzeit bei Müller-Jiriczek 2, 180.

[229]) Montelius, Kultur Schwedens in vorchristlicher Zeit (1885) S. 185.

[230]) *effigiesque et signa quaedam detracta lucis in proelium ferunt* Germ. 7; *depromptae silvis lucisque ferarum imagines* Histor. 4, 22.

[231]) *tres ergo imagines aereas et deauratas superstitiosa gentilitas ibi* (*in Pregentia* sc.) *colebat* Vita S. Galli, Mon. Script. 2, 7. Dafür, daß im heidnischen Deutschland außer holzgeschnitzten auch steinerne und metallene Götterbilder gearbeitet worden sind, gibt es ein einwandfreies Zeugnis nicht; die von Gregor von Tours der Frankenkönigin Chlodechilde in den Mund gelegten Worte: *dii . . aut ex lapide aut ex ligno aut ex metallo aliquo sculpti* (2, 10) enthalten nur biblische Anspielungen, und die Weisungen des Papstes Gregor II. an die Altsachsen, daß sie nicht anbeten sollen *idola manu facta, aurea, argentea, lapidea vel de quacumque materia facta* (Mon. Germ., Epist. Merov. et Karol. aevi 1, 269) sind die ebenfalls von biblischen Erinnerungen beeinflußten Worte eines Landfremden.

ebenso werden Kreuze, und seit dem 8. Jahrhundert auch Kruzifixe geschnitzt. So hat sich der Erzbischof Gero von Köln (gestorben 975) ein Kruzifix für sein Grab sorgfältig aus Holz verfertigen lassen, und eine Spalte, die er am Haupte des Gekreuzigten bemerkte, durch Gebet und Auflegen eines Stückes vom wirklichen Kreuze Christi zusammen mit einer Hostie geschlossen[232]). Auch hölzerne Buchdeckel werden mit dem Schnitzmesser gemacht und dann gewöhnlich mit Edelmetall überzogen.

Elfenbein tritt schon in den vorgeschichtlichen Zeiten auf. Das Grabfeld von Hallstatt bietet zwei Eisenschwerter, an denen Griff und Knopf, und vier andere, an denen bloß die Knäufe von Elfenbein sind[233]). Aber der Germane hat es weiter nicht verwendet; wo er Verzierungen ähnlicher Art an seinen Waffenstücken anbrachte, oder wo er, neben dem leicht zerbrechlichen Haarkamm von Holz, einen dauerhafteren fertigte, nahm er den einheimischen Tierknochen dafür[234]), und erst die Bekanntschaft mit Rom hat ihn auf das Elfenbein gewiesen, das er im früheren Mittelalter noch wenig für weltlichen Luxus verwendet (Elfenbeinkamm DHA. 3, 67), mehr für kirchliche Gegenstände braucht. Die Technik ist daher auch ganz römisch, und was sich an Schnitzereien auf den vorzugsweise gefertigten Elfenbeintafeln, nach dem Vorbilde der römischen Diptychen, vorfindet, zeigt auf lange hinaus unbedingte Anlehnung an dergleichen Vorlagen. Es ist auch höchst wahrscheinlich, daß sich die deutsche Arbeit in Elfenbein auf die Schnitzerei beschränkte, und daß die Elfenbeine nicht roh, sondern bereits fertig präpariert, auf dem Handelswege aus Byzanz

---

232) Thietmar 3, 2. Das Bild der sitzenden Jungfrau Maria, welches Tuotilo von St. Gallen zu Metz geschaffen hat, mag wohl auch von Holz geschnitzt gewesen sein, da der in bezug darauf gebrauchte Ausdruck *caelare* am natürlichsten auf die Holzbildkunst, der gleichfalls erwähnte Gerätnamen *radius* auf ein Schnitzeisen bezogen wird; vgl. die Stelle bei Ekkehart, Casus Sti. Galli 45.

233) v. Sacken, Das Grabfeld von Hallstadt (1868) S. 27 f.; 30.

234) Vgl. Lindenschmit, Handbuch der deutschen Altertumskunde 1, 216; 225 ff. Abbildungen solcher Kämme auch DHA. 3, 65 f.; 82.

oder Italien kamen, daß namentlich die Kunst, für breite Elfenbeinplatten einzelne Stücke fast unmerklich zusammen zu fugen, auf die Otfrid anspielt[235]), am wenigsten in Deutschland ausgeübt wurde. Der deutsche Name des Tieres und des von ihm gewonnenen Materials kann unmittelbar ebenso auf das lat. *elephantus* wie auf die griech. Akkusativform ἐλέφαντα von ἐλέφας zurückgehen, also von Griechen oder Römern übernommen worden sein[236]). Bei der geschilderten Art vorwiegend kirchlicher Verwendung tritt der Kunsthandwerker auch nur in geistlichen Kreisen auf, ohne Zusammenhang mit dem profanen Leben, wie Edelschmied, Glaser, Holzschnitzer; mit Namen ist uns bloß ein Elfenbeinschnitzer, eben ein Mönch, überliefert, Tuotilo, der auch sonst ein trefflicher Künstler war[237]), und dem der Bischof Salomo von Konstanz, welcher zwei Elfenbeintafeln besaß, eine mit römischer Schnitzerei bedeckte und eine völlig glatte, bloß zum Schnitzen hergerichtete, die letztere mit dem Auftrage übergab, sie mit Bildwerk zu zieren[238]). Solche geistliche Kunsthandwerker sind auch die Buchmaler und die Bucheinbinder; ihr Beruf, ausländischen Ursprungs wie er ist, bleibt innerhalb der Klausur.

---

[235]) *sâr Kriachî joh Rômânî iȝ* (das Schriftwesen) *machônt sô gizâmi, iȝ machônt sie al girustit, sô thih es wola lustit; sie machônt iȝ sô rehtaȝ joh sô filu slehtaȝ, iȝ ist gifuagit al in ein, selp sô helphantes bein* Otfrid 1, 1, 13 ff.

[236]) Bezeichnend, daß zunächst die Masse ahd. so genannt wird *ex ebore indico: fona elafante* Steinm. 1, 654, 38; erst später ist das Wort als Tiername überliefert, *elefans: helfant* Steinm. 3, 16, 65; *sô heiȝȝit ein tier elevas, daȝ ist ein helfant* Physiologus bei Müllenhoff-Scherer LXXXII, 8; *helphant*: Hoffmanns Fundgr. 2, 26, 34. Der älteren Bedeutung des Wortes entspricht das Adj. *eburneis: elafantînêm* Steinm. 1, 674, 19; der Stoff heißt auch, mit Beziehnung auf die zu Schnitzereien verwendeten heimischen Tierknochen *ebor: helphantbein* 2, 6, 4; *ebur: helphanbein* 7, 9; *ex ebore indico: voni indiscemo helpinpeina* 1, 647, 67 f.; *helphantes bein*: Anm. 235.

[237]) Ein Dichter: Ekkehart, Casus St. Galli 6, 46; Goldarbeiter: 22; Musiker, Musiklehrer, Maler, Sprachgelehrter: 35. Über seine Bildhauerei vgl. oben Anm. 232.

[238]) Ebenda 22: *Sancto Gallo ætiam* (Bischof Salomon).. *duas tabulas eburneas de eisdem scriniis attulit; quibus alias magnitudine equipares rarissime videre est, quasi sic dentatus elephans aliorum fuerit gigas.*

Wohl aber verweltlicht sich nach und nach ein anderes, zuerst im Kloster geübtes Handwerk, das des Baumeisters in Stein und des Steinmetzen. Über das Aufkommen des Steinbaues in Deutschland ist DHA. 1, 84 ff. berichtet; die Verbreitung geht von den Gotteshäusern und Stiftsgebäuden aus, die unter Leitung von Geistlichen, anfangs durch landfremde, italische oder gallische Maurer, später durch einheimische, oft auch wieder klösterliche Kräfte ausgeführt werden[239]). Das Kloster sorgt für die berufliche Ausbildung der Leiter solcher Steinbauten nach römischer Überlieferung und nach dem Lehrbuche des Vitruvius, es entstehen förmliche Bauschulen; und derjenige, der nach jenen Vorschriften einen Bau zu entwerfen und auszuführen versteht, wird, anspielend auf den Titel des Vitruvschen Buches *de architectura*, mit der Bezeichnung *architector* oder *architectus* geschmückt. So wenig aber versteht die Zeit den eigentlichen Sinn dieses Wortes, daß sich seine älteste Verdeutschung an *tectum* Dach, anlehnt; erst später treten Übertragungen hervor, die den Beruf besser bezeichnen und zum Teil auf die alte heimische Bauweise zurückgreifen[240]). Nebenbei zeigt sich eine ehrende Verdolmetschung, die dem gelehrten Geistlichen gilt[241]). Und wir kennen in der karolingischen und nachkarolingischen Zeit auch nur geistliche Baumeister, selbst für steinerne Profanbauten[242]).

---

erant autem tabulae quondam quidem ad scribendum ceratae, quas latere lectuli soporantem ponere solitum in vita sua scriptor ejus Karolum dixit. quarum una cum sculptura esset et sic insignissima, altera planitie politissima, Tuotiloni nostro politam tradidit sculpendam. Freilich wird diese Nachricht jetzt in das Gebiet der Künstlerlegende verwiesen, vgl. Allgemeine Deutsche Biographie Bd. 39, S. 29.

[239]) Ratgarius, Abt des Klosters Fulda seit 803, wird von seinen Mönchen verklagt, weil sie immerfort bauen müssen: Einhardi Fuldens. Annal. a. 817 (Mon. Germ., Scr. 1, 356).

[240]) *architector: hærosto dacheo* Steinm. 1, 28, 18, vgl. 26, 21. *architector: qui domum degit (tegit), der daȝ hûs dachit* 24, 38 f. sonst *architectus: werchmeister* 3, 139, 36. 186, 1. *architectus: cimberman* 357, 8.

[241]) *architectus: der haohspâho id est magister* Steinm. 1, 25, 38 f.

[242]) Der Mönch von St. Gallen 1, 28 erzählt, wie Karl der Große eine Kirche (*basilicam antiquis Romanorum praestantiorem*) erbaut habe, aber er überträgt die Ausführung einem Abte, nachdem er von allen

Die ausführenden Bauleute sind für die frühesten Steinbauten zwar, wie oben bemerkt, von fremd her verschrieben, aber es muß sich an ihnen doch bald auch ein Stamm von einheimischen gebildet haben, der nicht nur die Behauung, Schichtung und Verbindung der Mauersteine lernte und die ursprünglich römischen, hierbei verwendeten technischen Ausdrücke in sein Deutsch umformte (DHA. 1, 84), sondern auch nach und nach zur künstlerischen Bearbeitung feinerer Bauteile, Säulen, Friese, Konsolen und Gesimse, gelangte. Dem Stande nach sind sie nicht bloß geistlich, sondern es finden sich auch weltliche Elemente, und mit der Zeit vielleicht sogar vorwiegend, unter ihnen, als Stamm eines beruflichen Handwerks, welches mit der Zeit, abgesehen vom Kunstgewerke in Edelmetall, den ersten Rang bekleidet. Der schlichte Arbeiter, der nur die vorher bereiteten Steine fugt und schichtet, führt den fremden, aber verdeutschten Namen *mûrâri*[243]); er ist wohl auch imstande, selbständig eine Mauer von Bruch- oder Feldsteinen aufzuführen, aber seine Arbeit ist nicht immer einwandfrei[244]). Dagegen wird bei den besseren, künstlerisch geschulten Gewerksgenossen das Behauen des Bausteines durch den Namen hervorgehoben, indem der letztere, ahd. *meizo, mêzo* und *mezzo*, verdeutlichend *stein-meizo, stein-mêzo, stein-mezzo* neben *stein-meizil,*

Ländern diesseit des Meeres (*ex omnibus regionibus cismarinis*) Meister und Werkleute aller Künste dieser Art berufen hat.

[243]) *cementarius: mûrâri* Steinm. 3, 139, 28; *cementariis: mûrârun, mûrârin, mûrâren* 1, 455, 23 ff. u. ö., eine nur hoch- und niederdeutsche Bildung, die auf mittellat. *murare*, d. i. *murum circumducere, muro oppidum munire*, und *murarius*, d. i. *murorum artifex* (Du Cange 5, 551b) zurückgeht.

[244]) Einsturz einer Mauer in Hersfeld: *factumque est, ut propere quodam in loco et absque norma confuse paries constructus usque ad definitam consurgeret summitatem. cunctis itaque recedentibus subito prolapsu dissolvitur murus, uno tantum adhuc desuper remanente, quem secum ruitura moles vasto impetu detraxit, altae fossae 12 pedibus a muro distanti iniecit* Mon. Germ., Scr. 6, 225. Aber nicht bloß von schlichten Maurern wird unsorgfältig gebaut (vgl. auch DHA. 1, 81), selbst bei den Kaiserbauten in Aachen: *porticus, quam inter basilicam et regiam operosa mole construxerat, die ascensionis domini subita ruina usque ad fundamenta conlapsa* Einhardi Vita Karoli M. 32.

stein-mêzil[245]) zum Verbum ahd. *meizan* abhauen, behauen, tritt. Beide Bezeichnungen, Maurer und Steinmetz, gehen bisweilen durcheinander[246]); im allgemeinen ist aber der Bedeutungsunterschied gewahrt, so daß der erstere es nur mit der Aufführung des Schutz- und Umfassungsgemäuers zu tun hat[247]), während die künstlerische Gestaltung ausschließlich dem Steinmetzen vorbehalten bleibt.

Diese sehen wir im späteren Mittelalter zu eigenartigen Bruderschaften zusammengeschlossen. Die Keime dazu müssen notwendig in frühe Zeiten hinaufreichen und sind natürlich gegeben, da wo für die Ausführung von Bauten, die oft jahrelang dauern, von den verschiedensten Orten her Arbeiter herzugezogen sind. Sicherlich haben sich unter diesen auch Genossen des Baugewerbes befunden, das wir in der Umgebung von Como bereits zur Zeit der Langobardenherschaft im 7. Jahrhundert nach der Tradition der römischen Zünfte organisiert sehen: die *magistri Comacini* mit ihren Gesellen und Gehilfen, welche im eigenen Lande nach festem Vertrag Neubauten oder Reparaturen übernahmen und sich dafür in Verbände organisiert hatten, die nach einer festen, obrigkeitlich bestimmten Taxe arbeiteten[248]). Auch außer Landes erstreckte sich ihre Tätigkeit; mit ihren Gehilfen stellten sie sich bei Großbauten auch in deutschen Landen als Werkleute dem Bauleiter zur Verfügung, und

---

[245]) *lathomus: steinmeizo, stênmezzo, steinmizzo, stainmêzilo* Steinm. 3, 139, 23 ff., *steinmêzo, steine-mêselere* 185, 67; *latomis: steinmeizilen, steinmêzelen, stainmaiziln, steinmeizzin* 1, 471, 18 ff. u. ö. Ebenso, zum Verbum *bôzan* behauen, gehörig, *latomus: stein-pôzzo, stein-pôzil, stein-pôzilo*, vgl. 1, 434, 6 ff.

[246]) *cementarius: stein-mezzo vel mûrâri* Steinm. 3, 139, 29 f. Daneben altsächs. *cementarius vel latomus: stênbikkel* 716, 25, zum Verbum *bicken*, behauen (Deutsches Wb. 1, 1800), und *stên-bikari:* Gallée 303.

[247]) *Fortunatus patriarcha Gradensis cum a quodam presbitero suo, nomine Tiberio, apud imperatorem fuisset accusatus, quod Liudewitum ad perseverandum in perfidia qua coeperat hortaretur, eumque ad castella sua munienda artifices et murarios mittendo iuvaret* Einhardi Annal. 821.

[248]) Vgl. Edictus Rothari, Kap. 144: *de magistros comacinos. si magister comacinus cum collegantes suos cuiuscumque domum ad restaurandam vel fabricandam super se placito finito de mercedes susciperit.* Ebenda:

blieben als Landfremde in enger Fühlung untereinander. Hier werden die Anfänge der Steinmetzbruderschaften liegen; aber vorbildlich für ihre Organisation sind später auch die geistlichen Bruderschaften gewesen. Maurer und Steinmetzen, soweit sie weltlich, sind zu der hier geschilderten Zeit Wanderhandwerker, aber sie stehen, ungleich den später zu erwähnenden, in vollen Ehren und Ansehen.

Bei Ausschmückung des Innern von Kirchen und weltlichen Prachtbauten durch Mosaiken und Wandmalereien kommen in den Zeiten bis zum 11. Jahrhundert noch nicht Handwerker, sondern nur vereinzelte Künstler in Betracht. Für Mosaiken an Wänden und Fußböden ließ man sich solche aus Italien kommen, für Malereien boten sich heimische Künstlerhände, geistliche, aber auch schon weltliche; Gregor von Tours erzählt, wie der fränkische Prätendent Gundoald von Feinden als Farbenkleckser verhöhnt wird[249]). Vom Maler ist natürlich der bloße Anstreicher verschieden, der nach des Tacitus Germ. 16 gewisse Hausteile mit glänzender Farbe, vielleicht dabei auch mit linearen Ornamenten verziert, oder den Flecht- oder Holzschild des Kriegers bunt macht, Arbeiten, die jeder geschickte Knecht verrichten kann.

Eine längere Reihe von gewerblichen Berufen haben wir aufzählen können. Der Hauptteil davon, der dem täglichen Leben in Nahrung und Kleidung dient, bleibt zunächst dem Hause vorbehalten; das Luxusgewerbe im damaligen Sinne, vom Töpfer, Glaser und Drechsler ab bis zum Edelschmiede, entfaltet sich in den verschiedenen Landschaften ungleich früh zum Verkaufsgewerbe, wobei verschiedene Umstände maßgebend sind: einmal in den Gegenden, die römische

---

magister comacinus cum consortibus suis. Kap. 145: *der ogatos aut conductos magistros.* Die Taxen bestimmt *Grimualdi sive Liutprandi memorativum de mercedibus magistri commacinorum,* bei Bluhme, edictus ceteraeque Langobardorum leges (1869) 147 ff., vgl. auch DHA. 1, 85, Anm. 47.

249) *tune es pictor ille, qui tempore Chlotarii regis per oraturia parietes atque camaras caraxabas?* rufen sie ihm zu Greg. Tur. 7, 36. Über die dabei verwendeten Farben (Erdfarben) vgl. DHA. 1, 101: Wandmalereien.

Traditionen zeigen, das Fortdauern der Stadtgemeinden mit nunmehr ganz germanischer Bevölkerung, die sich, nach anfänglich noch haftender Verständnislosigkeit für dergleichen Wohnen, doch nach und nach hineinfindet, die alten Städte aus dem eingetretenen Verfall hebt und auf die Gründung neuer, namentlich im Osten des Landes, wo solche die Not der Zeit heischt, vorbildlichen Einfluß übt; zum andern aber das Emporkommen eines eigentlichen Zwischengliedes zwischen Erzeugung und Verbrauch, des im zweiten Abschnitt ausführlich zu schildernden Kaufmannsgewerbes, und seiner wichtigsten Einrichtung, des Marktes. Wenn im alten römischen Städtegebiet die Einwohner mit selbsterzeugten oder durch ihre Knechte gefertigten Waren sich gegenseitig mehr aushelfen als im eigentlichen Sinne auf Bestellung und Lager arbeiten, so schafft eine regelmäßige Tätigkeit solcher Art erst der Markt in seiner Ausbildung. Für wie wichtig er in dieser Beziehung erkannt wird, zeigt das Emporkommen des Marktrechts in entsprechend frühen Zeiten. Einzelhof, Dorf und Stadt haben davon Nutzen und fördern Erzeugung, Kauf und Verkauf; selbst das Kloster, das nach der strengen Regel durch seine eigenen Insassen alles, was es braucht, herstellen lassen soll, wird in diese Strömung mitgerissen und läßt vor seinen Mauern Märkte erstehen. Schon im 10. Jahrhundert bezieht das Kloster St. Gallen durch die Vermittlung des jederzeit reisefertigen Tuotilo aus Mainz gekauftes Tuch[250]).

§ 2.

Ansätze zu Großbetrieben.

Wie ursprüngliche Hausgewerbe zu Verkaufsgewerben sich entfalten, haben wir an einer Reihe von Beispielen im vorigen Abschnitte gesehen. Ein eigentlicher Großbetrieb in unserem Sinne, mit Teilung der Arbeit unter einheitlicher Leitung zur Massenerzeugung, erwächst daraus noch nicht.

---

[250]) Ekkehart, Casus Sti. Galli, 40.

Jeder Handwerker stellt sein Erzeugnis von den Anfängen bis zur Vollendung in eigener selbständiger Tätigkeit her, er richtet wohl auch den Urstoff selbst zu, wie der Lederarbeiter, der sowohl das Leder, als die aus ihm gefertigten Gegenstände bereitet (S. 29f.); und wenn sich, zum Teil schon in frühen Zeiten, ganze Gemeinden zusammenschließen, die ein Hausgewerbe für den Handel ausbilden, so treten ihre Mitglieder doch aus dem Rahmen des Kleinbetriebes nicht heraus, soweit die Verfertigung in Frage kommt; erst beim Vertrieb ergibt sich teilweise ein Wandel des Kleinhandels zum Großhandel. So haben wir uns die Töpferdörfer, die nach römischem Vorbild überall, und vorzüglich im Süden, da gegründet wurden, wo sich verarbeitbare feinere Masse in ausreichenden Mengen vorfand, mit Insassen besetzt zu denken, die neben ihrer Landwirtschaft das Topfmachen mehr oder minder als Nebengewerbe betreiben, und wenn sie genügenden Vorrat davon erzielt haben, diesen entweder an Händler abstoßen oder auch den Verkauf korporativ ausführen, indem sie für gemeinschaftliche Rechnung einen Wagen bestellen, der die Ware im Lande herumfährt (vgl. S. 42f.). Das gleiche gilt von den Glasmachern, die ebenso wie die Töpfer auf Gegenden besonderer Beschaffenheit angewiesen sind, namentlich auf solche, wo sich neben geeignetem Materiale auch Brennholz genug für das Glasschmelzen findet. Auch hier entstehen natürlich Betriebe nebeneinander, die sich gemeindlich zusammenschließen, ohne daß an der Selbständigkeit des einzelnen Handwerkers etwas geändert würde (vgl. S. 62). Selbst da, wo ein großes Kloster Glas herstellen läßt, können die Verhältnisse nicht anders gelegen haben: klösterliche Eigenleute fertigen im Hausbetriebe das für die Herrschaft benötigte Quantum und sind wenig leistungsfähig: am Ende des 10. und am Anfang des 11. Jahrhunderts müssen sich Äbte von Tegernsee gegenüber Bestellern von Fensterglas entschuldigen, daß sie keine oder nur wenige Vorräte haben und ihren Arbeitern erst die Herstellung auftragen müßten[1]). Der seit früher

[1]) Wackernagel, Die deutsche Glasmalerei (1855) S. 135, Anm. 104.

Zeit von friesischen Kaufleuten geübte Exporthandel englischer und friesischer Tuche bildet sich nur, was den Vertrieb betrifft, zu einem schwunghaften Großhandel aus, dessen Vertreter in den Städten Deutschlands bereits in unserem Zeitraume zu den angesehensten Einwohnern gehören (vgl. DHA. 3, 218); wir haben uns diese Kaufleute keineswegs zugleich als Fabrikanten vorzustellen, sondern als Zwischenhändler, die bei den Haushaltungen Vorräte gewebter Zeuge aufkaufen, auch Bestellungen machen, und so die Hausindustrie zugleich fördern und bestimmen, indem sie selbst Arbeitsanweisungen der bestehenden Mode gemäß erteilen, deren Vorteile sie einziehen: als in der Zeit Karls des Großen die gallischen kurzen Mäntel aufkommen, sind friesische Kaufleute schnell bei der Hand, die Modewelt damit zu versorgen, aber sie fordern für die kurzen denselben Preis, wie für die früheren langen; ein Verfahren, das Karl kurzer Hand unterbindet[2]).

Auch die Wassermühlen, die sich seit dem 4. Jahrhundert von den Moselgegenden aus langsam durch ganz Deutschland verbreiten und nach und nach zu öffentlichen Anstalten werden (vgl. DHA. 1, 44. 198), stehen noch völlig außerhalb des Großbetriebes. Sie sind von vornherein herschaftliches Eigentum, weil sie nur in Verbindung mit anderm herschaftlichen Eigen, dem Wasser und Wasserlaufe, angelegt werden können; der Leiter der Mühle ist daher gewöhnlich zunächst ein Höriger, der mit seiner Familie das Werk besorgt und für den kleinen Kreis, der innerhalb seines Bannes wohnt,

---

[2]) *set, ut se mos humani habet ingenii, cum inter Gallos Franci militantes virgatis eos sagulis lucere conspicerent, novitate gaudentes, antiquam consuetudinem dimiserunt, et eos imitari coeperunt. quod interim rigidissimus imperator idcirco non prohibuit, quia bellicis rebus aptior ille videretur habitus. Sed cum Fresones hac licentia abutentes adverteret, et brevissima illa palliola sicut prius maxima vendere comperisset, praecepit, ut nullus ab eis nisi grandia latissimaque illa longissima pallia consuetudinario praecio coemeret* Mon. St. Gall. 1, 34 (Mon. Germ., Scr. 2, 747). Vgl. über die Gesamtfrage die Abhandlung von Klumker, Der friesische Tuchhandel zur Zeit Karls des Großen und sein Verhältnis zur Weberei jener Zeit, im Jahrbuch der Gesellschaft für bildende Kunst und vaterländische Altertümer zu Emden, Bd. 13 (1899), S. 29—69.

schafft, noch immer aber nicht für jeden, weil neben den Wassermühlen in einzelnen Haushaltungen die alten Handmühlen fortbestehen. Die Entwicklung des Mühlengewerbes zu großen Anlagen fällt erst in den folgenden Zeitraum.

Die Anfänge des Großbetriebes in deutschen Landen stehen unter fremdem Einflusse und in Verbindung mit Bau-, Salinen- und Bergwerksanlagen. Ihr Charakteristisches ist die durchgreifende Arbeitsteilung bei einheitlicher, alles vorsehender und anordnender technischer Leitung. Eine Andeutung über solche gibt die Notiz über den Bau der Mainzer Brücke beim Mönch von St. Gallen, daß diese ganz Europa in gemeinsamer aber wohlverteilter Arbeit vollendet habe[3]); wir schließen notwendig auf einen Bauunternehmer und technischen Leiter, der den Riß entwarf, die Berechnungen machte, zur Ausführung von überall die Bauleute heranzog und die Oberaufsicht führte (vgl. S. 70ff.). In Verbindung mit solchen Großbauten, wie sie namentlich für die Zeit Karls des Großen und seiner nächsten Nachfolger vielfach bezeugt werden, stehen Hilfsbetriebe unter eigener Verwaltung, Steinbrüche, Ziegeleien, Kalkbrennereien.

Der Betrieb eines Steinbruchs erfordert eine Einrichtung, die sowohl auf die Gewinnung als auf die Fortschaffung des Materials geht. Das Vorbild dafür liefert die römische *lapicidina*[4]), natürliche Vermittler und Lehrer sind die italienischen und südgallischen zu einem Steinbau berufenen Maurer oder Steinmetzen, soweit nicht für die frühgeschichtliche germanische Zeit in den unter römischer Herrschaft stehenden Gegenden schon heimische Kräfte für eine geordnete Steingewinnung herangebildet waren. Die erste Arbeit gilt der Aufsuchung eines der Baustätte möglichst nahe gelegenen geeigneten Steinlagers, über der Erde als Berg oder unter ihr in einer Grube, die aber zu Tage liegt; für diese Örtlichkeit wird ahd. die Bezeichnung *steingruoba*, angelsächsisch

---

[3]) *cuius rei testes adhuc sunt arcae pontis Magontiacensis, quem tota Europa communi quidem set ordinatissimae participationis opere perfecit* Mon. St. Gall. 1, 30 (Mon. Germ., Script. 2, 745).

[4]) Vitruv., de architectura 2, 7.

stân-hŷwet überliefert[4b]), die Arbeit darin, das Trennen und Ablösen des einzelnen Steines von seiner Masse wird technisch als ahd. *brechan*, altsächs. angels. *brecan* bezeichnet und danach führt der Arbeiter den Namen *steinbrechâri*, auch *stein-brukil*[5]), während die Bezeichnung seiner Tätigkeit, *steinbruch*, erst später auch auf die Örtlichkeit ausgedehnt erscheint[6]). Werkzeuge braucht er sowohl für dieses Brechen, als für das Ausheben des gebrochenen Steines, von ersterer Art ist *stein-brukil* überliefert[7]), ein Wort, das, wie wir eben sahen, zugleich den Werkmann selbst bezeichnet; bei der Dürftigkeit der Nachrichten über den Betrieb von Steinbrüchen entgehen uns für diesen Zeitraum die Namen anderer Geräte, die notwendig gebraucht worden sein müssen, namentlich der Keile[8]), Hämmer und Schlägel. Zum Herauswinden der Steine aus der Grube, besonders der großen Steinblöcke, kann kein anderes Hebezeug in Anwendung gebracht sein, als das mit Seil und Rolle oder Laufrad, wie wir es auf mittelalterlichen Bildern bei großen Bauten zum Winden der Steine in die Höhe abgebildet sehen; zur Fortbewegung auf ebenem Boden dienen Hebebäume und Rundhölzer, für welche die Namen freilich erst aus späterer Zeit überliefert werden, doch dürfen wir voraussetzen, daß sie alt sind, und Zeugnis auch für frühere Zeiten ablegen[9]). Ebenso können wir aus dem jünger bezeugten Namen *steinhütte* für Stein-

---

[4b]) ahd. *lapidicine: staingrůbun* Steinm. 3, 139, 27. ags. *lapidicina, vel lapidicedium: stânhŷwet* Wright-Wülcker 1, 112, 10. mittelniederd. *stên-kûle*: Schiller-Lübben 4, 388b.

[5]) *lapidarii* neben *stein-wurchin*, *steinwirchin* u. a. auch *steinprechere* Steinm. 1, 582, 17. *lathomus* neben *steinmeiȝo* u. a. auch *stain-brukil* 3, 139, 25.

[6]) *lapicidina: steynbruch* Diefenb. 318b (15. Jahrhundert).

[7]) *rastrum semel acutum vel cum uno dente, qui dicitur steinbrukel* Register der Präpositur der Abtei Werden, bei Gallée, Vorstudien zu einem altniederd. Wörterbuche (1903) S. 303.

[8]) Eiserner *steinkeil* im 15. Jahrhundert: *von einem steinkeil zu schweissen drei haller und 2 pf.* Tucher, Baumeisterb. (1464—1475) 100, 19.

[9]) *succula: ronbaum, zugwale* Diefenb. 564b. mlat. *falanga*: Du Cange 3, 398c.

bruch[10]) auf einen von jeher vorhandenen Hüttenraum bei dem Arbeitsfelde schließen, in welchem die technischen Arbeiter sich versammelten, die Arbeitsanweisung empfingen, in den Pausen ruhten und ihr Mahl verzehrten, und in welchem auch die Werkzeuge aufbewahrt wurden; wie dies alles auf lange hinaus ohne wesentliche Änderung fortgedauert hat und zum Teil noch heute fortdauert. Zu Werkleuten werden bei geistlichen Bauten auch mönchische Kräfte herangezogen, die sich nach der Ordensregel vor keiner noch so schweren Arbeit scheuen dürfen; die weltlichen Arbeiter verharren durch das ganze Mittelalter und später in der untergeordneten Stellung der bloßen Zubereiter für Maurer und Steinmetzen, deren Fertigkeit wohl Lehrlingen beigebracht werden, nie aber, wie beim eigentlichen Handwerk, zur Meisterschaft führen kann: Steinbrechmeister gibt es nicht. Das Transportieren der gebrochenen Steine vom Steinbruche zum Bauplatze wird von Tagelöhnern, männlichen wie weiblichen[11]), und von Fuhrwerk besorgt.

Die Bereitung von Ziegeln führt gleichfalls auf römisches Vorbild und römische Technik zurück. Den alten Germanen war Bruchstein und Ziegel unbekannt[12]), Kenntnis der letzteren und Gebrauch derselben geht von den römischen Teilen Germaniens aus. Hier haben die technischen Truppen der Legionen für ihre Bauten sowohl die *lateres* als die *tegulae* hergestellt, und die letzteren als harte Bedachung für die hölzernen Baracken sogar häufiger als die ersteren; und so verbreitet sich Kunde und Technik dieser künstlichen Steinart innerhalb der germanischen Bevölkerung unter dem Namen *tegula*, der als Lehnwort in ihre Sprache übergeht, aber auf den Begriff *later* bezogen wird, da für die Dachdeckung noch auf lange hinaus nur die hölzerne Schindel in

---

[10]) *lapicidina: steyngrube, steynhutte* DIEFENB. 318b (14. Jahrhundert).

[11]) *saxifer: steintrager, steindreger* DIEFENB. 514c. *saxifera: steintrag* ebenda; cf. die gleiche Einrichtung beim Kalktragen, unten Anm. 23.

[12]) *ne caementorum quidem apud illos aut tegularum usus* TACITUS, Germ. 16; vgl. HERODIAN. 7, 2, 4, der diese Ausdrücke kopiert.

Germanien zur Verwendung kommt[13]). Wie früh das Wort mit der Sache hier eindringt, ist nur im allgemeinen dahin zu bestimmen, daß das vor der Zeit der sogenannten zweiten Lautverschiebung, also vor dem sechsten Jahrhundert, geschehen sein muß, weil es dieser Lautverschiebung mit unterworfen ist; die Volksmäßigkeit der Überlieferung wird nicht weniger durch die schwankende Form des Lehnworts, als durch den eingetretenen Wandel im grammatischen Geschlecht bezeugt. In ersterer Beziehung kommt neben der Form *zegal*, *zigal*, *zigil*, die wir als älteste Präge der Entlehnung betrachten müssen, häufigeres *zeagal*, *ziagal*, *ziegal*, *ziogal* in Betracht; der Geschlechtswandel erfolgte, weil beim Gebrauch des Wortes das heimische *stein* vorschwebte, wofür auch die Zusammensetzung *ziagal-stein* beweisend ist; übrigens zeugen namentlich Pluralformen, daß das feminine Geschlecht nicht völlig unterging[14]). Das Verbreitungsgebiet des Lehnwortes ist das rheinische und südwestliche Deutschland, wo biblische Glossen, die aus diesen Gegenden stammen, es sehr häufig bringen, nach Norden und Osten reicht Wort und Sache in diesem Zeitraume noch kaum, im Altsächsischen ist ein *tieglo* oder *tiegla* nur einmal bezeugt[15]); erst vom

---

[13]) Vgl. DHA. 1, 89 und zu den dort angeführten Belegen noch *tegula vel imbrex: scindela* Steinm. 3, 181, 12. Noch im 14. Jahrhundert *tegula: schindel* Voc. opt. 4, 77. Als Dachbedeckung ist das entlehnte *ziegal* so fremd, daß der Übersetzer des Tatian es erklären muß: *(ascenderunt supra tectum et per tegulas summiserunt illum) stigun ubar thie thekî inti thuruh thie thekiziegalâ santun inan* .. 54, 3. Der Gote ist vom lat. *tegula* noch ganz unbeeinflußt, er übersetzt Luc. 5, 19 das griech. διὰ τῶν κεράμων durch heimisches *and skaljôs*, welches DHA. 1, 27, Anm. 48, erklärt ist.

[14]) Vgl. die Ausführungen DHA. 1, 84. *laterem: ziegal* Steinm. 2, 184, 68, *ciogil* 203, 61. Im Plural: *laterum: ziegilo, zigelun, zegelun, zeigelun, ziegil, zigil* 1, 419, 10 ff. *typo laterum: ciagolo* 424, 59; aber *ziagolôno* 282, 59; *lateres: ziegelûn* 3, 181, 11. Auch der Sing. *laterem: ziegelon* 2, 241, 26 deutet aufs Fem. Die Zusammensetzung *laterem: cegalstein* 2, 222, 59. Zu dem Subst. hat sich ein Adjektiv in ebenso schillernden Formen gebildet: *latericio* [*muro*]*: ziegelînero, ziegalînero, ziegelînem, zigelîneʒ, zigelnînen* 1, 633, 49; *latericio: ziakilîneru* (verstanden *mûro*, Mauer) 637, 11.

[15]) Im Plural *lateres: tieglan* Steinm. 1, 338, 13.

11. Jahrhundert ab beginnt sich der norddeutsche Ziegelbau unter rheinisch-niederländischem Einflusse mächtig zu entfalten. Die Entlehnung des angelsächsischen *tigele*, *tigle*, *tiegle* als Femininum ist ohne Zusammenhang mit dem Deutschen erfolgt.

Die Herstellung von Ziegeln aus Lehm oder Ton konnte deutschen Händen darum nichts völlig Fremdes sein, weil auch bei altgermanischen heimischen Bauten Lehm von je, nur in formloser Masse, angewendet worden war (vgl. DHA. 1,

Fig. 12. Ziegelstreichen.
Aus dem Ashburnham-Pentateuch. Taf. XIV.

48; 84). Es kam hier nur auf größere Sorgfalt in der Behandlung des Materials (durch Kneten und Schlämmen) und in der Formgebung an. In letzterer Beziehung waren den römischen Produkten bestimmte Maße vorgeschrieben[16]), die durch angewendete offene Holzformen erzielt wurden; dieses einfachen Gerätes, wie wir es in dem vielleicht noch Ende des 6. Jahrhunderts in Norditalien oder Südfrankreich entstandenen Ashburnham-Pentateuch dargestellt finden (Fig. 12), hat man sich sicher auch deutscherseits von Anfang

[16]) Vitruv., de architect. 2, 16. Vgl. auch Plinius, Hist. nat. 35, 14.

bedient, um so mehr, als auch hier uns, wenigstens im 9. Jahrhundert, genaue Vorschriften bezüglich des Ziegelmaßes entgegentreten. In einem Briefe Eginhards an einen nicht Genannten wird eine Bestellung an einen Ziegelmacher Egmundus aufgegeben, welcher ihm liefern soll sechzig Stück quadratische Ziegelsteine von zwei Fuß Länge und Breite und vier Zoll Dicke, und zweihundert Stück kleinere von einem halben Fuß und vier Zoll Länge und Breite und drei Zoll Dicke[17]). Wozu diese Ziegel gebraucht werden, ist nicht gesagt, nach ihrer geringen Zahl scheint es zur Reparatur eines Gebäudes; auch der Ort, wo dieser Ziegelmacher seine Arbeitsstätte hatte, erhellt nicht.

Nach dem Streichen der Ziegel in den erwähnten Holzformen folgt der letzte Abschnitt der Zurüstung für den Gebrauch: die Festigung der geformten Lehm- oder Tonmasse, entweder durch bloßes Trocknen an der Luft — und wir müssen uns vorstellen, daß dieses Verfahren in Deutschland früh geübt wurde, derart, daß man die aus der Masse gebildeten Ziegel zu größerer Haltbarkeit mit gehacktem Stroh unterschlug[18]), ein Verfahren, welches im Ashburnham-Pentateuch abgebildet ist (vgl. DHA. 1, 83, Abb. 16) — oder man schreitet nach römischer Art zur Härtung durch Feuer vor, und hier muß, wenn wir von der verwandten Technik des Kalkbrennens aus einem Zeugnisse (vgl. unten S. 83 und Anm. 25) auf das Ziegelbrennen schließen dürfen, jenes einfache Verfahren angewendet worden sein, wie es bis in unsere Tage in den sogenannten Feldziegeleien statt-

---

[17]) *Volumus ut Egmunelo* (zu lesen ist *Egmundo*) *de verbo nostro precipias, ut faciat nobis lateres quadratos, habentes in omnem partem duos pedes manuales et quattuor digitos in crassitudinem, numero LX; et alios minores similiter quadratos, habentes in omnem partem unum semissem et quattuor digitos, et in crassitudine digitos III, numero CC* Einharti epistolae, no 59, in den Mon. Germ., Epistolae Karolini aevi 3, 139.

[18]) Stroh unter dem Lehm für Bauten: DHA. 1, 84. Auch das alte Testament berichtet von solchen Ziegelmauern, es sind die *muri fictiles* (4. Reg. 3, 25, Jer. 48, 31), die durch *leimina, leimige* (verstanden *mûra*) übersetzt werden, vgl. Steinm. 1, 450, 49. 634, 27 ff.

hatte: man stellt die getrockneten Steine angemessen auf, und deckt den Haufen mit einem Erd- oder Rasenbewurf, dann wird das Feuer in den bei dem Aufstellen offen gelassenen Räumen entzündet. Ein Ziegelofen ist in dieser frühen Zeit für deutschen Betrieb nicht bezeugt (ohne daß deswegen auf Nichtvorhandensein geschlossen werden dürfte); in der späteren Sprache ist sein Name überliefert[19]). Für das Verfahren selbst wird althochdeutsch das technische Wort *eiten* gebraucht, gegenüber dem lat. *lateres coquere*, das nur einmal wörtlich übersetzt ist[20]). Auch *bâhan* bähen, und *bacchan* backen, findet sich[21]). Die Stempelung der Ziegel nach römischem Brauch ist noch auf deutschen Produkten des 7. Jahrhunderts angewendet worden, und der Name des geistlichen Baumeisters, der sich auf einem erhaltenen Exemplar als Fabrikant nennt[22]), zeugt für den Großbetrieb mit durchgeführter Arbeitsteilung.

Die Bereitung von Kalk aus dazu geeigneten Steinen ist mit dem Steinbau notwendig verbunden. In den bezüglichen Betrieb gewährt uns einen Einblick die in der ersten Hälfte des 8. Jahrhunderts entstandene lex Bajuvariorum, indem sie für Kirchen- und weltliche Herrschaftsbauten die Bestimmung trifft, daß, wenn der Kalkofen dem Baue nahe liegt, fünfzig Mann, bei größerer Entfernung hundert Mann Eigenleute die Steine und das Holz zum Brande den Arbeitern zuführen und den bereiteten Kalk auf den

---

[19]) *latricium: ein ziegeloffen, tzygeloven* DIEFENB. 320a. Ob ahd. der Ausdruck *eit-ofan* (belegt durch *in camino: in demo eit-ofane* STEINM. 2, 223, 23 nach Jes. 48, 10) dafür gegolten hat, läßt sich nicht feststellen.

[20]) *cocti lateris: gieittes zigales, gieites ziegles, geitôt ziegil* u. ähnl.: STEINM. 1, 603, 8 ff. (*gesothin zigil* 13). Vgl. dazu das Subst. *eit* als Bezeichnung des Ziegelbrennens: *ir ne sult in geben, swie ubele sô si leben, daȥ strô ze dem viure ze der ziegel stiure. lât si selbe samenen stumphe unde halme ze der ziegel eitte* Exodus in den Fundgr. 2, 96, 42 ff.

[21]) *[ad] conficiendos [lateres]: za pachhanne* neben *za pâhanne, za pâuuanne* STEINM. 1, 274, 45 f. (nach Exod. 5, 7). Vgl. *laterifex: ziegelbacher, tzygel vel steynbecker* DIEFENB. 320a.

[22]) Ein Ziegelstein mit der Legende *Arboastes eps ficet* ist 1767 zu Straßburg gefunden worden, vgl. F. X. KRAUS, Kunst und Altertum in Elsaß-Lothringen, beschreibende Statistik 1 (1876), 305.

Bauplatz liefern sollen[23]); der Gesetzgeber hat hier eine große, wohlgegliederte Anstalt im Auge. Der althochdeutsche Name des Kalkofens ist uns überliefert[24]). Daneben besteht aber auch noch eine einfachere Art Kalk zu machen, ähnlich wie bei Feldziegeleien im Feldbrande, indem man die zu brennenden Steine angemessen setzt und mit einer Rasenschicht bedeckt, hierauf unter derselben Feuer anzündet. So ist bei der Gründung des Klosters Fulda in einer wilden Gegend verfahren worden[25]).

Über Bereitung und Verwendung von Gips ist in diesem Zeitraum nichts berichtet, nur der Name wird in später Quelle überliefert[26]); ein anderer, scheinbar deutscher, aber in seinen etymologischen Verhältnissen nicht geklärt, taucht zufrühest im Angelsächsischen als *spær* auf, ist indes später auch im Deutschen nachweisbar[27]). Bauarbeiten in Gips sind bei der Häufigkeit des Materials in deutschen Landen nicht zu bezweifeln, und die romanischen Maurer, die die Wände damit überzogen, haben ein altdeutsches Wort dafür im technischen Gebrauch eingeführt und nach ihrer Heimat mitgenommen: das altfranz. *estuc*, *stucque*, ital. *stucco* ist das althochd. *stucchi*, in der Bedeutung *crusta*, Überzug, Rinde.

---

[23]) *calcefurno, ubi prope fuerit, ligna aut petra 50 homines faciant, ubi longe fuerat, 100 homines debeant expetiri, et ad civitatem vel ad villam, ubi necesse fuerit, ipsa calce (ipsam calcem* Variante) *trahantur* Lex Bajuw. 1, 13 (*de colonis vel servis ecclesiae, qualiter serviant vel quale tributa reddant*) in den Mon. Germ., Leg. 3, 280.

[24]) *calcefurnum: chalcoven, chalchovan* Steinm. 2, 353, 21 f.

[25]) *post unius septimanae impletionem, dirutis innumeris silvis et arboribus, et rase ad calcem faciendam composita, episcopus benedictis fratribus et loco Domino commendato, cum operariis cum quibus venerat inde migravit* Vita S. Sturmi, cap. 13 (Mon. Germ., Scr. 2, 371).

[26]) *gipsum: gips, gyps* Steinm. 3, 119, 48 f. 212, 35.

[27]) *gipsus* (Adjektiv): *spaeren* Wright-Wülcker 1, 24, 20, *spæren* 413, 8; *gipsum: spær-stân* 334, 24, *spær-stôn* 550, 44. mhd. *gipsum: spar vel spat*, verdeutlichend *spar-kalck, spere-kalk, spat-kalck* u. ä.: Diefenb. 263b. Man könnte, da der Gipsstein in Deutschland an vielen Orten stab- und splitterförmig bricht, an Zusammenhang mit ahd. *sparro* Sparren, denken, zumal da die Nebenform *spat* deutlich auf mhd. *spât* Splitter, hinweist.

Im Gegensatz zu den bisher aufgezählten Betrieben, die verhältnismäßig spät aus der Fremde eingeführt werden, reicht die Bereitung des Salzes in vorgeschichtliche Zeiten hinauf. Der Name ist als got. altnord. altsächs. *salt*, angelsächs. *sealt*, ahd. *salz* gemeingermanisch und zeigt gegenüber dem urverwandten griech. ἅλς, lat. *sal*, altslav. *solĭ*, eine Erweiterung der Form von ursprünglich adjektivischer Bedeutung, welche in dem altnord. *saltr*, angelsächs. *sealt*, gesalzen, salzig, noch hervortritt; die Bezeichnung der Eigenschaft ist dann auf die Substanz selbst übertragen worden. Daß der einfache Stamm des Wortes als *sal* auch germanisch war, zeigen die Flußnamen *Sale*, alt *Sala*, und das bayrische *Salaha* neben *Salzaha*, ferner das im Ablaut stehende, allerdings erst im Mittelhochdeutschen bezeugte *sole* Salzwasser.

Salz ist den germanischen Ländern schon in vorgeschichtlicher Zeit auf Handelswegen vom Süden her, von den salzreichen Gegenden des schwarzen und des mittelländischen Meeres zugekommen, und wir dürfen uns vorstellen, daß die Händler des Bernsteins namentlich den Ländern an der Ostsee, wo das Mineral fast vollständig fehlt, es im Tauschverkehr zuführten; oder es wird im eigenen Lande gewonnen. Das Verfahren dabei ist freilich roh genug und kommt auf eine Abdampfung von Salzwasser aus Sümpfen oder wirklichen Salzquellen über brennenden Hölzern heraus, wobei sich auf den erloschenen Kohlen eine Salzkruste niederschlägt; römische Schriftsteller, Varro, Plinius und Tacitus, haben darüber übereinstimmend berichtet[28]). Von Kämpfen zwischen verschiedenen deutschen Stämmen um reiche Salzquellen, die als huldvolle Gabe der Götter angesehen wurden, erfahren wir gleichfalls aus früher Zeit[29]).

Die primitive Methode der Salzgewinnung ist wohl nach und nach zu verschiedenen Zeiten und an verschiedenen Orten

---

[28]) Vgl. V. Hehn, Das Salz. Eine kulturhistorische Studie (1873; 2. Auflage 1901), S. 29 ff., wo die betr. Stellen ausgehoben sind.

[29]) Kämpfe zwischen Hermunduren und Chatten um die Salzquellen (bei Salzungen?), für die Chatten ungünstig: Tacitus, Ann. 13, 57; Streit zwischen Alemannen und Burgunden um die Grenze und Salzquellen (bei Hall oder Kissingen): Ammian. Marc. 28, 5, 11.

verbessert worden, namentlich da, wo, wie in Mittel- und Süddeutschland, schwere Salzquellen sich zeigten, welche die Möglichkeit boten, auf andere Weise ein reineres Salz zu gewinnen, als durch Verdampfung der Sole über Kohlen möglich war. Natürlich entgehen uns Nachrichten über die stufenweise Verbesserung, die wohl dabei einsetzte, das Salz im Kessel zu sieden, und die Sole vor Vermischung mit wildem Wasser dadurch zu schützen, daß man sie aus einem Schöpfbrunnen entnahm: Voraussetzung ist die Kunst, einen solchen Brunnen anzulegen, die nach römischem Vorbild wahrscheinlich schon in frühen germanischen Zeiten geübt wurde, und dessen zum Zeugnis man die Anlage mit einem Lehnworte aus dem Lateinischen benannte. Die genaue Zeit, zu der das Wort *puteus* in die deutsche Sprache überging, entzieht sich unserer Kenntnis; vorhanden und verbreitet gewesen sein muß es bereits vor dem sechsten Jahrhundert in Oberdeutschland, da es der zweiten Lautverschiebung unterworfen worden ist. Der scharfe Sinn des Schöpfbrunnens tritt noch bei Otfrid hervor, der den *puzzi* ausdrücklich als Einrichtung, Wasser zu schöpfen, dem *springentan brunnon* gegenüberstellt[30]); auch Notker denkt sich in Übereinstimmung mit Otfrid die *buȝȝa* als grundtief[31]); erst später wendet sich das Wort zu der heutigen Bedeutung[32]). Und mit dieser Art, die Sole zu erheben und durch einen Bohlen- oder trocken gemauerten Schacht reinzuhalten, geht das Bestreben Hand in Hand, auch mit der Verwertung der Sole sorgfältiger umzugehen, indem man sie in einem Gefäße siedet; das ist so naheliegend, daß es nicht von fremd her eingeführt zu werden braucht; und wenn Tacitus in der angeführten Stelle (Anm. 29) zum Jahre 59 unserer Zeitrechnung die Gewinnung von Salz durch Kristallisieren über glühenden Kohlen bei Hermunduren und Chatten ausdrücklich

[30]) Vgl. Otfrid 2, 14, 4—46.

[31]) *der in dia sunda sturzet, der sturzet in dia tieffî unde in dia buȝȝa* Notker, Ps. 68, 16; vgl. *ther puzz ist filu diofer* Otfrid 2, 14, 29, siehe im übrigen über das Wort DHA. 1, 151 f.

[32]) *phuzze: palus* Graff 3, 355; *palus: pful o. pfutz, pfutze, putze* Diefenb. 408b.

erwähnt, so ist nicht zu vergessen, daß die Nachricht eine religiöse Färbung hat und gleichsam eine Kulthandlung meldet: nebenbei konnte gar wohl für die altgermanische Haushaltung das Salz auf eine schon zweckmäßigere Art durch Sieden erzeugt werden. Das im Althochdeutschen seit dem 8. Jahrhundert bezeugte Wort *salz-suti*, das *salsugo* und *salina*, die salzgeschwängerte und zum Sieden bestimmte Flüssigkeit wie den Ort, wo gesotten wird, übersetzt[33]), und das wir bei seinem häufigen Vorkommen als einen schon damals alten Ausdruck anzusehen berechtigt sind, zeigt deutlich auf die erwähnte Fertigkeit des Salzsiedens hin.

Ausführlichere Nachrichten über deutsche Großbereitung von Salz in ausgedehnten Werkstätten liegen seit dem 7. und 8. Jahrhundert vor aus süddeutschen Gegenden, nachdem sich die Bayern in Noricum unter dünner romanischer und romanisch-keltischer Bevölkerung niedergelassen hatten. Hier haben die Einwanderer alte Salzstätten in römischem Betrieb gefunden und sich ihrer bemächtigt. Ob die Arbeiter dieser Stätten Romanen oder Kelten waren, ist für die Geschichte des deutschen Betriebes gleichgiltig: die Bayern mögen in Einzelheiten von der Technik jener gelernt haben, für das Ganze brachten sie ihre eigene Art mit und übten sie weiter, wie sie und andere germanische Stämme dieselbe von früher her und seit Generationen geübt hatten. Das Zeugnis dafür liegt in dem Sprachgute, das, soweit es überliefert ist, kein hierher fallendes Wort keltischer oder romanischer Herkunft, sondern nur deutsche Wörter bietet. Vielmehr werden alte Ortsnamen umgetauft, entsprechend der Eigenschaft, die an den betreffenden Stätten oder Flüssen haftete und die den neuen Insassen besonders wert erschien, hervorgehoben zu werden: so wird aus *Juvavum Salzburg*,

---

[33]) *salsuginis: salzsuti, salzsutin, salzsuttin* Steinm. 1, 630, 11 f. (nach Jer. 17, 6 *in terra salsuginis*); 812, 65; *salinas: salzsuti, salzsutun* 1, 652, 49 (nach Ezech. 47, 11), vgl. auch 418, 10 ff. Sonst wird *salsugo* durch *sulza* glossiert (3, 287, 46), was auch als Unterlage für die Bildung entsprechender Ortsnamen gedient hat. — Auch das Ags. hat ein *sealtseáð* für *salina*: *hit hafað eác þis land* (England) *sealt-seáþas* (*fontes salinarum*) Beda, Hist. eccles. 26, 12 Miller.

aus dem Flußnamen *Igonta Salzaha*[33a]), und neben diesem letzteren erscheint ein anderes *Salaha*[34]), vgl. dazu oben S. 84. Wenn aber daneben in Namen von salzbereitenden Orten gerade dieser Gegenden die Worte *halle-*, *hall-* auftauchen, so liegt darin keineswegs eine keltische Bezeichnung des Salzes verborgen, sondern die Benennung der offenen Halle oder des Schuppens, in welchem sich die Bereitung des Salzes vollzog und wo das fertige, für einen ausgedehnten Handel bestimmte Salz lagerte: naturgemäß eine große Anlage, die dem ganzen Orte das Gepräge gab. Das Wort, das wir übrigens in Eigennamen auch anderer Gegenden bis nach dem Norden auftauchen sehen, ohne daß dabei bayrischer Einfluß nachgewiesen werden könnte, ist nichts als das gemeingermanische Wort ahd. alts. *halla*, angelsächs. *heall*, altnord. *holl*, das zufrühest einen überdeckten einheitlichen Raum, einen Schuppen bedeutete und in diesem Sinne auch gerade noch in Bayern sich findet[35]), nachher zu dem Begriffe des auch seitlich geschlossenen einheitlichen Saalgebäudes sich verengte, der in den alten Denkmälern zumeist hervortritt und jenen ersteren zurückgedrängt hat. Eine Zusammensetzung *hal-hûs*, die auf den Ausbau des Schuppens mit Annäherung an die Hausform und ihre Seitenwände hindeutet, findet sich bezeichnenderweise in bezug auf das Salzwerk[36]).

Bayrische Nachrichten aus jener Zeit gewähren uns einen ziemlich genauen Einblick in die Art der Salzgewinnung, an der alle größeren Klöster der dortigen Landschaft

---

[33a]) *infra oppidum Salzburch in pago Jobaocensium super fluvium Igonta, qui alio nomine Salzaha vocatur* Indiculus Arnonis und Breves Notitiae Salzburgenses, herausg. von Keinz (1869), S. 15. (Bischofssitz,) *quem domnus Hrodbertus episcopus atque confessor primum edificavit, que et Salzburc appellavit* 23, 1.

[34]) Gekürzt *Salâ: iuxta fluvium Salâ* Keinz a. a. O. S. 15, 2; *in fluvio, qui vocatur Salâ* S. 24, 2; aber die vollere Form bewahrt noch heute die *Salach*, Nebenfluß der Salzach.

[35]) Vgl. Deutsches Wb. 4, 2, 229 ff. Schmeller, Bayerisches Wb. 1², 1074. Als Ortsname steht das Wort auch im Neutr.: *in loco nuncupante Hal* Keinz a. a. O. S. 18, 5; *in loco qui vocatur Hal* 24, 6.

[36]) *salina: halhûs* Steinm. 1, 418, 15.

beteiligt sind[37]). Ausgeübt wird sie von organisierten Arbeitern, den Salzknechten (*servitoribus*), die unter der Gerichtsbarkeit von Hallgrafen stehen[38]). Die Klöster geben ihnen eigene Häuser und Grundstücke teils am Orte ihrer Wirksamkeit, teils in der Nähe. Die Arbeit dauert von Mitte Mai bis Martini[39]), sie besteht in der Hebung der Sole aus dem Schöpfbrunnen mittels des Hebezeuges, das nach seinem Hauptteile, dem Schwengel, den deutschen Namen *galgo* führt, und im Versieden jener unter der Halle, wozu kleine Öfen und eherne Pfannen dienen[40]). Solcher Siedestätten waren nach der Größe des Salzwerks mehr oder weniger im Gange: in Reichenhall über sechzig. Wir hören auch von solchen, die außer Betrieb gesetzt waren[41]). Das gesottene Salz wird zur Ausfuhr für den Handel in Fässer, Kufen und Scheiben von bestimmtem Maße verpackt; für die Scheibe dient eine hölzerne zylindrische Form, in welche die Salzmasse eingestoßen und gepreßt wird. Über bergmännische Gewinnung von Steinsalz, die ebenfalls in alten, schon unter Römerherrschaft in Abbau gewesenen Orten stattgefunden hat, sind keine weiteren Nachrichten erhalten.

Der Handel aus diesen bayrischen Salinen erstreckte sich wesentlich auf die südöstlichen Länder, durch die Donau und ihre Nebenflüsse vermittelt. Das salzreiche Mittel- und

---

[37]) Vgl. Fastlinger, Wirtschaftliche Bedeutung der bayrischen Klöster in der Zeit der Agilulfinger, S. 46.

[38]) Vgl. Fastlinger, ebenda. Keinz a. a. O. S. 28, 5. 7. In den Traditiones Corbeienses heißt der betr. Arbeiter *operarius salis* (S. 32, § 145 Wigand).

[39]) *illi qui in ipsas Salinas manerent, a medio mense madio usque ad festum sancti Martini* Keinz a. a. O. S. 24, 6.

[40]) *simulque etiam tradidit iam dictus dux in eodem pago in loco, qui vocatur Salinas, fornaces XX et totidem patellis, et tertiam partem die putiatorio ibidem concessit, quod barbarice dicitur galgo* Keinz a. a. O. S. 15, 3; vgl. 37, 3. *ad sal coquendum fornaces VIIII* 24, 6 (vgl. Anm. 41); *in loco, qui dicitur ad Salinas, fornacium loca XX cum patellis et servitoribus suis et tertiam partem de illo puteo, quo sal efficitur* (*tradidit*) 28, 5.

[41]) *tradidit ipse dux in ipso pago in loco, qui vocatur Hal, ad sal coquendum fornaces VIIII, tres sunt vestitas et VI apsas* Keinz a. a. O. S. 24, 6.

das westliche Deutschland deckt seinen Bedarf durch eigene Produktion und versorgt auch noch den Nordosten, der teilweise nur wenig Salz selbst erzeugt.

Über die Salzbereitung in den zuletzt genannten Gegenden haben wir die ausführlichen Nachrichten nicht, wie aus den bayrischen Stammgebieten. Einiges erfahren wir darüber allerdings aus einem Güterverzeichnis der Abtei Prüm vom Jahre 893, das sich auch über Einkünfte aus einem Ort des Bistums Metz verbreitet, der *Salnisse* und *Salniese* genannt wird[41a]). Daselbst wird Salz gesotten in zwei Werkstätten, deren jede eine besondere Hütte bildet, in ihnen befinden sich zusammen drei Siedeöfen mit Pfannen (*inae III, quae vulgo nuncupantur patellae*), und jede Pfanne liefert täglich eine Tracht (*burdura*) Salz, die einen nicht näher bestimmten Teil einer Fuhre (*carrada*) bildet. Die Arbeitszeit fängt Mitte April an und dauert bis Anfang Dezember, doch kann die Erlaubnis erteilt werden, auch durch den ganzen Winter hindurch Salz zu bereiten.

Seit dem Anfange des 9. Jahrhunderts werden zahlreiche Salinenorte genannt[42]), zum Teil da, wo eine frühere germanische Bevölkerung der slavischen gewichen war und diese nun selbst wieder zurückgedrängt hatte; daß solche Salzwerke älter und zum Teil viel älter sind als ihr urkundliches Vorkommen, ist nicht zu bezweifeln, und die eingedrungenen Slaven, die ja von deutscher Kultur überhaupt abhängig sind, haben die deutsche Technik der Salzgewinnung nur überkommen. Wie weit in den beregten Orten Großbetrieb stattfand, ist im einzelnen nicht festzustellen; dem Handel und dem Vertrieb des Salzes nach ferneren Gegenden dienten gleichmäßig fränkische und düringische, hessische und

---

41a) Vgl. Urkundenbuch zur Geschichte der jetzt die preußischen Regierungsbezirke Koblenz und Trier bildenden mittelrheinischen Territorien. Aus den Quellen herausgegeben von H. Beyer, 1 (1860), S. 142 ff., besonders S. 164 f.

42) Ein Verzeichnis der deutschen Salinen mit Angaben über ihr erstes Vorkommen gibt Koch-Sternfeld, Die teutschen, insbesondere die bayerischen und österreichischen Salzwerke, zunächst im Mittelalter (München 1836) 2, S. 24 ff.

sächsische Salinen, für den Nordosten voran Halle[43]) und Lüneburg, dessen Zolleinnahmen aus Salz Otto I. im Jahre 956 dem Kloster St. Michael ebendort schenkte; aber die meisten solcher Salzquellen waren nur dem Bedürfnisse der nächsten Umgegend bestimmt, und dementsprechend gestaltete sich auch der Betrieb einfach genug: die Sole wurde vom nahen Solbrunnen ins Haus verabreicht und hier zu Salz versotten. Der Solbrunnen selbst war in solchen Fällen fiskalische Verkaufsstätte. Unter diesen Verhältnissen erst wird auch ein Salzzins von einzelnen Personen verständlich dem Kloster Freckenhorst in Westfalen zinsen ein Bauer Liuzo von Humbrachtinghausen und sein Nachbar jeder jährlich zwanzig Metzen Salz, und dem Klosterhofe in Balhorn müssen von den dahin gehörigen Eigenleuten jährlich zusammen sechs und neunzig Metzen Salz geliefert werden[44]). Das ist offenbar Salzgut, das unter besonderen Verhältnissen in der eigenen Wirtschaft bereitet ist; und solcher Hausbetrieb wird auch in einer Urkunde Ludwigs des Frommen von 833 angedeutet, wenn hier dem Kloster Corvey ein Salzquell „für das Salzen und Würzen der Mönchsspeise" verliehen wird[45]).

---

[43]) Der Name Halle wird zuerst erwähnt im Chronicon Moissiacense zum Jahre 806: *et mandavit eis rex Karolus aedificare civitates duas, una in aquilone parte Albiae contra Magadabourg, alteram vero in orientalem partem Sala, ad locum qui vocatur Halla* Mon. Germ., Script. 2, 258. Die Stelle zeugt dafür, daß der an der Grenze der Sachsen, Düringe und Slaven und an dem salzhaltigen, deutschen Namen (S. 84) tragenden Salflusse gelegene Ort einen damals schon altgewohnten deutschen Namen führt, der nach dem, was oben gesagt wurde, zu hermundurischer Technik der Salzgewinnung in enger Beziehung stand, (die sich also der bayrischen an die Seite stellte.)

[44]) Freckenhorster Heberolle 334, 217 ff. bei Heyne, Kleinere altniederd. Denkmäler (1879) S. 77; 73 f.

[45]) *Warinus, quem in eodem monasterio abbatem praefecimus, suggerendo petiit celsitudini nostrae, ut in memorato ducatu Saxoniæ locum provideremus, ubi sal fieri ad cibos monachorum in eodem monasterio per tempora degentium saliendos atque condiendos potuisset, quod et facere curavimus* Urkunde Ludwigs vom 8. Juni 833 bei Wilmans, Die Kaiser-Urkunden der Provinz Westfalen 1 (1867), S. 43.

Die Arbeitsmethode ist in den Grundzügen bei jeder Art des Betriebes dieselbe: Schöpfen der Sole und Sieden derselben, in eigenen Öfen bei eigentlichen Salinen, auf offenem Feuer am Herde im Hause; der ursprüngliche Topf dafür ist schon früh überall einem breiteren zweckmäßigeren Gefäß, der Pfanne, gewichen, die man, wie der Name beweist, von den Römern her zu derselben Zeit kennen gelernt hat, wie den *puteus*, denn Pfanne ist das lateinische *patena*, durch Tonrückung auf die erste Silbe und nachherige volksmäßige Assimilation zu ahd. *panna*, *phanna*, *pfanna*, altsächs. *panna*, angelsächs. *panne*, *ponne* geworden. Die Pfanne ist ursprünglich irden (*patenae fictiles* bei Columella), aber gerade beim Salzsieden wird die metallene Pfanne bald in Anwendung gekommen sein, für die eigentlichen Salzsiedereien von einem bestimmten Umfange, daher sie auch in der Verkleinerungsform *patella* mittellateinisch als Salzmaß erscheint[46]). Neben der Pfanne ist der Kessel in Gebrauch, auch er eine römische Einführung, die in frühe Zeiten hinaufreicht, da der Name bereits als gotisches Lehnwort erscheint[47]).

Weitere Geräte können wir nur aus ihrer unbedingten Notwendigkeit für die bezügliche Arbeit erschließen. Bei der Abdampfung der Sole muß der Niederschlag, das Salz, im Siedegefäße hin- und herbewegt und nachher ausgekratzt werden, wozu ein Instrument dient, ähnlich dem, mit welchem man das Feuer im Ofen schürt, bestehend aus einem Stab oder Holzgriff mit Kratzeisen an der Spitze: die mittellat. *tractula*, ahd. *chrucha*, *chruckia*, angelsächs. *crycc*, *cricc*[48]), die wir auch in der Zusammensetzung *ovan-chrucha* als Gerät für

---

[46]) Vgl. Du Cange 6, 208b. An die eiserne Pfanne ist gedacht bei der Glosse *sartaginem: phannun, phanna* Steinm. 1, 642, 41 f., nach Ezech. 4, 3 *sartaginem ferream*. Die Umdeutschung *patena: fatina* Steinm. 3, 653, 19 meint das kirchliche Gerät und ist gelehrter Herkunft.

[47]) Gen. plur. *katilê* χαλκίων Marc. 7, 4. Der Saline Kitzingen (*ad Chizzeche*) müssen Eigenleute neben anderen Werkzeugen auch *II patelle*, *II caldaria* jährlich liefern: traditiones et antiquitates Fuldenses, herausgegeben von Dronke (1844), S. 127, 48.

[48]) *tractula: cruc* Steinm. 3, 389, 5 unter Wirtschaftsgeräten. *salzkrücke* ist erst nhd. bezeugt, vgl. Deutsches Wb. 8, 1717.

Schürung des (gewerblichen) Ofenbrandes kennen lernen[49]). Das so der Pfanne entnommene Salz wird in geflochtenen Körben oder auch auf groben Tüchern, die zwischen rahmenartige Gestelle gespannt sind, getrocknet (gedörrt), aus deren lateinischem Namen *catastae*[50]) wir uns ein Bild von der Form derselben machen können. Die Frage bleibt offen, wie weit schon ein Verfahren zur Läuterung des Salzes nach der Art späterer Zeiten oder zu einer Gradierung der Sole gekannt war. Verpackung des Salzes für den Handel geschieht ebenso wie in den bayrischen Salinen in Fässern, Kufen und Scheiben. Hierbei haben sich wohl im Norden wie im Süden annähernd einheitliche Formen ausgebildet, die um so leichter entstehen konnten, als die gewerbsmäßigen Salzwirker in den großen Salinen zum Teil, wie die Steinbauleute, freie Wanderhandwerker waren und bei Gründung neuer Salzstätten noch im späteren Mittelalter verschrieben wurden.

Der Salzverbrauch in deutschen Landen muß bereits in frühen geschichtlichen Zeiten außerordentlich groß gewesen sein, weil keine auch noch so geringe Wirtschaft es entbehren kann; daß jede Speise erst durch Salz schmackhaft werde, ist allgemeiner Grundsatz, und Erhaltung von Vorräten, namentlich an Fleisch, ist nicht weniger vom Einsalzen als vom Räuchern abhängig. Mit Recht darf sich daher der Salzwirker rühmen, daß ohne ihn kein Mensch der Speise froh, kein Vorratsraum gefüllt werden könne, daß die nötigsten Lebensmittel ohne seine Kunst verderben würden[51]). So große Quantitäten sind in großen Hofhaltungen

---

[49]) Graff 4, 591; vgl. dazu *astuarius: ovenstaf* Steinm. 3, 370, 5; *ustularius: ovenstaph* 389, 3.

[50]) Für die Kitzinger Saline unter jährlichen Lieferungen *cataste salis IIII:* Dronke, trad. Fuld. S. 127, 48. *catasta*, sonst in der Bedeutung eines rahmenartigen Foltergestelles (Du Cange 2, 222a) wird auch für gewerbliche Geräte, beispielsweise der Tuchmacher, gebraucht: *catasta ein rame, ram der weber zu den tuchen, ram do man daȥ tuch trucknet* Diefenb. 106c, nov. gloss. 80a; vgl. auch ahd. *catastas: rôstan* Steinm. 2, 425, 37; *catasta: rôstun* 451, 13.

[51]) *„o salinator, quid nobis proficit ars tua?" multum prodest ars mea omnibus, nemo vestrum gaudio fruitur in prandio aut cena nisi ars mea hospita ei fuerit. „quomodo?" quis hominum dulcibus perfruitur cibis sine*

nötig, daß ein eigenes Gebäude für die Aufstapelung des Salzes dient[52]).

Über die Gewinnung und Bereitung anderer Minerale können für die ältesten Zeiten ebenfalls nur unzusammenhängende Nachrichten gegeben werden, die um so lückenhafter werden, je näher sie an das vorgeschichtliche Altertum heranreichen. Wie früh man in Germanien zur Kenntnis der Metalle gekommen ist, läßt sich chronologisch nicht feststellen; als ältestes gilt das Kupfer, das in verschiedenen Landschaften reichlich vorkommt und durch Schmelzen leicht herzustellen ist; und wenn die daran erwachsene Kunst, Bronze zu erzeugen, auch in germanischen Ländern geübt wurde, so war die Gewinnung von Zinn Vorbedingung, welches Mineral sich reichlich in einem Striche vom Fichtelgebirge über das Erzgebirge bis zu den Sudeten, ferner in England und Schweden findet. Der alte germanische Name des Kupfers war got. *aiz*, ahd. *êr*, ein Name, der dann auf die Legierung des Metalls mit Zinn übertragen wurde (vgl. S. 47), und eine schillernde Bedeutung erhielt, so daß das Wort auf lange hinaus beides bezeichnet hat[53]). Wenn daher Otfrid in einer viel angeführten Stelle (1, 1, 69) vom Frankenreiche meldet: *zi nuzze grebit man ouh thâr êr inti kuphar*, so soll damit nur auf Kupferbergwerke hingedeutet werden. Die Benennung Kupfer lehnt an das späte volkslateinische *cuprum* für *aes Cyprium* an und findet sich erst althochdeutsch und angelsächsisch, immerhin noch als seltenes

---

sapore salis? quis replet cellaria sua sive promptuaria sine arte mea? ecce butirum omne et caseum perit vobis, nisi ego custos adsim, qui nec saltem oleribus vestris sine me utimini Ælfrics Gespräch bei Wright-Wülcker 1, 97 f. Karls des Großen Vorratshäuser sollen von hierher gehörigen Sachen enthalten *lardum, siccamen* (Rauchfleisch), *sulcia, niusaltus* (Pökelfleisch): Cap. de villis 34. Der technische Ausdruck für Pökeln ist ahd. *arselchen*, vgl. Deutsches Wb. 10, 1, 509.

[52]) ags. *salinarium: sealthus* Wright-Wülcker 1, 185, 36. Das ahd. *salzhûs* bedeutet ein Gebäude, worin eingesalzene und gepökelte Nahrungsmittel aufbewahrt werden, *salsamentarium* (Steinm. 4, 94; 25. 158, 58).

[53]) Vgl. Deutsches Wb. 5, 2757 f., vgl. dazu auch *es: êre, ér, eer, kupffer, coper, kopper* Diefenb. 210a.

Wort[54]). Der Name des Zinns ist gemeingermanisch (nur gotisch nicht erhalten): altnord. angelsächs. altsächs. *tin*, althochdeutsch *zin*, er steht in engster Verwandtschaft zu dem S. 24 besprochenen got. *tains*, altnord. *teinn*, ahd. *zein*, Zweig, Rute, Gerte, Stab, und faßt das Metall als einen Artikel, der in Stabform in den Handel kam; wie denn dergleichen Stäbe unverarbeiteten Zinnes in frühen Bodenfunden nachgewiesen sind[55]).

Die Namen der beiden Edelmetalle, Gold und Silber, haben nicht wie das Kupfer einen gemeinindogermanischen Hintergrund, sie sind nur gemeinsam slavisch und deutsch[56]) und beweisen damit ihr verhältnismäßig spätes Hervortreten im nördlichen Europa, was zu der von Tacitus gegebenen Nachricht stimmt, daß Germanien Gold und Silber nicht erzeuge, wenigstens bis zu seinen Tagen nicht[57]). Doch ist gerade in jener Zeit, wie er selbst erzählt, von den Soldaten des Curtius Rufus im Nassauischen eine Silberader entdeckt und abgebaut worden, aber wegen geringer Ergiebigkeit nicht lange[58]). Sonst erfahren wir von einem Bergbau auf Silber in Deutschland vor dem neunten Jahrhundert nichts[59]). Es kommt, ebenso wie das Gold, den alten Germanen auf dem Handelswege zu, wird aber von heimischen Edelschmieden schon früh künstlerisch verwertet:

---

[54]) *cuprum: chupher, cupher, cuphir, cupfer* Steinm. 3, 120, 41 f.; ags. *cyprum: coper; cyprinus: cypren* Wright-Wülcker 1, 217, 9 f.

[55]) In den Gräbern von Hallstatt und in den Schweizer Pfahlbauten ist Zinn in Form von Stäbchen oder Plättchen gefunden worden: v. Sacken, Das Grabfeld von Hallstatt (1868) S. 119.

[56]) Vgl. Schrader, Sprachvergleichung und Urgeschichte (1890) S. 257; 264 f.

[57]) *argentum et aurum propitiine an irati dii negaverint dubito. nec tamen affirmaverim nullam Germaniae venam argentum aurumve gignere: quis enim scrutatus est?* Germ. 5.

[58]) *Curtius Rufus . . , qui in agro Mattiaco recluserat specus quaerendis venis argenti; unde tenuis fructus nec in longum fuit* Tacitus, Ann. 11, 20.

[59]) Otfrid erwähnt Silberbergwerke mit reicher Ausbeute (*silabar ginuagi*): 1, 1, 71. Unter Otto I. wird eine Silberader im Harz entdeckt und bergmännisch ausgebeutet: Thietmar 2, 8.

Cäsar erzählt von silberbeschlagenen Trinkhörnern einheimischer Arbeit[60]), und später ist Gold meist nicht bergmännisch, sondern durch Waschen aus dem Sande der Flüsse oder sonstiger sandiger Erde gewonnen worden[61]).

Zu den bisher genannten Metallen tritt noch das Blei, germanisch unter zwiefachem Namen, von denen keiner sich über das gesamte Sprachgebiet erstreckt. Älteste gemeine Bezeichnung scheint Blei, aber die Bezeugung in den einzelnen Sprachen ist lückenhaft, es kommt nur althochdeutsch als *blîo*, *plîo*, gen. *plîwes*, altsächs. als *blî*, und wieder altnordisch als *blŷ* vor; nur westgermanisch ist Lot, altsächs. *lôd*, angelsächs. *leád*, mittelhochdeutsch *lôt*. Beide Namen sind etymologisch dunkel und entbehren urverwandter Bezüge, soweit nicht zu *lôt* das irische *luaide* Blei, gestellt wird[62]). Das Blei wird wenig erwähnt, und es ist fraglich, ob es nicht auch unter dem Namen des Zinnes mit begriffen wird, wie ja auch die lateinische Sprache für beide Metalle ein Substantiv hat und sie nur durch Adjektiva unterscheidet (*plumbum album* Zinn, *plumbum nigrum* Blei). Seine Schwere macht es neben dem Steine zum Gewichtstück tauglich, und in den mittelhochdeutschen Zeiten, wahrscheinlich schon früher, ist diese Verwendung auch erfolgt; mit Bleistücken beschwerte Geißelschnüre werden nach ausländischen Quellen genannt, wie weit sie zur Verschärfung des Schmerzes auch heimisch angewendet wurden, ist nicht sicher[63]).

---

[60]) Vgl. § 1, Anm. 169, S. 52.

[61]) *jah lesent thâr in lante gold in iro sante* Otfrid 1, 1, 72. Aber im Jahre 376 sehen wir in Thrazien zahlreiche germanische, wohl gotische Bergarbeiter aus Goldgruben (*sequendarum auri venarum periti non pauci*), die sich, durch Steuern bedrückt, dem Fritigern anschließen: Ammian. Marcell. 31, 6, 6.

[62]) Schrader, Sprachvergleichung und Urgeschichte S. 316, der das deutsche Wort als Lehnwort aus dem Keltischen (wie Eisen) ansieht. (Vgl. auch Much in der Zeitschr. für deutsches Altert. 42, 163. E. Schr.)

[63]) ahd. *plumba: blî-geislun vel blî-kolbo* Steinm. 3, 211, 30; *plumbatis tundi: plîinen cholpon piwillan* 2, 743, 24. ags. *se câsere . . . hêt đone hâlgan diacon mid leádenum swipum langlîce swingan* Ælfric, Homil. 1, 426 Thorpe.

Bleigewinnungsstätten muß es in Deutschland wie in England manche gegeben haben[64]).

Alle Metalle aber treten an Verbreitung wie an Wichtigkeit zurück gegenüber dem Eisen, dieser Einführung von den keltischen Nachbarn her (S. 49f.), an die sich ein außerordentlicher, stets wachsender Kulturfortschritt knüpft. Reicht die Kenntnis und Benutzung des Eisens bei den Germanen auch in vorgeschichtliche Zeiten zurück, so ist es doch nach einer schon mehrfach angeführten Stelle des Tacitus (Germania, Kap. 6) noch im 1. Jahrhundert spärlich vorhanden gewesen, und, wir dürfen uns vorstellen, mehr gebraucht im Süden und Westen als im Norden, denn es wird von einem alten, niemals unterbrochenen Bergbau auf Eisen nicht nur in Noricum und Rhätien, sondern auch im Südosten berichtet, wo Angehörige eines keltischen Stamms, die Cotiner, den Quaden schmachvoll als Arbeiter in Eisengruben dienen müssen[65]). Dagegen scheint die Ausnutzung des Raseneisensteins sowohl als auch des Sumpferzes in früher Zeit nicht gekannt zu sein, aber erst hiermit beginnt für das nördliche Germanien die volle Eisenzeit, welches auf die Ausbeutung dieses Minerals fast gänzlich angewiesen ist. Hier setzt sich zugleich der Bergbau des Südens, den wir uns als vollständig organisierten und gegliederten Großbetrieb mit entsprechenden technischen Anlagen und geschulten Arbeitern zu denken haben, in einen mehr oder weniger rohen Kleinbetrieb um, den jeder Hausvater unter dazu günstigen Umständen ausüben konnte, und der wesentlich aus Sammlung des Rohmaterials und Ausschmelzen

---

[64]) Bleigruben (*fossa plumbaricia*): Cap. de villis 62. Vergabung eines Gutes *in villa Hesilenbah, ubi plumbum operari potest, in regione Hessorum, in pago Bernuffe* Trad. Fuldenses S. 39, 109 Dronke. In England Name einer Örtlichkeit *Leádgedelf*: Thorpe, Diplomatarium Anglicum (1865) S. 132.

[65]) *Cotinos Gallica, Osos Pannonica lingua coarguit non esse Germanos, et quod tributa patiuntur. partem tributorum Sarmatae, partem Quadi ut aliegenis imponunt. Cotini, quo magis pudeat, et ferrum effodiunt* Tacitus, Germ. 43. Später sehen wir norische Eisenlager in den Händen der Langobarden, dann der Bajuvaren: Procop., de bello Goth. 3, 33.

desselben bei sogenanntem Rennfeuer oder selbst auf offenem Herde bestand. Dergleichen primitive Arbeitsmethode hat sich bis in die ersten Jahrzehnte des 19. Jahrhunderts noch in Schweden und Norwegen erhalten[66]); für Norddeutschland bezeugen sie überaus häufige Eisenschlackenfunde, die in den verschiedensten Gegenden gemacht werden[67]).

Zeugnisse, aus denen wir uns eine Vorstellung über die Einzelheiten der Metallgewinnung machen könnten, fließen bis zum 10. und 11. Jahrhundert spärlich, gestatten aber den Schluß, daß vor dieser Zeit ein technisch entwickelter Bergbau in Deutschland eigentlich nur in den südlichen und westlichen Bergländern auf Grund römisch-keltischer Überlieferung, nicht aber in den nördlicheren Teilen stattgefunden hat. Für die bergmännische Arbeit gibt es zwei Ausdrücke: außer dem bei Otfrid (oben S. 93) in völlig technischem Sinne gebrauchten *graban* auch noch das westgermanische ahd. *telban*, alts. *delƀan*, angels. *delfan*, das zwar ahd. in der bergmännischen Bedeutung nicht bezeugt ist, doch in ihr später vorkommt[68]), angelsächsisch dagegen gebraucht wird[69]); für den Ort dieser Arbeit gilt althochdeutsch *gruoba* und *graft*, mit näherer Bestimmung nach dem Metall, das gegraben wird, mhd. *îsengruobe: ferrifodina*,. *goltgruobe*, *silbergruobe*; und so entstehen Ortsnamen in entsprechenden Gegenden, denen im Angelsächsischen andere auf *gedelf* entsprechen[70]). In letzterer Sprache wird auch die Bezeichnung der Erzstufe, *ôra*, auf den Ort der Gewinnung übertragen, wie ähnlich mhd. *îsenerz* in der Bedeutung des Eisenbergwerks steht[71]). Die Gewinnung geschieht im Tagebau,

---

66) Vgl. Beck, Geschichte des Eisens in technischer und kulturgeschichtlicher Beziehung 1² (1890), S. 803 f.

67) Ebenda S. 636 ff.

68) *in dem silberberge zů Brüntzebach genesit Gengenbach dalp men noch silber, und vant men . . . vil silbererts* D. Städtechr. 9, 679; vgl. *dalb den bronnen* Keisersberg, Post. 2, 69b.

69) *effossa rudera: gedolfene ôran* Germania 23, 396, 190.

70) ahd. *Arezgrefte, Arizgruoba*, vgl. Förstemann, Namenbuch 2, 121; ags. *Leádgedelf* siehe Anm. 64.

71) ags. *ferri fodina, in quo loco ferrum foditur: îsern-ôre* Wright-Wülcker 1, 237, 20. mhd. *îsenerz*, vgl. Lexer, Mhd. Handwörterbuch 1, 1455.

von Betrieben unter Tage wird im deutschen Bergbau noch nichts berichtet, wie auch das Wort Schacht erst im späteren Mittelhochdeutsch als *schaht* vorkommt und wahrscheinlich nicht einmal deutscher Herkunft, sondern dem Slavischen entlehnt ist[72]). Den Tagebau auf Silber hat schon der römische Feldherr Curtius Rufus durch seine Soldaten bei Wiesbaden betreiben lassen (vgl. S. 94, Anm. 58), und spätere Erwähnungen bergmännischen Betriebes lassen eine Vorstellung von entwickelteren Verhältnissen nicht zu. So, wenn Karl der Große seinen oberen Wirtschaftsbeamten mit der Fürsorge für die Erträgnisse seiner Güter auch die Aufsicht über Eisen- und Bleigruben aufbürdet, die demnach nur eine Art Nebenbetrieb gebildet haben können[73]); und die Beschreibung einer Eisengrube, die dem Kloster zu Fulda vergabt wird, gewährt uns schon durch die Angabe ihrer Maße einen Einblick in die kleinen Verhältnisse: dreißig Ruten Länge und ebensoviel Breite, mit der Befugnis in die Tiefe zu gehen, so weit man will[74]).

Mit der Gewinnung der Metalle durch Graben oder Waschen Hand in Hand geht die erste Bereitung derselben für die handwerkliche Verarbeitung durch Schmelzen in Barren, welche in Schmelzstätten, die mit der Gewinnungsstätte verbunden sind und hart bei ihr liegen, geschieht. Die technischen Ausdrücke für solches Verfahren sind allerdings erst viel später bezeugt, aber es hindert nichts, sie als alt und schon in der althochdeutschen Zeit gebraucht anzusehen: das im 16. Jahrhundert vom Ausschmelzen des Roheisens aus dem Gestein gebräuchliche *eisen rennen* wird durch die Bedeutung von althochd. *rennan* bezüglich seines Alters gesichert[75]); und die Vorrichtung, durch die

---

[72]) Heyne, Deutsches Wörterbuch 3, 239.

[73]) *de ferrariis et scrobis, id est fossis ferraricüs, vel aliis fossis plumbaricüs (nobis notum faciat)* Cap. de villis 62.

[74]) *Bricho trad. sco. Bon. bona sua in Brahtaha in loco ubi ferrum in terra invenitur, XXX virgas in longum, et totidem in latitudine et in altit. quantum vis* Trad. Fuldens. 113, 287 Dronke.

[75]) ahd. *requoquunt: ziranton* oder *giranton* Steinm. 2, 661, 31 nach Verg. Aen. 7, 636 *recoquont patrios fornacibus enses.*

das besorgt wird, mag wohl schon in früher Zeit, entsprechend dem nhd. *rennfeuer*, *renneviur* genannt worden sein. Ob auch der technische Ausdruck *frischen*, womit man die Verwandlung des Roheisens in reines Stabeisen und der Bleiglätte in reines Blei bezeichnet, eben so alt sei, kann nicht bewiesen werden, da jedes Sprachgut fehlt; die Sache ist sicher schon dagewesen, ebenso wie der dazu nötige Frischofen. Der Name, den die Schmelzstätte führt, erscheint im mhd. *hütte* als alter und befestigter Ausdruck, wird demnach bereits in die ahd. Zeit reichen. Die Hütte bedarf für ihren Betrieb einer großen Zufuhr von Holz und Kohlen, muß daher in waldreicher Gegend angelegt werden, was in unserem Zeitraum noch keine Schwierigkeiten bereitet, da die großen Rodungen behufs Ackergewinnung erst später einsetzen. Die Kohle (ahd. *kolo*, angels. *col*, altnord. *kol*) wird kunstmäßig in großen Mengen hergestellt, der Arbeiter, der es besorgt, kommt aber erst mhd. als *koler* vor, ebenso die Vorrichtung, durch die es geschieht, als mhd. *mîler* und *meiler*; die schwankende Form des Wortes weckt den Verdacht der Entlehnung, wahrscheinlich aus dem Slavischen[76]).

Bergwerke und Hütten, die auf händlerischen Vertrieb hin arbeiten, für den schon am Ende unseres Zeitraumes die Bezeichnung eines Vermittlers überliefert ist[77]), sammeln eine größere Anzahl von Arbeitern bei sich, die wir uns ähnlich korporativ wie die Salinenarbeiter (S. 88) denken müssen, unter eigener Gerichtsbarkeit, der sowohl die eigentlichen Bergleute als die Hüttenleute unterstehen. Die stete Verbesserung der technischen Einrichtungen, die mit ganz bestimmten und umgrenzten Namen bezeichnet werden, und der enge Verband, in dem die gesamten Arbeiter untereinander stehen, schaffen eine eigene Kunstsprache, die Bergmannssprache, die wir ausgebildet und gefestigt erst im folgenden Zeitraum hervortreten sehen, zu der die Ansätze zweifellos aber schon vor dem 10. Jahrhundert vorhanden gewesen sind.

---

[76]) Vgl. Deutsches Wb. 6, 1911.

[77]) *ferrarius: îsen-coufo, îsin-choufo* Steinm. 3, 139, 7 f.; ebenso *calipso: stahelcoufo, stahilchoufo* 139, 3.

Zu den Eisenhütten in engster Beziehung steht die Bereitung des Stahls durch weitere Schmelzung und Läuterung des Eisens. Die dadurch bewirkte Härtung wird auch in den altgermanischen Schmelzhütten früh vorgenommen sein, da sie ja die Voraussetzung für die Brauchbarkeit des Eisens zu Waffen bildet. Für den Stahl gibt es mehrere Bezeichnungen, soweit der Name des Eisens nicht auch für ihn mit gilt[78]); dieselben sind aber nur deutsch, gehen über einen oder mehrere Dialekte, und beweisen schon dadurch, daß sie verhältnismäßig jung sind; außerdem schließen sie sich an volkslateinische Namen[79]) an, deren Übersetzungen sie scheinen, so daß es, da der Stahl zunächst nur für die Waffen Verwendung findet, aussieht, als ob man für seine bessere Herstellung bei römischen Waffenfabriken in die Lehre gegangen wäre. Das nur ahd. *ecchol*[80]) zeigt deutlich die nächste Verwandtschaft zu ahd. *ekka* Kante, Schärfe, Schneide, altsächs. *eggia*, angelsächs. *ecg*, altnord. *egg*; und was ahd. *stahal*[81]) betrifft, so denkt man an ahd. *stehhan* stechen, stechend verletzen, was freilich nur unter der Voraussetzung anginge, daß das Wort ein frühes und hochdeutsches und die angelsächsische Form *stêle*, *stŷle*, sowie das altnord. *stâl*, die sich an die schon ahd. und mhd. Verkürzung *stâl* anschließen, daher unmittelbar entlehnt wären. Für das Angelsächsische wäre das wenigstens nicht unwahrscheinlich, da deutscher Stahl in England eingeführt wurde[82]) und das Wort in seiner schwankenden Form[83]) wie eine Übernahme nach dem Gehör aussieht, außerdem

---

[78]) *chaliben: îsern; chalibis: îrenum* WRIGHT-WÜHCKER 1, 374, 8 f.; *chalibem: îsern* 523, 2.

[79]) *aciare, aciarium; vox facta a Latino acies, quod gladiorum aliorumque instrumentorum hujusmodi acies chalybe muniatur* DU CANGE 1, 55c; vgl. *a stringenda acie vocabulo imposito* PLINIUS, Hist. nat. 34, 14.

[80]) *ecchol, ecchel, echel, echol: calybs, acira* GRAFF 1, 130. *acuale: ecchil, ecchel, ecchol, echil, ekil* STEINM. 4, 111, 44 ff. bayrisch *ekchel, echkel* SCHMELLER, Bayrisches Wb. 1^{2}, 33.

[81]) *calibs: stahal* STEINM. 2, 498, 28, *stahel, stahil, stâl* 3, 120, 23 f.

[82]) Vgl. BECK, Geschichte des Eisens 1, 831 f.

[83]) *accearium: stêli* WRIGHT-WÜLCKER 1, 3, 19, *stŷle* 344, 31; *ocearium: staeli* 35, 28.

die Bezeichnung *îsern*, Eisen, für Stahl dort mit gilt (oben Anm. 78). Entlehnt haben das hochdeutsche Wort auch slavische und baltische Stämme, die Russen als *stalĭ*, die Letten als *stalle*. Daß der deutsche Ausdruck das stählerne Gerät bezeichnet, kommt vor[84]); häufiger aber wird das lateinische Stoffwort durch das aus ihm Gefertigte übersetzt[85]).

Von sonstigen Metallprodukten der Schmelzhütten wäre noch das Messing zu erwähnen, das aus Zinkoxyd und Kupfer besteht und wahrscheinlich nicht vor Ende dieses Zeitraumes, und dann auch noch spärlich, in deutschen Landen hergestellt wird. Unter dem fremden Namen *ôrcalc* kommt es zunächst althochdeutsch vor[86]); wie es auch in dem angelsächsischen Gespräche Älfrics mit anderen Metallen als eine fremde Einführung aufgezählt ist[87]). Die Vorform unseres heutigen Wortes ist das spät erscheinende, erst im Mittelhochdeutschen bezeugte *masse* und *messe* in der Bedeutung eines Klumpen Metalles, von dem *messing* mit verschiedenen Ausweichungen seiner Form in den einzelnen Dialekten als eine Ableitung erscheint[88]).

§ 3.

Unehrliche Hantierungen.

In den festgefugten germanischen Verhältnissen auch der ältesten geschichtlichen Zeit ist die Unehrlichkeit eines Menschen nur von seiner Heimatlosigkeit abhängig. Der

---

[84]) alts. *stehli* Axt: GALLEE 302.

[85]) ahd. *calybem: sichilan* STEINM. 2, 466, 25; *calybem, falciculam: sahselîn* 517, 31; ags. *chalibem: bill* WRIGHT-WÜLCKER 1, 376, 14. Vgl. auch *kalyps, furka penalis: krukkhe edho zanka wîȝlîh, chruckia* STEINM. 1, 200, 13.

[86]) *ôrcalc, ôrchalch, ôrchal, ôrcholh: auricalcum* GRAFF 1, 468.

[87]) *„quales res adduces (tu mercator) nobis?“ purpurum, et sericum, pretiosas gemmas, et aurum, varias vestes, et pigmenta, vinum, et oleum, ebur, et auricalcum (mæstlingc), aes, et stagnum, sulfur, et vitrum, et his similia* WRIGHT-WÜLCKER 1, 96.

[88]) Vgl. Deutsches Wb. 6, 1708; 2114; 2132. Als östlicher Herkunft faßt die bezüglichen Wörter SCHRADER, Reallexikon der indogermanischen Altertumskunde (1901) 539.

geringste Genosse eines heimatlichen Verbandes hat seine Standesehre, die sich sachlich in der Gewährung eines höheren oder geringeren Wergeldes im Falle einer körperlichen Verletzung oder Tötung ausspricht. Aber auch der Fremde ist nicht unehrlich nach der alten Bedeutung des Wortes, ihn schützt im fremden Stamme seine heimatliche Ehre (auf die man um so lieber Rücksicht nimmt, je nützlicher sich der Reisende etwa durch Kauf- oder Tauschhandel erweist) und auf jeden Fall das Gastrecht, das zu gewähren heilige Pflicht und gesetzlich festgelegt ist[1]). Nur eine Klasse von Menschen ist ehrlos und damit rechtlos, obschon das, was sie bringt und leistet, gar nicht ungern gesehen und der Bringer selbst vielfach mit freundlichen Augen angeschaut wird: der römische Gaukler und Possenreißer.

Seit den ältesten historischen Zeiten besteht zwischen den römischen Provinzen und Germanien, nicht nur den Grenz-, sondern auch den Binnenländern, ein an seinem Orte zu schildernder lebhafter Handelsverkehr. Der römische Geschäftsfreund hat zu dem deutschen Produzenten Beziehungen, die auf die Dauer geschlossen sind und sich durch regelmäßige, in Jahresläuften immer wiederholte Geschäftsbesuche und laufende Rechnung (got. *raþjo* aus lat. *ratio*) sehr eng gestalten; Rechts- und Ehrenstellung des Römers bei dem Germanen ergibt sich danach von selbst. Aber seinen Bahnen folgt ein unholder Genosse, schon vor den Zeiten der Völkerwanderung von den römischen Grenzgarnisonen her, von wo er sich in benachbartes germanisches Gebiet wagt, hier immer weiter vordringend und statt realer Ware nur Augenlust und Ohrenschmaus bietend, wie er es den römischen Söldnern tut, unter denen sich ja zahlreiche Germanen befinden; in der nicht getäuschten Erwartung, daß der germanische Bauer und Gutsherr nicht weniger Beifall und Entlohnung spenden werde, wie sein kriegerischer Landsmann. Von seinen eigenen Volksgenossen verachtet, als Landstreicher, Betrüger, Dieb verschrieen, der persönlichen Würde ganz und gar entbehrend, kann er auch im fremden Lande nicht seine Person, höchstens seine Leistungen

[1]) Vgl. J. Grimm, Rechtsaltertümer S. 399 f.

geltend machen; ihn schützt nichts und niemand, wenn er hier seinen diebischen Neigungen nachhängt oder sich sonst vergeht, er ist vogelfrei. Der Zuzug solcher Elemente in germanischem Lande wächst in den Zeiten der Völkerwanderung mehr und mehr, einzeln oder truppweise wagen sie sich vor, und es sind nicht bloß die Einzelhöfe oder die Dörfer, die das Ziel ihrer Wanderung bilden, auch als Begleiter germanischer Kriegerscharen tauchen sie auf, im Lager ihre Pantomimen, Puppen- und Schwertspiele, ihre Fecht- und Taschenspielerkünste in der mannigfachsten Weise darbietend[2]), wie sie das Leben der späteren römischen Kaiserzeit zur Freude aller Volksklassen ausgebildet hatte. Und bis in die höchsten Kreise gedieh bald die Lust an solchen Darbietungen. Wie einst Mimen, Histrionen und Thymelici selbst zum kaiserlichen Hofe vordrangen und sich ein Plätzchen im kaiserlichen Gefolge zu verschaffen wußten, so waren die germanischen und romanischen Fürsten der Völkerwanderungs- und der darauf folgenden Epochen, die ihren Hofhalt nach dem Muster des römisch-byzantinischen einrichteten, beflissen, in ihrer Umgebung dergleichen Künstler und Lustigmacher zu halten, zur gelegentlichen Unterhaltung ihrer selbst, ihres Gefolges oder ihrer Gäste. Natürlich, daß aus der Schar der zu Gebote stehenden Kräfte die hervorragendsten hierzu ausgewählt wurden; auf die rechtliche Stellung derselben war das ohne Einfluß: der Possenreißer des Hofes blieb der gleiche verachtete Geselle, wie der, der vor den Kolonen und Hörigen seine Künste trieb. Das zeigt sich recht deutlich in gelegentlichen Erlassen des Ostgotenkönigs Theodorich, der innerhalb seines Hofhalts Mimen und Pantomimen nicht nur angestellt, sondern sogar unter einem *magister voluptatum*[3]) gleichsam wie für den öffentlichen Dienst organisiert hat, aber doch in Ausdrücken von ihnen redet, die von persönlicher Verachtung durchsetzt sind[4]). Auch die Art, wie ein gallicischer König

---

[2]) s. das Vorwort.

[3]) Vgl. Cassiodor., var. 7, 10 (S. 209 Mommsen).

[4]) *mendicitate tristissima* ebenda 2, 9 (S. 51); *histrionibus rara constantia honestumque votum* 3, 51 (S. 105).

Miro mit einem dieser Gesellen, dem *mimus regis*, umspringt, zeugt für des letzteren Stellung: der König, der im Jahre 589 eine Betfahrt zum Grabe des heiligen Martinus in Tours antrat, mag selbst auf dieser ernsten Reise die Begleitung des Mimen nicht missen, damit er sich an seinen Späßen ergötze; aber er besinnt sich keinen Augenblick, bei einer Verfehlung desselben das Schwert zu ziehen, um ihn zu vernichten[5]).

Der Brauch an Königshöfen wirkt bald auf die bischöflichen Hofhaltungen. Auch sie wollen bei Tafel und sonstiger Unterhaltung des beliebten erheiternden Elements nicht entbehren. Seit den Karolingerzeiten mehren sich die Klagen über das Treiben der Spielleute in der Umgebung der Bischöfe und anderer geistlicher Häupter, die schließlich in ernste Verbote auslaufen müssen[6]).

So erobert sich der landfremde Spielmann nach und nach ein Gebiet, das er anfänglich nur gelegentlich betreten hatte, zu dauernder Nutzung innerhalb aller Volksschichten. Vom 6. Jahrhundert ab sehen wir sie in den Ländern, wo der Germane den Romanen zur Seite hat, als willkommenes Element der Unterhaltung auftauchen. So berichtet Prokop von den Vandalen, daß sie Tänzer und Mimen, Musik und Schauspiel und was Auge und Ohr erfreut, gewöhnlich

---

[5]) GREGOR. TUR., de virtutibus S. Martini 4, 7 (opp. 2, 65).

[6]) Alcuin 797 an einen englischen Bischof: *melius est pauperes edere de mensa tua, quam istriones vel luxoriosos quoslibet* Mon. Germ. hist., Epistolae Karolini aevi 2, 183. Derselbe ruft 799 dem Abte Adelhard von Corvei die Worte Augustins ins Gedächtnis: *nescit homo, qui histriones et mimos et saltatores introducit in domum suam, quam magna eos inmundorum sequitur turba spirituum* ebenda S. 290. Das Bild eines pflichtvergessenen Bischofs wird vom Bischof Agobardus von Lyon im Briefe an einen Freund 823 oder 824 so entworfen: *epulatur cum divitibus opulentis gaudens ridensque et opus Domini non respiciens et quasi agens quae Deo placent, iucundatur, satiat preterea et inebriat histriones, mymmos, turpissimosque et vanissimos ioculares, cum pauperes ecclesiae fame discrutiati intereant* ebenda 3, 179. Über Synoden-Verbote vgl. KELLE, Geschichte der deutschen Literatur (1892) S. 69f., und REICH, Der Mimus. Ein literarentwicklungsgeschichtlicher Versuch 1 (1903), S. 801 ff.

gebrauchen[7]); so beklagt der Frankenkönig Childebert I. in einem Erlaß, daß das Volk die Nächte zubringt in Trunkenheit, indem es Possen und schändliche Gesänge anhört, selbst an den heiligen Tagen zu Ostern und Weihnachten, sowie an den übrigen Festtagen, und daß namentlich auch in der Nacht zum Sonntage Tänzerinnen die Dörfer durchziehen, und er droht den ausführenden Possenreißern hundert Stockschläge an[8]). Dem landfremden Romanen erwachsen bald in germanischen Landeskindern gelehrige Schüler: wo sich unter diesen in den niedrigen Schichten junge Leute finden, die sich zu jenem hingezogen fühlen und entsprechendes Talent in sich entdecken, die die seßhafte Art und die enge Geschlossenheit ihrer Heimat drückt, und die sich nicht besinnen, einen solchen Zustand gegen die Rechtlosigkeit des vagabundierenden Fremden umzutauschen, da gesellen sie sich ihm zu, und so bildet sich der Spielmann der Karolingerzeit: bald Romane, bald Germane, in beiden Ländern schweifend, beider Sprachen und mehrerer Dialekte derselben mächtig, Sang und Saitenspiel und Leibeskünste pflegend, nebenbei Neuigkeiten aus Gegenden, aus denen er kommt, in die, wohin er geht, verbreitend, wohl auch Übermittler wichtigerer Nachrichten, ein wesentlicher und immer unentbehrlicher werdender Faktor im Volksleben. Er vernichtet allmählich eine uralte heimische Kunst und setzt seine eigene statt ihrer; er verdrängt selbst eine alte nationale Kunstform und bürgert eine fremde, romanische, für sie ein.

Daß die alten Germanen bei ihrem Eintritt in die Geschichte eine fein ausgebildete Poesie besessen haben, ist allgemein bekannt und wird durch zahlreiche Zeugnisse seit Tacitus bestätigt. Es waren Lieder zum Preise von Göttern und Helden, Hymnen und gnomische Dichtungen, Zaubersprüche, Neck- und Spottlieder, gedichtet in einer nur dem Germanen eigentümlichen Art, deren Träger der

---

[7]) Procop., de bello Vandalico 2, 6.

[8]) Mon. Germ. hist., Capitularia regum Franc. 1, 2. Der hier gebrauchte unverständliche Ausdruck *bansatrices* wird in *dansatrices* emendiert.

Stabreim ist. Jahrhundertelang hält sich im wesentlichen unverändert diese Dichtkunst, als einzige Quelle geschichtlicher Überlieferung, als einzige Form des Ruhmes und Preises großer Helden und Taten, als hervorragender Ausdruck dessen, was die Seele des Volkes und des einzelnen in Leid und Freude bewegt: kein öffentlicher Anlaß, kein Hausfest, wo sie nicht in die Erscheinung tritt und die Feier hebt. Bei dieser Stellung ist ihre Ausübung Gemeingut im Volke, es gehört zur allgemeinen Bildung, seinen Vers machen und ihn womöglich improvisieren zu können: derjenige fühlt sich bedrückt, der das nicht vermag, wie von dem Angelsachsen Caedmon berichtet wird, daß, als beim Gelage seiner Genossen die Harfe herumging, und jeder der Reihe nach ein Lied dazu singen sollte, er aufstand und in großer Scham die Gesellschaft verließ[9]). Der höchste Volksgenosse schließt sich von dieser Kunstübung nicht aus, der Vandalenkönig Gelimer bittet in der bekannten Erzählung[9a]) den ihn belagernden feindlichen Feldherrn um Zusendung einer Harfe, und der Überbringer dieser Bitte fügt erläuternd hinzu, der König, welcher sich auf Sang und Saitenspiel verstehe, habe ein Lied von seinem eigenen Unglücke gedichtet, und brauche nun die Harfe, sich zu begleiten, wenn er es unter Weinen und Wehklagen vortrage. Bei der Bestattung der Könige erschallt unter feierlichem Umritt um den Grabhügel die Totenklage der nächsten Leidtragenden, wie übereinstimmend der gotische Geschichtschreiber Jordanes und das angelsächsische Gedicht Beowulf berichten[10]). Diese allgemeine Freude am Gesang läßt Sänger entstehen, die aus der Kunst einen Lebensberuf machen, da sie in dieser unter ihren Stammesgenossen besonders hervorragen, teils durch vollkommenere Beherrschung des Gesangsstoffes, namentlich der Sagengeschichte, teils durch Geschicklichkeit in der Technik, deren wesentlichen Teil stehende epische Formeln ausmachen. Diese angemessen zu verwenden und ihren Schatz zu mehren, bildet ein Hauptstück ihrer Kunst,

---

[9]) Beda, hist. eccles. 4, 24.

[9a]) Procop. a. a. O. 2, 6.

[10]) Jordanes, de reb. Get. 41, 49. Beow. 3158 ff.

hierdurch werden sie für ihre sangesliebenden Stammesgenossen vorbildlich.

Für solche Sänger ist im Westgermanischen der Name altsächs. angelsächs. *scop*, ahd. *scof* überliefert, eine ehrenvolle Bezeichnung, die selbst als Übersetzung des lateinischen *vates* verwendet wird und auch für den geistlichen Psalmendichter gilt[11]). Durch einen anderen Namen, *liodslaho*[12]), wird auf das Instrument, auf dem er sich zum Vortrage seines Liedes begleitet, hingewiesen: er entspricht dem lateinischen *harpator*[13]). Die Sänger selbst sind hochgeehrte Persönlichkeiten, Herdgenossen und stete Begleiter des Herschers, der sie wohl an stammverwandte Höfe schickt, teils, damit man sich auch dort ihrer Kunst erfreue[14]), teils in diplomatischer Mission. So wird von einem solchen sagenhaften weitgewanderten Sänger, der nach seinen vielen Reisen den Namen Wîdsîth führt, berichtet, daß er sich im Auftrage seines Königs Eádgils als Begleiter von dessen Gemahlin Ealhhild zu dem Gotenkönig Eormanric „im Osten von Angeln" begeben habe[15]). Der Hofsänger ist von der

---

[11]) *lyrici: scopas* Wright-Wülcker 1, 439, 26; *liricus: scop; .. poeta vel vates: leoðwyrhta* 188, 28 ff.; *poeta: sceop oððe leoðwyrhta* 311, 30. ahd.*scof: poeta, vates* Graff 6, 454; *psalmistarum: dero salmscopho* Steinm. 2, 346, 43. Später verliert das Wort den ehrenvollen Sinn, vgl. Kögel, Geschichte der deutschen Literatur 1, 2 (1897), 192. *plebeios psalmos, cantica rustica et inepta: odo winileod odo scofleod* Steinm. 4, 323, 2.

[12]) *bardus, carminum conditor: liudari, leodslakkio, scapheo* (*leodslaho, leodslago*) Steinm. 1, 58, 27 ff.

[13]) *harpator, qui cum circulo harpare potest* Lex. Frisionum, Mon. Germ. Leg. 3, 700. Vgl. Venantius Fortunatus an den Herzog Lupus von Austrasien: *Et qua quisque valet te prece voce sonet, Romanusque lyra, plaudat tibi barbarus harpa, Graecus Achilliaca, crotta Britanna canat* Carmina poetica 7, 8, 62 ff. (S. 163 Leo).

[14]) König Theodorich an den Frankenkönig Luduin im Jahre 507: *citharoedum etiam arte sua doctum pariter destinavimus expetitum, qui ore manibusque consona voce cantando gloriam vestrae potestatis oblectet* Cassiodor., Var. 2, 41 (S. 73 Mommsen). Gotische Sänger an Attilas Hofe, die diesem zum Preise selbstverfaßte Lieder singen: Priscus in den Hist. Graec. min. 1, 317 Dindorf.

[15]) Wîdsîth 5 ff. (Bibliothek der angelsächs. Poesie, begründet von Grein, neubearbeitet von Wülcker, Bd. 1, S. 1.)

wandelbaren Hofgunst abhängig: einst, so klagt ein solcher, war ich meinem Herrn wert, und befand mich viele Jahre in seinem Gefolge wohl; da kam ein anderer, sangeskundiger, der nahm mir das Lehen, das mir der Herscher vorher überwiesen hatte[16]). Neben dem Hofsänger steht der freie Volksgenosse, im engeren Kreise seiner Nachbarn berufen und gern gesehen, weil er ihnen die großen Taten der Vorfahren besingt. Ein spätes Beispiel solches Sängertums bietet uns in der letzten Hälfte des 8. Jahrhunderts der blinde Friese Bernlef, dem der heilige Ludgerus das Augenlicht wiedergibt, und der nun, Christ geworden, seinen Landsleuten statt der früheren weltlichen Kampf- und Kriegslieder Psalmen vorsingt[17]).

Diese eigenartige nationale Gesangeskunst wird ebenso, wie die nationalen kriegerischen Unterhaltungsspiele[18]), von dem Spielmann der Karolingerzeit aufgesogen. Hier gibt es keine deutschen Hofsänger mehr: sie haben sich vor der derben und frechen Art des Possenreißers verloren, der sich in das Gefolge eindrängt, und diesem ebenso wie seinem Herrn ein Übermittler, und in seiner Person selbst auch ein Gegenstand leichter Unterhaltung ist. Die ernsten germanischen Heldenlieder sind altväterisch geworden, es ist bezeichnend, daß Karl der Große sie sammeln läßt, um sie vor Untergang zu bewahren[19]), während er selbst bei Tische sich lieber römische Geschichte oder den heiligen Augustin vorlesen läßt[20]). Sonst hat er in seiner nächsten Umgebung

---

[16]) *þæt ic bi me sylfum secgan wille, þæt ic hwîle wæs Heodeninga scop, dryhtne dyre: me wæs Deór noma. âhte ic fela wintra folgað tilne, holdne hlâford, oð þæt Heorrenda nû, leóðcræftig monn, londryht geþâh, þæt me eorla hleó ǽr gesealde* Des Sängers Trost 35 ff. (ebenda 1, 280).

[17]) *qui a vicinis suis valde diligebatur, eo quod esset affabalis, et antiquorum actus regumque certamina bene noverat psallendo promere* Mon. Germ., Script. 2, 412.

[18]) Schwerttanz, vgl. Müllenhoff, Altertumskunde 4, 350 ff.

[19]) *item barbara et antiquissima carmina, quibus veterum regum actus et bella canebantur, scripsit memoriaeque mandavit* Einhard, Vita Karoli M. 29.

[20]) *inter caenandum aut aliquid acroama aut lectorem audiebat. leguntur ei historiae et antiquorum res gestae. delectabatur et libris sancti Augustini, praecipueque his qui de civitate Dei praetitulati sunt* ebenda Kap. 24.

ganz nach romanischer Art seinen *scurra*, der sich sogar erlauben darf, selbst gegen ihn naseweis zu sein. Ein erhaltenes Zeugnis solcher Unverschämtheit ist zugleich Beleg dafür, daß gegen Ende des 8. Jahrhunderts der Endreim in der deutschen Spielmannspoesie eingeführt war[21]).

Der altgermanische nationale Vers wird von Süden und Westen her durch den volkslateinischen verdrängt, der jambischen Fall hat und seit dem 4. bis 5. Jahrhundert eine Zeile von vier Hebungen mit der folgenden durch Reim bindet. Die Verdrängung geschieht auf der einen Seite durch die romanischen Spielleute, die sich seiner bei ihren Rezitationen und Improvisationen bedienen, auf der anderen durch die Kirche, die ihn für ihre Hymnen in den Dienst nimmt und dadurch gleichsam weiht. Den romanischen Spielleuten wird der Vers von ihren deutschen Schülern leicht abgelernt: galt es ja doch bloß sich des Endreims zu bemächtigen, der der deutschen Sprache nicht widerstrebte, der Versfall war ähnlich dem des deutschen Verses, der aus zweimal vier Hebungen, mit fakultativer einsilbiger Senkung zwischen ihnen, bestand; diese Senkungen zur Regelmäßigkeit auszubauen gelang bald, wurde übrigens in der deutschen Kunstübung auf Jahrhunderte hinaus als unwesentlich betrachtet.

Mit welcher Virtuosität der romanische Mime bereits früh seinen Vers zu handhaben versteht, lehrt die schon angeführte Geschichte, die in der Umgebung des gallicischen Königs Miro im Jahre 589 passiert ist, und die Gregor von Tours überliefert. Der Mimus des Königs hat bei einer Betfahrt zur Basilika des heiligen Martinus in Tours wider strenges Verbot eine vor der Kirchtüre wachsende, als geweihtes Gut des Heiligen geltende Weintraube berührt und abzubrechen versucht; dabei haftet seine Hand daran fest und beginnt zu dorren. In seiner Herzensangst ruft er seine Kunst zu Hilfe und improvisiert Verse, sogar mit Reimhäufung:

---

[21]) Vgl. den Spielmannsreim bei MÜLLENHOFF-SCHERER[3] Nr. VIII, (1, S. 21, und die Erläuterungen dazu 2, S. 59 f.).

Heu, misero succurite,
oppresso mî subvenite,
adpenso relevamini
et pro me sancti Martini
virtutem deprecamini,
qui tali plaga adfligor,
tali exitu crucior,
incisione disiungor![22])

Im 9. und 10. Jahrhundert haben wir weitere reiche Zeugnisse für die vollendete Form der lateinischen Spielmannspoesie auch von deutschen Landesgenossen, denen die in den höchsten geistlichen und weltlichen Kreisen gepflegte[23]) und für die Unterhaltung verwendete lateinische Sprache nicht weniger geläufig sein mußte, als die deutsche[24]). Dagegen bringt es der vom deutschen Spielmann eingeführte Vers der Muttersprache nicht über jene einfache volksmäßige Form hinaus, in der er vom Anfang an in der romanischen Spielmannspoesie auftritt: ein schlichter Vierzeiler von jambischem oder trochäischem Fall, je nachdem die Senkung an erster oder zweiter Stelle des Fußes steht. Von dieser Art ist uns die Improvisation des Spielmanns Karls des Großen (oben S. 109) erhalten, ferner ein Spottvers, durch den vielleicht ein Spielmann sich an einem kargen Hochzeitvater hat rächen wollen, der ihn beim Feste nicht gut bedacht hat[25]).

Mit der wachsenden künstlerischen Bedeutung des Spielmanns hebt sich nach und nach auch der Stand selbst; rechtlich freilich nicht: der Spielmann, der Gaukler, der Fechter bleibt aus der Rechtsgemeinschaft ausgeschlossen,

[22]) Gregor von Tours hat in seinem Berichte (opp. 2, 651) diese Verse, schöne Proben romanischer Spielmannskunst, zerstört, indem er überliefert: *succurite, viri, misero, subvenite obpresso, relevamini adpenso et sancti antistitis Martini virtutem pro me deprecamini, qui tali exitu crucior, tali plaga adfligor, tali incisione disiungor.* Sie lassen sich aber leicht und sicher, wie im Texte geschehen, wieder herstellen.

[23]) Karl der Große spricht das Lateinische wie seine Muttersprache: Einhard, Vita Kar. M. cap. 25.

[24]) Vgl. die lateinischen Spielmannsgedichte Nr. XX bis XXV bei Müllenhoff-Scherer³ und den ‚Unibos‘ bei Grimm-Schmeller, Lat. Gedichte des 10. und 11. Jahrhunderts (1838) S. 354 ff.

[25]) Bei Müllenhoff-Scherer³ Nr. XXVIII^b.

und noch der Sachsenspiegel legt dieses Verhältnis fest[26]). Das hindert aber nicht, daß der in seiner Kunst Vorzügliche persönlich zu einem besseren Ansehen gelangt, und daß man sich nach Umständen befleißigt, ihn die Rechtlosigkeit des Standes nicht fühlen zu lassen. Das wird namentlich bei den ernsteren Vertretern desselben geschehen sein, die nicht durch Gaukelpossen, sondern durch kunstvollen Vortrag von Gesängen anzogen, namentlich seit der Zeit, wo sie sich der alten Sagenstoffe bemächtigten, diese in die neue von ihnen gepflegte Form umgossen und damit in weiten Kreisen die niemals erloschene Liebe für das heimische Heldentum wieder anfachten: da ist ein Teil von der Achtung, die man einst dem germanischen Sängertum entgegen brachte, auf diese Art Spielleute übergestrahlt. Gegen Ende unseres Zeitraumes haben wir dafür ein Zeugnis[27]), in dem ein geachteter Spielmann uns als Haupt einer organisierten Gesellschaft entgegen tritt. Freilich auf die Allgemeinheit dieser vielseitigen Leute erstreckt sich solche Achtung nicht; Heinrich III. jagt im Jahre 1043 von seiner Hochzeit in Ingelheim alle Spielleute schnöde hinweg[28]), und noch zweihundert Jahre später blickt der unbändigste Haß gegen die *gumpelliute*, *gîger* und *tambûrer* aus den Predigten Bertholds von Regensburg hervor, der ihnen, die ihr Leben nur nach Sünde und Schande gerichtet haben und sich deren keiner schämen, die da reden, was selbst der Teufel zu reden sich schämt, hoffnungslos die ewige Seligkeit abspricht und sie ihren Genossen, den abtrünnigen Teufeln, zuweist[29]).

---

[26]) *kemphen und ire kindere und alle, die unêlîche geborn sîn, und spillûte . . die sint alle rechtelôs* Sachsenspiegel 1, 38, § 1.

[27]) *dictum namque mihi est, ut recolo, quia cum in Saxonia nuptiae cuiusdam praepotentis essent agendae, et ad has histriones multi, sicut vulgo solent, properarent venire, quidam histrio et fama et dignitate caeteris praestantior, nomine Vollarc, simul properavit. Sed ne tantae dignitatis vir solus pergere videretur, acquisivit sibi alios eiusdem artis gnaros octo, et cum eis quasi militibus stipatus ad nuptias profectus est* Othloni Liber visionum (Mon. Germ., Script. 11, 385).

[28]) *regales apud Ingelenheim nuptias celebravit, et in vano hystrionum favore nihili pendendo, utile cunctis exemplum, vacuos eos et moerentes dimittendo, proposuit* Herimanni Augiensis Chron. (Mon. Germ., Script. 5, 124).

[29]) Br. Berthold 1, 156 f. Pfeiffer.

Die technischen Leistungen der fahrenden Künstler sind nach den Einzelheiten schwer zu schildern, da eingehende Zeugnisse fehlen. Der allgemeine Name für jene ist im obern wie im niedern alten Deutschland ahd. *spili-man*, *spilo-man*, *spile-man*, in England *gleó-man;* seltener ahd. *spilari*, ags. *glŷwere*, altnord. *glŷjari*: *spil* sowohl wie *gleó* bedeuten alles, was zur Unterhaltung und zum Zeitvertreib geboten wird, sei es durch Stimme, Gebärde oder sonstige Leibesbewegung, besonders aber die schauspielerische Leistung, die als Solovortrag oder, indem sich mehrere zusammen tun, Begebenheiten oder Charaktere mit Wort und Gesten darstellt, wobei der Nachdruck auf das Komische oder auch Possenhafte fällt. Wie daher *spil* vorzugsweise das lateinische *spectaculum* im Sinne der theatralischen Aufführung wiedergibt[30]), so wird durch *spili-man* oder *spilari* häufig *scenicus*, *mimus*, *histrio* ausgedrückt[31]), wobei es auffällt, daß gegen sonstige deutsche Gepflogenheit keines der lateinischen Worte in die Sprache des Volkes als Lehngut aufgenommen wird, da doch die Sache und die Vertreter derselben zunächst dem romanischen Boden entstammen.

Die dramatische Kunst eines Spielmanns nach ihrer Art kennen zu lernen, dient einigermaßen das lateinische Spielmannsgedicht Unibos, ein derber Schwank des 10. Jahrhunderts, jedenfalls in westlichen Teilen Deutschlands entstanden, welcher erzählt, wie drei einfältige Spitzen eines Dorfes, Pfarrer, Schulze und Meier, von einem schlauen

---

[30]) *publicis spectaculis: liutparlîhero spilo* Steinm. 2, 97, 27; *spectaculis: spilun, spilon* 105, 39, *spilun, spilin* 113, 14; *spectacula: spil;* [*ad*] *spectacula: spilun* 120, 28; 33. Vgl. dazu *theatrorum: spilo-steto, spilsteto, spili-steta* 120, 30 ff. und *ludicra arte: spile-listi* 37. ags. *in mimo: in gliówe* Wright-Wülcker 1, 27, 35; *mimum: glîw* 445, 14; 476, 14.

[31]) *scenicis: spilemannon* Steinm. 2, 119, 20; *hystriones: spiliman* 191, 74; *striones: spileman* 234, 29; *mimus: spileman, spiliman, spilman* 3, 140, 10; 186, 27. Vgl. ags. *mimus, jocista, scurra: glig-mon* Wright-Wülcker 1, 150, 18; *pantomimus: gligman* 19; *mimus vel scurra: gligman* 311, 31, *gleó-mon* 539, 30. Die Glosse *pantomimus: vrône-spieleman* Steinm.3, 383, 2 soll wohl auf einen Spielmann in festen herrschaftlichen Diensten deuten, einen *mimus regis* (oben S. 103f.).

Bauer hinters Licht geführt werden, durch die Vorgaukelung einer toten, durch Blasen wieder zum Leben erweckten Frau, eines Pferdes, das Geld von sich geben kann, und einer auf dem Grunde des Meeres weidenden Schweineherde. Der Schwank, im Vortrag breit ausgesponnen (216 Strophen zu vier Zeilen), ist als Unterhaltung der Tischgäste eines hohen Herrn gedacht[32]), und soll mit dramatischer Belebtheit in der Zeichnung der einzelnen Personen vorgetragen werden[33]). Da muß denn der Vortragende den schlauen Bauer, den habgierigen Pfarrer, den aufgeblasenen dummen Dorfschulzen, den roh herausfahrenden Meier in Haltung und Sprache sorgfältig herausarbeiten und jeden vor dem anderen in festen Zügen hinstellen und auseinander halten; eine Aufgabe, die, wenn sie gut gelöst und mit Beifall und reicher Spende belohnt werden soll, die Kräfte eines durchgebildeten Schauspielers erfordert.

Die Deklamation der ruhigen, bloß erzählenden Stellen eines Gedichtes wird von der modernen Art völlig verschieden gewesen sein und einem langsamen, getragenen Rezitativ geglichen haben, wie es nach alter Übung in den liturgischen Teilen des Gottesdienstes angewendet wurde. Schon Ulfilas braucht *ussiggwan* vom Vorlesen biblischer Stellen in der Kirche, das griech. ἀναγιγνώσκειν übersetzend[34]); daß auch später noch geistliche und weltliche Vortragsweise sich ähnelten, dafür darf der Schlußvers des Unibos angeführt werden, der in gesucht frecher Weise den stehenden lobpreisenden Schluß kirchlicher Leseabschnitte *per saecula saeculorum* als Schluß seines Gedichtes setzt[35]), damit er beim Vortrage auch parodierend hervorgehoben werde. Innerhalb dieser allgemeinen Art des Deklamierens werden sich Schattierungen nach dem besonderen Gegenstande ergeben haben, und notwendig müssen kurze und leichte

[32]) *Ad mensam magni principis Est rumor unius bovis, Praesentatur ut fabula Per verba jocularia* Unibos 2 (Grimm-Schmeller, Lat. Ged. des 10. und 11. Jahrhunderts S. 354).

[33]) *In personarum dramate Uno cantemus de bove* ebenda 3 (S. 355).

[34]) Vgl. Marc. 2, 25; Luc. 10, 26; Col. 4, 16.

[35]) *Inimici consilia Non sunt credenda subdola, Ostendit ista fabula Per seculorum secula* Unibos 216 (S. 380).

Gedichte, oder solche, die Tagesneuigkeiten, Klatsch, anekdotenhafte Vorgänge bringen, oder endlich Spott- und Schmähverse, mit entsprechender Veränderung im Tone vorgetragen worden sein.

Das gesprochene Wort wird unterstützt durch **Musik**, der Spielmann muß, wie des Gesanges, so auch begleitender Instrumente mächtig sein. Wie daher das lat. *musicus* ahd. durch *spilman* übertragen wird[36]), so geht die Bezeichnung *thymelicus* (θυμελικός), worunter man in Griechenland und Rom die Musiker bei den dramatischen Darstellungen verstand, auf ihn über[37]). Das Saitenspiel[38]) handhabt er auf der Harfe und der Rotte[39]), auch die Fiedel tritt schon in die Erscheinung[40]). Von Blasinstrumenten kommt für den Vortrag vorzugsweise die Pfeife in Betracht, deren gotischer Name *swigla* (durch Ableitungen gewährt), sich althochdeutsch altsächsisch als *swegala* fortsetzt, während angelsächsisch *swegl* eine Tonfolge oder Melodie bezeichnet[41]). Das Instrument ist bei einer Grundform in der Länge verschieden ausgebildet, wie nicht nur Otfrids Ausdruck *managfaltu swegala*[42]) bezeugt, sondern auch der Umstand erkennen läßt, daß durch *swegala* verschiedene lateinische Namen röhrenförmiger Musikinstrumente übersetzt werden[43]).

---

[36]) *spiloman: musici* Graff 2, 746.

[37]) *thimelici: spiliman, spilaman* Steinm. 2, 113, 17 f.; 147, 44; 151, 34.

[38]) *fidicen: seitspilari, saitspilman* Steinm. 3, 140, 13 ff.

[39]) *citharoedum: harpfære* ebenda 3, 412, 26; *cythareda: roddari, roddâre* 140, 16. *harpha joh rotta* Otfrid 5, 23, 199.

[40]) *lîra joh fidula* Otfrid 5, 23, 198. Das lat. Wort auf das Saiteninstrument übertragen, *tibia: viedele; plectrum: viedelstaf; tibicen: viedelere* Steinm. 3, 383, 6 ff.; eine Glosse *fidias i. fidala* 2, 408, 61 ist unverständlich.

[41]) Vgl. *þǣr wæs singal sang and swegles gong* Andreas 871. Auch in der Zusammensetzung *sueglhorn: s a m b u c u s* Wright-Wülcker 1, 44, 37 wird ein Horn bezeichnet, das mehrere Töne gibt, im Gegensatz zum bloßen Signalhorn mit einem Tone, got. *þûthaúrn*.

[42]) Otfrid 5, 23, 198.

[43]) Vgl. *suegala: canna, calamus, fistula, tibia* Graff 6, 857 (die Übersetzungen von *barbita, chelys, sistrum* durch *suegala* ebenda, sind ungenau).

Andere Bezeichnungen sind auf lautmalendem Grunde geschaffen, so das mittellat. *pipa*, ahd. *pfîfa*, altsächs. *pîpa*, angelsächs. *pîpe*, altnord. *pîpa*[44]), und das nur angelsächsische *hwistle*[45]), was wohl auf einen gedeckten, gleichsam wispernden Ton zielt. Der Künstler, der das Instrument handhabt, heißt got. *swiglja* (Plur. *swigljans* Matth. 9, 23 das griech. τοὺς αὐλητάς übersetzend), althochdeutsch und altsächsisch *swegalâri*[46]), ferner althochd. *pfîfâri*, angelsächs. *pîpere*, altnord. *pîpari*[47]); nur angelsächs. ist *hwistlere*[48]). Der Bläser ist zugleich Fertiger des Instrumentes, das aus Bein, Holz, namentlich Holunder, und Rohr besteht[49]). Die in den Quellen betonte Verwendung beim Trauergesang[50]) gründet sich nur auf die biblische Stelle Matth. 9, 23; vorzugsweise wird die Schwegelpfeife in lustigen Weisen und Tanzmelodien erklungen sein, und die aus dem späteren Mittelalter bezeugte Aufforderung: *pfîf ûf, spilman*! scheint eine althergebrachte Formel.

Andere Tonwerkzeuge der Spielleute, nach denen die letzteren auch Spezialbezeichnungen empfangen, sind das Horn und die Trumbe, die Vorläuferin der späteren Trompete[51]).

---

[44]) ahd. *fistulę: pfîfun vel suegalun* Steinm. 1, 157, 6; *calamus: fîfa* 2, 733, 16. altsächs. *pîpano: fistularum* Gallée 242. ags. *pîpe* Bosworth-Toller 774a. altnord. *pîpa* Fritzner 2, 939b ff.

[45]) *musa: pîpe odde hwistle* Wright-Wülcker 1, 311, 22; *fistula: hwistle* 27, *wistle* 406, 23; 519, 15 u. ö.

[46]) ahd. *suegalâri: fidicen* und *tibicen*, also den *spilman* im allgemeinen meinend: Graff 6, 858. alts. *suegilâri* Gallée 315.

[47]) ahd. *tibicen: phîfâri* Steinm. 4, 229, 27. ags. *tibicen: pîpere* Wright-Wülcker 1, 311, 21 u. ö. altn. *pîpari* Fritzner 2, 940a.

[48]) *pîpere odde hwistlere: tibicen* Bosworth-Toller 576b.

[49]) Vgl. ahd. *beinpfîfa: tibia* Graff 3, 330; *suegilbein: cornus, tibia* 129; *beinfîfun: tibiae* 330; das ahd. *holundar*, gekürzt *holder, holr* (*sambucus*) wird wenigstens in der mhd. Form *holre* als Blasinstrument genannt. Das ags. *I silfren pîpe* (Thorpe, Dipl. Angl. 429) bezieht sich auf eine Röhre zum Aufsaugen des Weins beim Abendmahl, nicht auf ein Tonwerkzeug. Vgl. auch ahd. *calamis: suuegalun* Steinm. 2, 729, 43. *salignam bucinam* Unibos 80, 4.

[50]) Vgl. *suegalara: carmen lugubre canentes* Gallée 315; Steinm. 2, 711, 63.

[51]) Vgl. Anzeiger für Kunde deutscher Vorzeit 1881, S. 263 ff.

Sie heben sich von der Schwegelpfeife durch grellen, durchdringenden Ton, aber auch durch beschränkte Tonfähigkeit ab. Das Horn ist, wie der Name zeigt, zunächst aus einem Tierhorn gefertigt, und ist als solches kein Instrument, was in Spielmannskreisen gebraucht werden kann, da es nicht modulationsfähig ist; es dient nur als Signalinstrument für Kampf und Krieg (als *herihorn*) und der Ton wird durch das Verbum ahd. *diozan*, ags. *þeótan* gekennzeichnet[52]). Erst als man es in Metall nachbilden lernt, wird es auch für künstlerischen Gebrauch geschickt. Da ist es auch in germanischen Landen kunstmäßig geblasen worden, und ein auffallendes Zeugnis dafür gewährt uns der gotische Bibeltext in der Erzählung von der Erweckung der Tochter des Jaïrus nach dem Evangelisten Matthäus: hier wird im Original erzählt, wie am Totenlager Flötenspieler eine Klagemusik machen, aber der gotische Text fügt zu der Übersetzung *swigljans* gegen alle Handschriften hinzu *jah haúrnjans haúrnjandans*, offenbar, um durch Anführung einer heimischen Sitte die Erzählung für den germanischen Hörer lebendiger zu machen[53]). Mit der Fertigung des Instrumentes aus Metall wird nun auch die Form mannigfaltiger. Diese Fertigung hat schon in vorhistorischer Zeit eingesetzt und die aus dieser uns erhaltenen, in nordischen sowie in mecklenburgischen und hannoverschen Gräbern gefundenen Exemplare zeigen eine hohe Vollendung[54]). Man sieht an den Röhren dieser Instrumente deutlich, daß sie von der Form

---

[52]) *classicum: herihorn, herehorn, herhorn* Steinm. 2, 417, 23; 502, 37; 3, 159, 24. *herehorn duzzin* (in der Schlacht): Annolied 449. Got. wird die Posaune, die die Toten zum jüngsten Gericht erweckt, *þûthaúrn* genannt, *in spêdistin þûthaúrna; þûthaúrneiþ auk, jah dauþans usstandand* (ἐν τῇ ἐσχάτῃ σάλπιγγι. σαλπίσει γάρ, καὶ οἱ νεκροὶ ἐγερθήσονται) 1. Kor. 15, 52. Den schrecklich klingenden Ton der gotischen Heerhörner bezeugt auch Ammianus Marcellinus: *auditisque triste sonantibus classicis iam turmae praedatoriae (Thervingorum) concursabant* 31, 5, 8.

[53]) Die Worte *haúrnjans haúrnjandans* bildeten offenbar zuerst eine erklärende Glosse zu dem *swigljans* des Textes Matth. 9, 23, sind aber später in den Text gedrungen.

[54]) Müller-Jiriczek, Nord. Altertumskunde 1, 432; 462 f.

des Tierhornes ausgehen und diese nach und nach verändern, bis aus ihr die gerade oder annähernd gerade Metallröhre mit Schallbecher erwächst. Nach so veränderter Form entstehen auch verschiedene Namen, ahd. *trumpa*, *trumba*, eine Bezeichnung, die mit mhd. *trumbel* lautes Getön, zusammenhängt und daher später auf verschiedene andere Tonwerkzeuge, die Trommel, und selbst ein harfenartiges Instrument, übertragen scheint[55]), in Zusammensetzungen aber, wie *horn-trumba* und *heri-trumba* nur das Blasinstrument bezeichnet[56]); angelsächs. *bŷme* und *bême*, mit Vorliebe lat. *tuba* übersetzend[57]), und *trûð-horn*, das durch seinen Namen zeigt, wie es besonders als Begleitinstrument für Tänzer und Springer gedacht[58]) und daher wohl auch von besonderem, kleinerem oder zierlicherem Bau ist; das ahd. *blâsa* deutet nur auf die Erweckung des Tones, aber die Stelle, in der das Wort vorkommt, gibt mitten aus der Übersetzung heraus einen bemerkenswerten Fingerzeig für einheimische Metalltechnik[59]). Den verschiedenen Instrumentennamen entsprechend erscheinen nun auch verschiedene Namen für die Bläser, neben got. *haúrnja*, ahd. *horn-blâso*, auch ahd. *trumbâri*, *trumpâri*, angels. *bŷmere*, *bêmere*, Übersetzungen von *cornicen*, *tubicen*, *liticen*, besonders für solche,

---

[55]) *lituos: trumbûn* Steinm. 2, 546, 53. *ni tuo trumbûn singan fora thir* (*noli tuba canere ante te*) Tatian 33, 2. *sentit sîne engilâ mit trumbûn* (*mittet angelos suos cum tuba*) 145, 19, aber *sambucas: trumba* Steinm. 2, 512, 41.

[56]) *classica: horntrumbun* Steinm. 2, 409, 36, *horntrumbum, horintrumbum* 518, 54; *lituos: heridrumbun* 530, 56, *heridrunbun* 384, 23.

[57]) *tuba: bŷma* Wright-Wülcker 1, 311, 20; *grandisona tuba: hlûdstefne bŷme* 416, 18. *hâteđ hêh-englas hlûdere stefne bêman blâwan* Crist und Satan 601. Der Ton wird ausdrücklich als *sang* charakterisiert, nicht als bloßer Schall: *siððan bŷme sang* Cädmons Exodus 132.

[58]) *lituus: trûðhorn oððe sarga* Wright-Wülcker 1, 311, 29, *trûþhorn* 539, 28. *trûð* gehört zu altnord. *trûðr* Gaukler, *scurra*, ags. *histriones: trûþas* Wright-Wülcker 1, 150, 17; *liticen: trûð* 311, 28.

[59]) *psallite domino ... in tubis ductilibus, an êrinen blâson, mit hamere gerahton* Notker, Ps. 97, 6. Vgl. *in tubis ductilibus: in gislaganen hornun* Steinm. 1, 520, 71.

die aus der Handhabung jener Instrumente ein Gewerbe machen.

Für die Beantwortung der Frage, wie weit in diesem Zeitraume schon Spielleute sich zusammentun, um eine Art Orchester zu bilden, also zu musikalischem Zusammenspiel, fehlt jede Unterlage. Es ist kaum anzunehmen, daß die Anfänge der Mehrstimmigkeit, wie sie die Zeit in höchst unvollkommenem Maße bot, in Spielmannskreisen gepflegt wurden; noch war der Gesang durchaus homophon, und klangen Singstimme und Instrument oder verschiedene Instrumente zugleich, so sollte dadurch nur die Stärke des Tones vermehrt oder zu größerem Reiz der Klang verschieden gefärbt werden. Wie mannigfache Musik erklingt, schildert uns Otfried bei einer Beschreibung der Freuden, die uns im Himmel erwarten: da rührt sich alles, sagt er, was das Organum, die Leier und Fiedel, und mancherlei Flöten handhabt, Harfe und Rotte, Saitenspiel und Blasinstrumente[60]) zu himmlischem Genusse; und Notker fordert auf, Gott Lob zu singen mit menschlicher Stimme, Orgeln, Saitenspielen, Pfeifen, Cymbeln, Glocken, Hörnern und allem, was dem Jubelschalle dient[61]). Ein Zusammenwirken der hier angeführten musikalischen Instrumente wird auch bei glänzenden weltlichen Festen durch Spielmannsvereinigungen erfolgt sein, etwa mit Ausnahme der Orgel, die nur ausnahmsweise aus dem geistlichen Dienste tritt, und vielleicht auch der bloßen Schallwerkzeuge, Cymbeln und Handpauken, für die ein ins Deutsche aufgenommener Name noch nicht existiert[62]).

---

[60]) *sih thâr ouh al ruarit, thaȝ organa fuarit, lîra joh fidula, joh managfaltu suegala, harpha joh rotta . . . thaȝ spil, thaȝ seiton fuarit, ioh mit hanton ruarit, ouh mit blâsanne, thaȝ hôrist thu allaȝ thanne* Otfrid 5, 23, 197 ff.

[61]) *fone diu suln wir imo iubilare mit allerslahto stimmo wunnesangon, menischin, orginon, seiton, fîfon, cymbon, cloccon, horno et reliqua, in quibus hoc quod continet omnia scientiam habet vocis, daȝ heiȝȝit iubilare, daȝ chît âna wort liudon* Notker, Ps. 94, 4.

[62]) *tympanum* bei Notker, Ps. 80, 3 *timpana* glossiert; die Übersetzung des Windberger Psalters *suegelbalch* und *balgsuegala* (Graff 6, 858) ist ungeschickt und sieht nicht wie ein lebendiges Wort aus. Der mhd. *sumber* ist noch nicht bezeugt.

Die Glöckchen oder Schellen aber[63]) sind gewiß in Spielmannskreisen musikalisch verwendet worden. Als Signalinstrumente, weidenden Tieren angehängt, kommen sie schon in den Volksrechten vor[64]).

Zu den musikalischen Künsten treten die verschiedenen Leibesübungen, Tanzen, Laufen, Springen und Ringen, für welche Spielleute die Aufmerksamkeit der Zuschauer herausfordern, um hier weniger Scherz und Spaß, als staunenswerte Leistungen von Geschmeidigkeit oder Körperkraft zu bieten. Die Bezeichnungen, die auf diese Art der spielmännischen Tätigkeit gehen, sind mannigfach, und da sie die lateinischen Kunstbenennungen zum Teil nur sehr ungefähr übersetzen, so geben sie sich als alteinheimische Ausdrücke für Spezialisten in ihren Fächern kund. So bezeichnet das im Althochdeutschen nicht unhäufige *tûmâri*, das neben allgemeinen Namen des Spielmanns auftritt[65]), einen der als Solotänzer Rundtänze oder Dreher vorführt; es geht zurück auf ahd. *tûmôn* Kreisbewegungen machen, mit der Iterativbildung *tûmilôn*, welche noch im Mhd. als *tûmelen* für einen bestimmten Tanz gebraucht wird[66]). Dasselbe, was ahd. *tûmâri*, drückt im Angelsächsischen *tumbere* aus, und auch hier gilt das dazu gehörige Verbum *tumbian* für eine besondere Art des Tanzes[67]). Als

---

[63]) *tintinnabulum et clocca* NOTKER, Ps. 80, 3. *tintinnabulum: scella* STEINM. 3, 654, 32; 655, 42; *tintinnabulis: skellilinum* 1, 293, 37. Zum Musizieren: *heriaþ hine on bellum, laudate eum in cymbalis* Ps. 150, 5 bei BOSWORTH-TOLLER 82b.

[64]) *tintinnum* an Schweinen: Lex. Sal. 27, 1; 2. *tintinabulum* an Pferden, Rindern, Kleinvieh: Lex Baiuv. 9, 11 (Mon. Germ., Leg. 3, 305). *tintinnum caballi* Lex Gundobada (Burg.) 4, 5 (a.a.O 3, 534).

[65]) *scurra: spiliman, tûmâri* STEINM. 1, 292, 70 (nach 2. reg. 6, 20); *thimelici i. ioculatores vel spiliman vel tûmâri* 2, 151, 34; *themelici, ioculatores, vel tûmare* 96, 57; *hystrio: tûmere* 3, 383, 1. Auch die Tempeltänzer (Vergil., Aen. 8, 285) stellt sich der Glossator so vor, *salii: tûmara* 2, 662, 56.

[66]) *rotari: wintan, tûmun wintan* STEINM. 2, 455, 9, *tûmôn, tiumôn* 511, 21. Vgl. dazu *tûmôdi: vertigine theatrali* GRAFF 5, 424. mhd. *springen unde tûmelin* vom Tanz der Tochter der Herodias: D. Myst. 1, 189, 30.

[67]) *saltator: tumbere* WRIGHT-WÜLCKER 1, 150, 20. *tumbere oððe gligman: histrio* Ælfr. Gramm. bei BOSWORTH-TOLLER 1018b. *ðâ on*

solche Rundtänzer sind wohl diejenigen gedacht, die im Psalterium aureum vor dem musizierenden Könige David mit geschwungenen Schleiern sich bewegen (Fig. 13).

Unterschieden von diesem Tanzkünstler ist der, der mit seinen Genossen seine Kunst in weit ausgesponnenen Tanzfiguren und Lauftänzen zeigt und davon den ahd. Namen *hloufo*, *loufo* führt, der sowohl *cursor* als *histrio* wiedergibt[68]); ein angelsächsisches diesem entsprechendes *hleápere* übersetzt lat. *saltator*[69]), und das letztere lat. Wort ist wiederum im Hochdeutschen durch *springâri* und *tretâri* vertreten[70]). Bei aller Verschiedenheit des Ausdrucks geht doch daraus hervor, daß bei dieser Art des Tanzes nicht das Drehen, sondern

Fig. 13. Rundtänzer aus dem Psalterium aureum.
(Bei Rahn, Das Psalterium aureum von St. Gallen, auf Taf. VI.)

das Schreiten die Hauptrolle spielt. Und dieses Schreiten mit Musikbegleitung wird wohl als besondere ausgebildete Kunstübung von romanischen Mimen in deutschen Landen verbreitet worden sein, mit einem romanischen Namen, der den Nachdruck auf die Musik legte; denn das erst seit dem

---

Herodes gebyrddæge, tumbude þære Herodiadiscan dohtor beforan hym, and hit lîcode Herode Matth. 14, 6 Thorpe.

[68]) *cursor: loupho, loufa, lôffere* Steinm. 1, 626, 47 f., *laufo* 636, 6; *histrionibus: louffun, lôffun, schernon vel loufon* 2, 119, 23 f.

[69]) *saltator: hleápere* Wright-Wülcker 1, 311, 32.

[70]) *saltator: springer, sprengere, sprangâri vel trettâre, springar vel tretâri* Steinm. 3, 140, 22 ff.

11. Jahrhundert hochdeutsch auftretende *tanz-meistar* und *tanzâri* bezeichnet vorerst noch nicht den Tänzer im späteren Sinne, sondern übersetzt *choraula* (griech. χοραύλης) und *symphoniacus*[71]), geht also auf einen, der den Tanzenden Musik machend vorschreitet und dabei zugleich die Tanzbewegungen vorbildlich angibt; nur einmal in einer jüngeren Quelle ist *tansare* ohne Bezug auf Musik gebraucht[72]). Des eigentümlich spielmännischen Charakters erscheint *tanz* und *tenzer* erst im Mhd. entkleidet.

Für Tanzen ist auch das lateinische *saltare* sowohl althochdeutsch als *salzôn* und *gasalzôn*, wie angelsächsisch in der Form *saltian* entlehnt worden; früher schon entnahm der Gote sein *plinsjan* aus dem Slavischen (altslav. *plęsati*). Es fällt auf, daß diese Worte nur in den Übersetzungen entsprechender Bibelstellen erscheinen[73]), der lebendigen Sprache scheinen sie nicht angehört zu haben. Nichts mit spielmännischer Beschäftigung zu tun hat das gemeingermanische Verbum, got. *laikan*, angelsächs. *lâcan*, altnord. *leika*, das mit seinem Substantiv got. *laiks*, angelsächs. *lâc*, altnord. *leikr*, ahd. *leih*, bisweilen in die Bedeutung des Tanzes und der Musik übergreift, aber auf religiöser Vorstellung beruht.

---

[71]) *tanzmaistar: coraula* Graff 2, 888; *coraula: tanzâri, tanzâre, tanzære, tanzere, denzar* Steinm. 3, 140, 25 ff.; *coraula: denzere* 186, 37; *symphoniacus: denzere* 383, 3. Daß das romanische Mutterwort, ital. *danzare*, span. *dansar*, franz. *danser*, mit ahd. *dansôn, trahere* etwas zu tun habe, ist eine unbewiesene und unwahrscheinliche Behauptung.

[72]) Als Übersetzung von *saltator* neben *sprengere vel dretere* Steinm. 3, 186, 34.

[73]) Got. *swiglôdêdum izwis jah ni plinsidêduþ* Matth. 11, 17; Luc. 7, 32. ahd. *wir sungun iu inti ir ni salzôtut* Tat. 64, 12. ags. *we sungon eów be hearpan and ge ne saltedon* Luc. 7, 32. got. *atgaggandein inn daúhtr Hêrôdiadins jah plinsjandein* Marc. 6, 22. ahd. *sôsô thô ingieng dohter thera selbûn Herodiadis inti gisalzôta* Tatian 79, 5. Die ags. Übersetzung braucht an dieser Stelle *tumbude* (vgl. Anm. 67) und Matth. 11, 17 *ge ne fricudun*, von einem *frician*, das sonst weiter nicht bezeugt und der Herkunft nach nicht geklärt ist; ein heutiges mundartlich-englisches *to frick* wird mit *to move briskly, to fidget* erklärt. Man denkt an got. *friks*, ahd. *frech*, das wohl eigentlich die Bedeutung andringend, ungestüm vordringend hat.

Spielleute setzen auch das Gewerbe der römischen Gladiatoren fort, indem sie Fecht- und Ringkünste vorführen[74]), aber sie entwickeln sich hierbei auch auf Grund einer heimischen Einrichtung als gerichtliche Berufsfechter. Zu solchen werden sie, indem sie bei Ansprüchen oder Anschuldigungen für den Kläger oder Beklagten als Kämpfer[75]) eintreten, als Sieger eine Belohnung empfangen, als Besiegte aber und Verletzte oder Getötete ohne Wergeld bleiben. Gerichtliche Kämpfer waren in erster Linie freilich Verwandte und Dienstmannen; aber der Fall, in denen solche versagten und Berufsfechter für sie eintraten, ist doch nicht unhäufig vorgekommen, ausdrücklich werden sie in lateinischen zeitgenössischen Quellen als *gladiatores* genannt[76]). Im Kampfe obzusiegen, verschmähen sie auch Zauberkünste nicht[77]).

Eine besondere Art Taschenspielerkunststückchen wurde von den Mimen des Altertums mit einem Becher (griech. χαυχίον) und Kugeln oder Steinchen getrieben und auf das Mittelalter vererbt, wo es mit Ähnlichem so gewöhnlich vorgeführt wurde, daß sich die Bezeichnung auf Zauberei und Hexenwerk allgemein ausdehnen und die betreffenden Künstler einen Namen gewinnen konnten, der des beschimpfenden Beisinns nicht entbehrt, ein Name, der dann auch auf

---

[74]) Vgl. *palestrarum: spilaro* Steinm. 2, 231, 65; *aurigarum ac strionum: mit reitun farentero* . . *spilaro* 227, 29. ags. *gladiatores: cempan* Wright-Wülcker 1, 24, 35; *athletarum: cempena* 345, 24.

[75]) Über die *campiones* ausführliche Nachweise bei Du Cange 2, 61 ff. ahd. *kempheo, kemfo, kempfo: gladiator, athleta, pugil, agonista, tiro* usw.: Graff 4, 407. Vgl. auch Schaer, Die altdeutschen Fechter und Spielleute. Ein Beitrag zur deutschen Kulturgeschichte (1901) S. 15 ff.

[76]) *ibi* (in Merseburg) *tunc multi latrones a gladiatoribus singulari certamine devicti, suspendio perierunt* Thietmari Chron. 7, 36 (Mon. Germ. Script. 3, 852).

[77]) *de camfionibus. nullus camphio praesumat, quando ad pugnando contra alium vadit, herbas quod ad maleficias pertenit, super se habere, nec alias tales similes res, nisi tantum arma sua, quae convenit. et si suspicio fuerit, quod eas occulte habeat, inquiratur ad iudicem, et si inventa super eum fuerit, evellantur et iactentur. et post istam inquisitionem tendat manum ipse camfio in manum parentes aut conliberti sui, ante iudice satisfaciens dicat, quod nullam talem rem, quod ad maleficias pertenit, super se habeat; tunc vadat ad certamen* Edict. Rothari 368.

die Spielleute im allgemeinen überging[78]). Zu solchen Künsten gesellten sich manche ähnliche, die wir im Altertume und wieder im späteren Mittelalter ausgeübt sehen, von denen wir also, auch wenn sie in unserem Zeitraume nicht bezeugt sind, annehmen müssen, daß sie auch hier vorhanden gewesen sind: Schwerterschlucken, Feueressen, Bauchreden, besondere Gliederverrenkungen, auch das Vorführen von dressierten Tieren, wie sie beispielsweise im Ruodlieb (5, 83 ff.) genannt werden.

Der größere Haufe der Spielleute verzichtet jedoch auf eine künstlerische Durchbildung, um für die große Menge entweder durch Wort und Gebärde Spaß zu machen, oder auch sogar als Gegenstand des Spaßes und mehr oder weniger grober Hänseleien zu dienen. Immermann im Münchhausen hat, dem westfälischen Bauernleben abgelauscht, einen Spaßmacher in seiner Tätigkeit bei der Hochzeit im Oberhofe geschildert, wie er von einer Gruppe von Gästen zur anderen läuft, hier ein Rätsel aufgibt, dort einen Schwank erzählt, einen Rotharigen warnt, er solle nicht zu nahe an die Scheune gehen, um nicht Feuer anzulegen, andere anders neckt und dafür einen Puff empfängt, worauf er einen Klaps zurückgibt oder mit den Füßen hinten ausschlägt wie ein Pferd, und was der Possen mehr sind; wir dürfen sicher annehmen, daß tausend Jahre früher der Vorfahr dieses Spaßmachers nicht anders verfahren ist, und daß sich auch sein Publikum nicht anders verhalten hat. Die lateinischen Bezeichnungen *joculator* und *scurra* für solche Art von Spielleuten[79]) verbürgen die Richtigkeit dieser Annahme, und

[78]) Das Spätlateinische hat das Dem. *cauculus* im Sinne von Zauberbecher, der Liebestränke enthält, aufgenommen und danach *cauculator* gebildet, was zuerst im Theodosianischen Codex als Verabreicher solcher Liebestränke vorkommt, vgl. Du Cange 2, 234b f. Im Ahd. erscheint *coucalâri,* auch *goucalâri, goculâri* u. ä. mit dem Verbum *goukelan,* und dem Subst. *coukal, goukil, goukel* (vgl. Graff 4, 134 f.) in der Bedeutung Zauberer, Taschenspieler nicht unhäufig: *prestigiator: gouggilâri* Steinm. 2, 494, 26, *gouchlâri* 590, 9, als allgemeine Bezeichnung von Schauspielern in den Glossen *scenicis: couculârun, coucelârin, spilemannen vel coucelâren, coucalâra* Steinm. 2, 119, 19 ff.

[79]) *joculator: spieleman* Steinm. 3, 382, 64; *de scurris: scirnun, spilimannon* 1, 417, 38.

daß die Späße keine feinen gewesen sind, lehrt das allgemeine althochdeutsche Wort für sie, *scern*, das mit dem Verbum *scerôn*, eigentlich schnarchen, dann wüst schreien, jauchzen[80]) zusammenhängt; von *scern* empfängt wieder der Spaßmacher den verbreiteten Namen *scirno*[81]). Wie niedrig er im Rufe steht, lehren andere Bezeichnungen, die man ihm gibt, er gilt als liederlich, Schmarotzer, törichter Schwätzer, Tropf[82]); und der Schimpfname *loter*, der sich erst später allgemeiner festsetzt und im Ahd. nur als Adjektiv auf Sprache und Rede gewendet bezeugt ist, erscheint im Angelsächsischen als *loddere* in der Bedeutung Lump oder Bettler[83]). Eine angelsächsische Glosse darf einen solchen Spielmann geradezu als infam und geächtet bezeichnen[84]).

Als Begleiterin des Spielmanns tritt das Spielweib auf, Teilnehmerin an seinem unsteten Leben wie an seinen mannigfachen Künsten, verachtet und begehrt wie er, auch wie er[85]),

---

[80]) *scerôn: stertere, meridiari, vociferare, lascivire* Graff 6, 534. Der Gote übersetzt Eph. 5, 4 εὐτραπελία, Vulg. *scurrilitas*, mit dem der Herkunft nach dunkeln und anderswo nicht begegnenden *saldra*.

[81]) *scurris: schirnon* Steinm. 1, 414, 27, *scirnun* 424, 27; *histrionibus: schernon vel loufon* 2, 119, 25. (Die daselbst vorkommende Glosse *strionibus: hazasa* ist die Folge einer Verwechslung von *strio* = *histrio* mit *strix*, Hexe.) *scurra i. mimo: scirno* 2, 369, 37; *scurro: scherner* 3, 186, 28. Vgl. auch *histrio vel ioculator: scimphare, schimfare* 3, 186, 32.

[82]) *scirnun: scortatores* Graff 6, 550; *parasitus: spiliman, histrio (vel mima) similiter* Schlettstädter Glossen in Haupts Zeitschr. 5, 367, 422 f.; *scurra: snurrinch, lecator; lechere* Steinm. 3, 428, 54 f.

[83]) ahd. *cassa: lotara* Steinm. 1, 70, 17. *vana locuti sunt unusquisque ad proximum suum, loter chôsont sie alle ze einanderen* Notker, Ps. 11, 3. Auch das Ags. kennt diese Beziehung, *nemas* (lies *nenias*): *lodrung* Wright-Wülcker 1, 478, 8, aber die allgemeine Bedeutung eines lumpigen Kerles ist in dem entsprechenden Masc. deutlich: *se rîca besihđ on his pællenum gyrlum, and cwyđ, „nis se loddere mid his tættecon mîn gelîca“* Aelfrics Hom. 1, 256 Thorpe.

[84]) *scurra: scond* Wright-Wülcker 1, 45, 29.

[85]) Im Modus Liebinc (Müllenhoff und Scherer, Nr. XXI) wird erzählt, wie ein Schwabenweib in Abwesenheit ihres Mannes sich mit jungem, fahrendem Volke zu schaffen macht: *nec interim domi vacat coniux. mimi iuvenes secuntur: quos et inmemor viri exulis excepit gaudens.* Vgl. *huorwini: scenicos* Graff 1, 868.

um Gewinn sich hingebend[86]), die Nächte in wilder Lüderlichkeit durchschwärmend[87]). Ihre technischen Fertigkeiten liegen vorzugsweise auf dem Gebiete der Musik und des Tanzes; Gesang wird nicht genannt, aber Saitenspiel, Handhabung der Schwegelpfeife und der Handpauke, die sie nach südlicher romanischer Sitte zu ihren Tänzen ertönen läßt[88]). Ein ausländisches Geschöpf ist sie überhaupt, das auf deutschem Boden nicht recht fortkommt; das geht daraus hervor, daß sie in den verhältnismäßig wenigen althochdeutschen Quellen viel häufiger genannt wird, als in den reichlich fließenden und ausführlichen des späteren Mittelalters. Die Erklärung dafür ist leicht zu geben: im althochdeutschen Zeitraume überwiegt in den betreffenden Kreisen das romanische Element mit den fremden lüderlichen Weibern; in dem Maße, wie der solidere deutsche Spielmann von seinem romanischen Vorbilde sich entfernt und nach bürgerlicher Achtung strebt, richtet er auch seine Lebensführung danach ein und gründet sich einen kleinen Haushalt, den er nach seinen Kunst- und Erwerbsreisen immer wieder aufsucht und wo ein ehrbares Weib, keine Landstreicherin, für ihn sorgt. So verringert sich die Gelegenheit des Auftretens für Spielweiber. Bezeichnend für ihren südlichen Habitus ist auch, daß sowohl der Dichter des Heliand als der spätere des Antichrists sich die Tochter der Herodias, die durch ihren Tanz den König Herodes bezaubert, so daß er ihr das Haupt Johannis des Täufers bewilligt, nicht anders denken kann, als ein solches Spielweib[89]). Otfrid scheint die ganze Erzählung als für sein Publikum nicht schicklich angesehen zu haben; er hat sie unterdrückt.

---

[86]) Vgl. *scortis vel spiliwîbon* Steinm. 2, 105, 40; *spilarra, spilarna: theatricem, meretricem* Graff 6, 331.

[87]) Vgl. oben S. 105 und Anm. 8.

[88]) Die Künste der Spielweiber werden beleuchtet durch folgende Glossen: ags. *fidicina: fiþelestre*; *saltatrix: hleapestre* Wright-Wülcker 1, 311, 24; 33. ahd. *pfîfâra: tibia* (für *tibicina*) Graff 3, 330; *tympanistriarum: spilâro, spilâri, spili-wîbo, spili-wîba* u. ä.: Steinm. 1, 518, 64 ff.; *timpanistria: spilwîp* 3, 186, 38; *saltatrics: tretarinne* 186, 36.

[89]) Vgl. Heliand 2761 ff. und besonders 2765: *thiu thiorna spiloda hrôr aftar themu hûse;* und Antichrist in den Fundgruben 1, 136, 35 f.:

In Quellen seit dem 10. oder 11. Jahrhundert wird das wandernde Gewerbe der Kaltschmiede oder Dengler genannt: es sind Leute, die in der Wiener Genesis mit vielem Haß und großer Abscheu ausführlicher geschildert werden[90]); wie sie ohne Haus und Heimat weit in der Welt herumkommen und durch die Lande streichen, sich nährend von Betrug und heimlichem Diebstahl. Der Verfasser der Genesis nennt sie Ismaeliten und läßt sie von Ismael, dem Sohne Abrahams (1. Mos. 16, 11) herstammen: doch ist das wohl nur seine persönliche Ansicht, die er aus der betreffenden Stelle der Bibel[91]) sich zurecht gemacht hat, indem er das fahrende rechtlose Volk seiner Zeit von südlichem Typus mit ihnen zusammenbrachte. Wir werden in ihnen die Reste der fremden Wanderschmiede (vgl. oben S. 47) aus vorgeschichtlichen Zeiten zu erblicken haben, die sich erhielten, auch als sich längst das Schmiedehandwerk als ein seßhaftes, heimisches entwickelt und in einzelnen seiner Zweige zu hohen Ehren emporgebracht hatte; Italien und die südlichen Donauländer lieferten sie nach Oberdeutschland, namentlich dem jetzigen Österreich, in immer frischem jährlichen Zuzug. Aber sie als Zigeuner anzusehen, wie man gewollt hat[92]), dafür fehlt jeder Anlaß. Ihre Arbeit war, aus mitgebrachten Kupfer- und Messingblechen Gefäße aller Art, namentlich Kessel und Schalen, auf kaltem Wege durch bloßes Hämmern (angelsächs. *dencgan* schlagen, ahd.

---

si spranch als ein spilwîp: vil gevüege was ir lîp; ferner 138, 36 von der Art und Begleitung ihres Tanzes: *vil wol spilt diu maget, si begunde wol singen, snälliclîchen springen mit herphin unde mit gîgen, mit orgenen unde mit lŷren, in cuninchlîchem gärwe vor aller der menige,* womit sie wieder in ihren königlichen Stand zurückgeführt wird.

[90]) Genesis in den Fundgruben 2, 31, 22 ff. Vgl. PETERSEN, Deutsche Altertümer in der Wiener Genesis (1897) S. 63 ff.

[91]) *hic (Ismael) erit ferus homo: manus ejus contra omnes, et manus omnium contra eum: et e regione universorum fratrum suorum figet tabernacula* Genesis 16, 12.

[92]) WACKERNAGEL in dem Aufsatze: Gewerbe, Handel und Schifffahrt der Germanen (kl. Schriften 1, S. 52, von 1846) bezeichnete sie als „ein unheimlich fremdes Volk, Zigeuner vor den Zigeunern“; danach stellte sie GUST. FREYTAG in den Bildern aus der deutschen Vergangenheit 2, 1, S. 457 geradezu als Zigeuner hin.

tangol Hammer) herzustellen und verbeulte und zerbrochene derartige Stücke auf ebensolche Weise auszubessern. Davon auch ihr doppelter Name ahd. *chaltsmit* und *tangalâri*[93]). Dadurch, daß ihre Tätigkeit sie in enge Beziehungen zu den einzelnen Haushaltungen bringt, wird ihnen Gelegenheit, beiläufig heimlich mitgehen zu heißen, was ihnen gerade gefällt und im Wege liegt[94]). Ihre Arbeit wird nicht nur von dem Verfasser der Genesis als unsolid geschildert; auch das spätere Mittelalter weiß von ihnen zu berichten, wie sie besonders die Dorffrauen mit schlechter Reparatur von Kesseln und Pfannen täuschen, wie sie alte Kessel zusammenkaufen, ihnen ein Aussehen zu geben wissen, als ob sie neu seien, um nun für sie einen unverhältnismäßigen Preis zu erlangen[95]). Ihre Ausläufer dauern bis in die Neuzeit, wo sich neben den seßhaften und in Zünfte oder Bruderschaften zusammengeschlossenen Kupferschmieden und Keßlern die Kesselflicker als fahrendes Volk herumgetrieben haben[96]).

§ 4.

Das deutsche Gewerbe vom 11. bis zum Anfang des 16. Jahrhunderts.

1. Das Handwerk im allgemeinen; seine Organisation.

Die Keime zur eigentümlichen Gestaltung des deutschen Handwerks im Mittelalter sind in vorstehenden Ausführungen

---

[93]) *malleator: tangelâri vel kaltsmit, tangelâre vel kaltsmit, tangilâre vel chaltsmit, dengilar vel kaltsmit* Steinm. 3, 138, 62 ff.; *malleator: dengeleri vel kaltsmit, hamerere vel caltsmit* 185, 53 f. (Der Name *hamerere* auch 246, 48 f. 280, 30 u. ö.)

[94]) *si* (die *chaltsmide*) *ne habent hûs noch heimôt, si dunchet uberal eben guot. daz lant si durchstrîchent, daz liut mit untriuwen besuîchent: sus betriegent sî daz liut, sine roubent niemen uber lout* Genesis in den Fundgruben 2, 31, 28 ff.

[95]) Teufels Netz 1861 ff.

[96]) *kesselflicker, kesselbüszer, .. ein gewöhnlich unzünftiger kesselschmid, der schadhafte kessel ausbessert. sie treiben sich gemeiniglich in den städten auf den straszen herum und schreien ihre arbeit aus* Jacobsson, Technol. Wörterbuch 2 (1782), S. 391.

aufgezeigt worden. Aus dem Zustande eines völligen Hausgewerkes in den urgermanischen Zeiten, wo ein jeder Hausvater selbst schafft oder durch die Seinigen schaffen läßt, was in der Haushaltung gebraucht wird, bildet sich zunächst eine Zwischenstufe heraus, die überschüssig viel hergestellte Artikel, namentlich einer großen Haushaltung, gegen Tausch oder Kauf an andere Haushaltungen abgibt.

Diese Zwischenstufe setzt in den Gegenden ein, wo sich auch ein regelmäßiger Handelsverkehr am frühesten entwickelt hat, wo Germanen mit den Römern in enger Berührung stehen, besonders in den südlichen und westlichen Städten, die, seitdem Germanen sich in ihnen festsetzten, wohl in ihrem Städtecharakter angegriffen, niemals aber ganz geändert werden konnten, und in dem engen Beisammenwohnen ihrer verschiedenen Insassen die günstigen Bedingungen für Entfaltung des Handwerks in seiner späteren, eigentümlichen Art boten. Die Stadt ist der Boden, auf dem sich das deutsche Handwerk zum Lohn- und Verkaufsgewerbe und damit zu seiner Blüte im Mittelalter entwickelt.

Jeder Handwerker ist ursprünglich ein Höriger, seinem Grundherrn verhaftet, dem auch die Erträgnisse seiner Arbeit gehören, wie umgekehrt der Schaden, den ein solcher Höriger einem Dritten zufügt, von dem Grundherrn zu decken ist (vgl. oben S. 33 und Anm. 111). Milderung und völlige Aufhebung der Hörigkeit vollzieht sich im einzelnen schon früh, wie wir gesehen haben, und nicht zum wenigsten auf Grund der Wertschätzung gewerblicher Leistungen, wie bei den Edelschmieden; aber auch sonst trägt das Handwerk, wenn es als Lebensberuf geübt wird, die Ansätze zur Freiheit der Person in sich. Bei kleinen Gutshöfen, wo die Herstellung gewerblicher Erzeugnisse Nebensache war und der mit entsprechenden Fertigkeiten begabte Hörige in erster Linie landwirtschaftlicher Arbeiter sein mußte, war er unbedingt in den Händen seines Herrn; mehr Rücksicht mußte dieser auf ihn nehmen, wenn er in dem Verbande eines großen Hofes stand und er nur Handwerker zu sein brauchte, wozu in Kloster- und Stiftshöfen noch die gebotene Milde der christlichen Gesinnung trat; hier finden sich auch Rechtsbestimmungen, die gegen Willkür in bezug auf Anforderungen schützen, wenn auch die Person des Handwerkers so wenig Sicherung hatte, daß sie verliehen oder sonst vergeben werden konnte (vgl. S. 53 und Anm. 174, S. 64 und Anm. 222). Am freiesten fühlte sich der Handwerker, der in einer der alten ehemals römischen Städte angesiedelt war; und je mehr diese, die in den ersten Zeiten ihrer Besiedelung durch Germanen nur noch offenen Dörfern glichen (DHA. 1, 86), sich wieder zu eigentlichen befestigten Städteanlagen zusammenschlossen, je mehr die Einwohner sich dadurch von ländlicher Werterzeugung entfernten und in ausschließlicher Fertigung handwerklicher Erzeugnisse ihren Lebensunterhalt suchten und fanden, desto mehr wurde hier die Vorstufe des mittelalterlichen Handwerks beschritten. Seit dem Anfang des 8. Jahrhunderts wird die Neigung, solche alte Befestigungen wieder herzustellen, lebendig, und Erneuerung alter und Erbauung neuer Stadtmauern an Donau- und rheinischen Städten, wie Regensburg, Köln, Mainz, Worms, Straßburg, sind die nächsten Zeugnisse dafür; und mit der weitergehenden Gründung von Städten auch in den östlichen Teilen des Reiches bis zum 11. und 12. Jahrhundert tritt eine neue Gliederung der Gesellschaft auf, in welcher nunmehr der Bürger seine eigenartige Stellung findet.

Doch ist für die Erstehung des Verkaufsgewerbes nicht die Existenz der Stadt allein maßgebend; auch der Markt hat seinen hervorragenden Anteil daran. Derselbe ist freilich eine merkantile Einrichtung, aber auf den Betrieb des Handwerks wirkt er belebend, indem er ihm die Gelegenheit verschafft, entweder unmittelbar oder durch die Vermittlung des Kaufhandels die gewerblichen Waren vorteilhaft zu verkaufen. Und endlich ist ein nicht zu unterschätzender Faktor für die Hebung des Handwerks die Ausbildung des Münzwesens seit Karl dem Großen und der vermehrte Umlauf vorzugsweise von Silbergeld im Zusammenhange mit dem den meisten Marktstätten verliehenen Münzrecht; erst hierdurch wird völlig die Bahn des alten Tauschverkehrs zugunsten eines durchgeführten Geldverkehrs verlassen.

Auf diesen drei Grundpfeilern ruht also das deutsche, mittelalterliche Handwerk, dessen private und technische Seite den Gegenstand der folgenden Schilderungen bildet.

Von Anfang an ist die Ausübung eines Handwerks seitens eines Hofhörigen an keine weitere Bedingung als die Zufriedenheit seines Grundherrn gebunden, solange er nur für diesen und die Bedürfnisse eines kleinen Hofes arbeitet. Anders, wenn der Grundherr über ausgebreitete Besitzungen mit vielen Handwerkern verfügt, die er nicht mehr allein übersehen kann, oder wenn er sie, wie dies z. B. bei den Burgunden (S. 33), aber auch bei anderen Stämmen der Fall, in den Dienst fremder Benutzer stellt; hier tritt eine die guten Leistungen des Handwerkers sichernde Organisation, eine Art Aufsichtsbehörde, ein, deren Anfänge wir zuerst in einer Vorschrift der lex Alamannorum erblicken, welche Gold- und Waffenschmiede kennt, *qui publice probati sunt*[1]), die aber im Capitulare de villis uns vollständig ausgebildet entgegentritt, wo entweder für jedes auf einem Hofe betriebene Handwerk, oder für mehrere zusammen, *magistri*, Vorgesetzte, erscheinen[2]). Solche Magisterien werden von seiten der Grundherrschaft auch in Städten unterhalten und lange fortgeführt[3]), und erscheinen noch zu einer Zeit, wo die ursprünglich einer dergleichen Behörde unterworfenen Handwerksgenossen sich längst in freiem Verbande organisiert und unabhängig gemacht hatten. Solche freie, bruderschaftlichen Verbände müssen unter den Hofhörigen des gleichen Berufs schon früh aufgetreten sein: sie sind die Keime der Zunft, welches Wort bereits im 8. bis 9. Jahrhundert in der Bedeutung der gesetzmäßigen und gebundenen Zusammenkunft von Klostergenossen

---

[1]) *faber aurifex aut spatarius, qui publice probati sunt, occidantur, 40 solidos conponat* Lex Alam. 2, 81, 7 (Mon. Germ., Leg. 3, 73).

[2]) Cap. de villis 29; 57.

[3]) Vgl. R. Eberstadt, Magisterium und Fraternitas. Eine verwaltungsgeschichtliche Darstellung (in Schmollers staats- und sozialwissenschaftlichen Forschungen, 15. Band, 2. Heft. Leipzig 1897) S. 123 ff.; 131 ff.; 148 ff.

erscheint[4]). Von den Zünften, die in langer und namentlich nach den Einzelheiten ihres frühesten Wachsens hier nicht zu verfolgender Entwicklung[5]) sich zu den straffen und beherrschenden Organisationen auswachsen, als welche sie sich uns seit dem 13. Jahrhundert zeigen, geht die gesellschaftliche Ordnung aus, in die jedes Handwerk sich gliedert, und für welche die Benennungen der drei Stufen Meister, Geselle und Lehrling die hauptsächlichen Ausdrucksformen sind.

Das Herauswachsen dieser drei Stufen aus freien zu festen, mit Sicherungsmaßregeln umgebenen Zwangseinrichtungen beginnt beim Lehrling und geht unmittelbar auf den Meister zu; die Durchgangsstufe des Gesellen schiebt sich in fester Begrenzung und Unterscheidung erst später ein. Es ist natürlich, daß die Lehrjahre in die frühen Lebensjahre fallen, denn der Sohn oder die Söhne des Hofhörigen, die das Handwerk des Vaters weiter zu treiben haben und dafür dem Grundherrn verhaftet sind, werden möglichst zeitig zu den einzelnen Handgriffen herangezogen und damit unmerklich und spielend in das Getriebe ihres Gewerkes eingeweiht worden sein. Sie sind in ihrer Art die Vorläufer der Meistersöhne, die bei der späteren Organisation des Zunfthandwerks gewisse Vorzüge vor den anderen Lehrlingen, besonders in bezug auf frühere Selbständigkeit, genießen. In den Zeiten der Hofhörigkeit erbt das Handwerk vom Vater auf den Sohn; eine Änderung der starren Regel ergibt die Ausbildung des Verkaufsgewerbes und der städtische Betrieb, der eine handwerkerische Berufswahl von selbst zeitigt.

Eine frühe, feste Benennung des Handwerkslehrlings ist nicht bezeugt; wir dürfen aber voraussetzen, daß die mhd. Bezeichnungen *kint*, *knabe*, *knappe* und *kneht*, die den

---

[4]) Das *in conventu* der Benediktiner-Regel (Kap. 21) ist in der Interlinearübersetzung durch *in zumfti* gegeben, vgl. Piper, Nachträge zur älteren deutschen Literatur S. 83, 11.

[5]) Vgl. zu diesem Punkt besonders: R. Eberstadt, Der Ursprung des Zunftwesens und die älteren Handwerkerverbände des Mittelalters (1900) S. 8 ff.

Lehrling wie auch den Schüler bedeuten, viel älter sind als ihr bezeugtes Vorkommen, sie beleuchten zugleich das Lebensalter, und durch die Zusammensetzungen *lêrkint, lêrknabe, lêrkneht* und *lernkint, lernknabe, lernkneht* das Verhältnis zu einem Lehrenden oder als Lernender. Das gesamte Lehrverhältnis spielt sich in der strengen Zucht des Meisterhauses ab, sowohl was die Unterweisung, als was Kost und Wohnung betrifft; nicht nur bei den Handwerkssöhnen, wo es sich von selbst versteht, sondern auch bei einem fremden Knaben, der in eine Lehre tritt. Er untersteht damit der hausherrlichen Gewalt des Lehrenden, der ihn zugleich zu häuslichen Diensten gebraucht und das Züchtigungsrecht über ihn hat, welches aber ein gewisses Maß nicht überschreiten darf. Der Schwabenspiegel verbietet Züchtigung, die blutrünstig macht (abgesehen vom Nasenbluten) und schränkt die Zahl der zu gebenden Schläge auf zwölf ein[6]).

In frühen Zeiten ist das Verhältnis des Lehrlings zu seinem Lehrmeister ein vollkommen privates; aber mit der Ausbildung und festen Organisation einer Zunft nimmt diese das Gebiet des Lehrlingswesens als ein ihr unterstehendes und von ihr zu regelndes in Anspruch, und so sehen wir seit dem 13. und 14. Jahrhundert einheitliche Bestimmungen in Geltung, welche der Vorstand einer Zunft aufgesetzt und die Stadtobrigkeit als oberste Instanz genehmigt hat. Sie betreffen außer ehelicher Geburt und Unbescholtenheit des Lehrlings namentlich die feierliche Annahme desselben vor dem Gewerk[7]), und die Dauer der Lehrzeit[7a]), bei deren

[6]) *slehet ein man sîn lêrkint mit rûten oder mit der hant âne blûtrunsen, dâ tût er wider nieman an. und machet er ez blûtrünsic ze der nasen, ern büezet aber niht. machet er ez anderswâ blûtrünsic, âne daz mit rûten geschiht, so mûz er ez büezen den friunden und dem rihter. und sleht er ez ze tôde, man rihtet über in, als hie vor gesprochen ist* (wie über einen Totschläger, mit der Strafe des Köpfens). *nieman sol sînem lêrkinde mêr slege tûn danne zwelve, und âne alle geværde* Schwabenspiegel 148. Im Falle von Mißhandlung ist der Lehrling berechtigt, aus der Lehre zu laufen: Stadtrecht von München, Art. 139 (S. 55 Auer).

[7]) *welk goldsmid enen jungen leren wil, de schal ene entfaan vor den wergkmeistern, unde de junge schal echte und vryg geboren wesen und schal en gud ruchte hebben* Statuten der Goldschmiede zu Hamburg

Ende aber eine Abschlußprüfung (Gesellenstück) noch nicht vorgesehen ist. Eine solche Prüfung wird vielmehr zunächst nur für die Erwerbung der Selbständigkeit als Handwerker gefordert. Der diese Stufe erstiegen hat, wird schon seit der althochdeutschen Zeit als *meistar* bezeichnet[8]). Es ist aber bedeutsam, daß wir diese Bezeichnung als eine titelhaft feste zufrühest bei dem Baugewerke beobachten, und daß sie sich offenbar von diesem zu den damit im Zusammenhange stehenden Handwerken, und in dritter Linie erst auf die übrigen verbreitet hat, wobei der Umstand einspielt, daß die lateinische Bezeichnung *magister* in der karolingischen Zeit auf die Vorsteher der verschiedenen hofhörigen Handwerker ging, und die selbst hofhörig waren[9]). Die früheste Benennung beim Bauhandwerke scheint aber auf jene italienischen Werkleute zurückzuführen, die wir als *magistri Comacini* bereits im 7. Jahrhundert kennen lernen und die mit ihren Gehilfen außer Landes und besonders auch in Deutschland an Großbauten tätig waren (oben S. 71f). Dieselben bildeten als Ausläufer altrömischer Zunftverfassung auch

von 1375, bei Rüdiger, Die ältesten Hamburgischen Zunftrollen (1874) S. 97; ähnlich bei den Schmieden: ebenda S. 250; bei den Schuhmachern: S. 275. Bei den Reepschlägern muß die Erlaubnis, einen Lehrling zu halten, von den Werkmeistern eingeholt werden: S. 200.

[7a]) Der Drechslerlehrling verpflichtet sich in Hamburg auf zwei Jahr: Rüdiger S. 55; bei den Gerbern, *de lerjunge schall dem mane denen tho vergebens een jahr* S. 87; in Lübeck bei den Nadlern auf vier Jahre: Wehrmann S. 340; in Zürich bei Zimmerleuten und Maurern dient der *lêrknecht* nicht weniger als ein Jahr: Zürcher Stadtbücher 2, 135 (von 1421); in München bei den Schustern drei Jahre Lehrzeit, und der Meister darf *nicht mer lernchnecht haben, dann ainen:* Auer, Stadtrecht von München S. 93; in Straßburg bei den Küfern nicht weniger als sechs Jahr: Brucker S. 316.

[8]) *opifex: maistar* Steinm. 1, 218, 27. Vgl. auch die Nachweise bei Stahl, Das deutsche Handwerk S. 196 f.

[9]) Deutsches Wb. 6, 1959 f. Auch das sonderbar mißverstandene *arces: maistar* Steinm. 1, 24, 30 zeigt durch das unmittelbar auf *edificia* folgende *summa vel palatia munita: cimbro hôhôstôno edo phalance cafastinôt* den engen Zusammenhang mit dem Bauhandwerk hin. Über die *magistri* in der karolingischen Zeit vgl. oben S. 130. Der daneben laufende freie Gebrauch des Wortes berührt uns hier nicht.

im Auslande enge Verbände und gaben für andere Handwerke das Vorbild. Ein solcher comacinischer Meister übte über seine Gehilfen Anweisungs- und Aufsichtsrecht, sie hatten seinen Befehlen sich zu fügen und empfingen dafür von ihm Kost und festen Lohn. Der Name für die Gehilfen ist im Edictus Rothari 144 *collegantes*, und wie diese Bezeichnung die Abhängigkeit verschleiert und nur die Gleichheit des Berufs hervorhebt, so ist sie auch ein Wink für ein engeres Verhältnis von Meister und Gehilfen untereinander, wie es die Fremde unter Landesgenossen erzeugt, für Genossen, welche die enge Bauhütte auf dem Bauplatze als gemeinschaftliche Wohnung brauchen und teilen müssen. Dieses Wohnungsverhältnis beleuchtet der deutsche Ausdruck, der für jenes *collegantes* eingetreten ist, ahd. *gasello, gisello*, wörtlich Wohnungsgenosse, aber von vornherein mit dem Beisinne des vertrauten Gesellschafters[10]). Es ist leicht begreiflich, daß die beregte Art der Verbundenheit jener Fremden für die einheimischen Baugewerksgenossen zum Beispiel gereicht, da auch sie Wanderhandwerker sind und unter ähnlichen Verhältnissen leben; sie fühlen sich ihrem handwerkerischen Bauleiter gegenüber auch nicht als Knechte, sondern als Gehilfen, die Arbeit und Wohnung mit ihm teilen; ihre Anschauung verbreitet sich in immer weiteren Kreisen, und so wird allmählich das Wort *geselle* zur technischen Bezeichnung dergestalt, daß im 14. Jahrhundert wenigstens innerhalb der vornehmeren Handwerke derjenige, der seine Lehrzeit bestanden hat, den Titel Geselle trägt[11]), während bei den Gewerken, die den Bedürfnissen des gewöhnlichen Lebens dienen, noch lange der Name Knecht und Knappe dauert, höchstens mit einer Aus-

---

[10]) *giselli: contubernius* Graff 6, 178; *sodales: kasellun* Steinm. 1, 292, 37.

[11]) Im 14. Jahrhundert hat das Wort in Handwerkerkreisen noch die Bedeutung eines Arbeiters im gleichen Gewerke, Konkurrenten: *ein schuoster sînen gesellen nît, ob er anders mêr zesnît* (mehr Leder verschneidet) Teichner S. 75, 234 Karajan; aber schon auch des dem Meister untergeordneten Arbeiters, statt des bisherigen *knecht*, so 1356 in Lübeck bei den Nadlern: Wehrmann, Lübeckische Zunftrollen S. 340.

zeichnung vor dem Lehrlinge: *meisterkneht* gegen *lêrkneht*[12]). Für die strenge häusliche Zucht im Handwerke bezeichnend ist, daß der Geselle nicht weniger an das Haus seines Meisters gebunden ist, als der Lehrling; hier empfängt er Kost und Wohnung und darf ohne besondere Erlaubnis nachts nicht außen bleiben[13]). Die Selbständigkeit erwirbt er und in den Kreis der Handwerksmeister tritt er ein, wenn er nach der Schätzung derselben dazu tüchtig geworden ist; erfordert wird hierfür eine gewisse Arbeitszeit in der Stadt, wo er Meister werden will[14]), wozu seit mindestens dem 14. Jahrhundert auch die ursprünglich bloße Gewohnheit, später der Zwang des Wanderns tritt[15]), um auch fremde Verhältnisse kennen zu lernen und die Geschicklichkeit zu erhöhen, was alles das Handwerk seiner Stadt fördert; endlich die Vorlegung einer Probearbeit, wofür der Name *meisterstück* aber erst seit dem 16. Jahrhundert bezeugt ist. Die Annahme des neuen Meisters geschieht vor versammelten Vertretern der Zunft unter besonderen, festen Gebräuchen, wovon die Entrichtung einer Gebühr und die Gewährung eines festlichen Mahles die wesentlichsten sind; für die Erstarkung und wachsende Macht der Zünfte seit dem 13. Jahrhundert ist es bezeichnend, daß solche Versammlungen der Meister mhd. *morgensprâche*, mnd. *morgensprake* heißen,

---

[12]) *lêrekneht:* Rüdiger, Zunftrollen 55; 200; 250. *mêsterknecht:* S. 29 (von 1375). *mêsterknecht* . . *mêsterknapen:* S. 34 (von 1437); in Zürich *lêrknecht:* Zürcher Stadtbücher 2, 135 (von 1421). In Luzern ist 1472 bei den Schneidern unterschieden der *meisterknecht*, der den Meister vertritt, vom gewöhnlichen *knecht* und vom *knaben* (Lehrling): Anz. für Kunde d. d. Vorzeit 1859, Sp. 54. *lônkneht* für Geselle im Gewerbe der Messingschläger: D. Städtechr. 1, 280 (von 1387). *lonkneht* im Gegensatz zu *lêrekneht:* Mone, Zeitschr. 16, 158.

[13]) Vgl. Rüdiger a. a. O. 98; 250 u. ö. Schanz, Zur Geschichte der deutschen Gesellenverbände im Mittelalter (1876) S. 4.

[14]) In Hamburg 1375 bei den Bäckern drei Jahre: Rüdiger a. a. O. S. 22; bei den Böttchern vier Jahre: S. 29; bei den Drechslern zwei Jahre: S. 54.

[15]) *vortmer welck knecht, de dre jar denet hefft in dem ampte, lüstet et ene tho wanderende, da schall he kundigen den werkmeistern. unde wen he kumpt, so schall he noch denen ein halff jar. darna mag he sines selves werden* Rüdiger S. 87 (von 1375); ähnlich S. 275.

welcher Name früher nur von den Beratungen eines Rates oder eines Richterkollegiums zur Morgenzeit gebraucht wurde. Ein Meisterssohn, der gleichsam das Handwerk von seinem Vater her geerbt hat (S. 131), hat von allem diesem nichts zu leisten, er hat keine bestimmten Gesellenjahre, braucht nicht zu wandern und ist selbst vom Meisterstück befreit[16]). Zur selbständigen Betreibung eines Gewerks ist die Zugehörigkeit zur Zunft Notwendigkeit. Unzünftige Arbeiter werden rücksichtslos unterdrückt; und durch die niederdeutsche Benennung *bönhase* für einen solchen, die bereits im 16. Jahrhundert als gewöhnlich bezeugt ist, blickt ein grausamer Humor: er, der nicht in offener Werkstatt, sondern geheim auf dem Oberboden eines Hauses arbeitet, wird von den Zunftmitgliedern wie ein Hase gejagt, was ganz wörtlich zu verstehen ist, indem eine förmliche Aufspürung und Verfolgung stattfindet[17]). *bönhasen* gibt es bei allerlei Gewerken[18]). Der oberdeutsche Ausdruck dafür, *hümpeler*, verspottet nur die mangelnde Geschicklichkeit[19]), ohne die Verfolgung anzudeuten; wie überhaupt die niederdeutschen Zunftverfassungen in dieser Hinsicht schärfer durchgreifen als die oberdeutschen.

Die Zunftorganisation der Meister, erst eine rein private Maßnahme, dann zur gemeindlichen und politischen Einrichtung sich entwickelnd, hat aber auch unter dem Einfluß der geistlichen Bruderschaften des Mittelalters eine christlich-werktätige Seite gezeitigt: gegenseitige Unterstützungspflicht in Not, Beistand im Sterben und Hilfe zu

---

[16]) *enes beckers sone mach backen wan hee wil unde en darf neyn werk esschen* Rüdiger Zunftrollen, S. 23 (von 1375); ähnlich bei den Reepschlägern: S. 201, den Schmieden: S. 250, u. a. Über die Begünstigung der Meisterssöhne vgl. auch Maurer, Geschichte der Städteverfassung in Deutschland 2, 460 f.

[17]) *dessülvigen dages ist gelikfalsz van dem gantzen ambte* (der Holzschnitzmeister) *geschlaten, dat na düsser tydt stedes schölen* 30 *meistere de bönhasen jagen* Rüdiger a. a. O. S. 268 (von 1614).

[18]) Bei Hausschlachtern und Köchen: Rüdiger a. a. O. S. 109; bei Barbieren: S. 20 (hier auch *bönhasinnen*); bei Kürschnern: Schiller-Lübben 2, 385b (aus Rostock).

[19]) Vgl. Deutsches Wb. 4, 2, 1909.

einem christlichen Begräbnis, das die Zunftbrüder selbst ausführen. Und von solcher werktätigen Seite her bildet sich auch eine ähnliche Organisation der Gesellen: auch sie erscheinen innerhalb ihrer Zunft seit dem 14. Jahrhundert kennbar zu Unterstützungszwecken verbunden und so gegliedert, daß der an Dienstjahren älteste Geselle den Vorsitz führt, der jüngste die notwendigen Dienste, namentlich Botendienste, leistet; für sie sind freilich die Namen *altgeselle* und *juncgeselle* im 16. Jahrhundert noch nicht nachgewiesen. Wie die Meister morgens, so versammeln sie sich abends; und für die Dauer dieser Zusammenkünfte schon im 14. Jahrhundert ist es bezeichnend, daß Hamburger Zunftordnungen wiederholt Strafabzüge am Lohne desjenigen Gesellen festsetzen, der ohne Erlaubnis seines Meisters des Nachts außen bleibt (S. 135, Anm. 13). Der mittelalterliche Name für die Gesellenversammlungen entgeht uns, wahrscheinlich aber, daß der neuhochdeutsche Ausdruck *auflage*, (der zunächst einen auferlegten Befehl, ein Gebot bezeichnet), schon im Mittelalter dafür verwendet worden ist und somit auf eine Zwangszusammenkunft deutet. Die Obergewalt der Meister wird formell dadurch gewahrt, daß sie eine Art Ehrenvorstand bilden und einer oder einige von ihnen bei den Auflagen gegenwärtig sind[20]).

Die Entwicklung des Stadtlebens und in ihm die Entfaltung der Zunftverfassung hat im Mittelalter eine Blüte des deutschen Handwerks erzeugt, die in ihrer Eigentümlichkeit einzig dasteht; nicht sowohl nach der Seite des Großbetriebes hin, als vielmehr in der Vervielfältigung der Gewerbszweige. Die Zunftorganisation in den Städten sorgt dafür, daß kein Genosse sich über den andern erhebt, durch beschränkende Vorschriften in der Zahl der Meister und Ausübung ihres Handwerks sowohl als in der Haltung von Lehrlingen und Gesellen; von seiten der Behörde wird ihre Zahl sowie die Dauer ihrer Arbeitszeit bestimmt und

[20]) Vgl. SCHANZ, Zur Geschichte der Gesellenverbände im Mittelalter S. 77. Über die Trübung dieses patriarchalischen Verhältnisses und die Lohnkämpfe der Gesellen, die hier nicht weiter zu behandeln sind, siehe ebenda S. 26 ff.; 101 ff.

von auswärts zuwandernde Gesellen werden nach ihrem Ermessen den einzelnen Meistern zugeteilt, und es ist auffällig, wenn der große Rat der Zweihundert zu Zürich im Jahre 1421 solche beschränkende Bestimmungen für Zimmerleute und Maurer, was die Gesellen betrifft, gegen den Widerspruch der Zunftgenossen aufhebt und nur die beschränkte Zahl der Lehrlinge bestätigt[20a]). Dagegen vollzieht sich eine Arbeitsteilung, die im Laufe der Jahrhunderte aus den alten Grundhandwerkern der Höfe neue Spezialitäten schafft und so für eine hohe technische Durchbildung sorgt. Wie sich aus dem Lederarbeiter schon frühe der Gerber, Schuster, Riemer und Sattler, aus dem Schmied der Schlosser und Kleinschmied entwickelt, ist oben S. 20; 29ff. erwähnt; die uralte Kunstfertigkeit des Gießens zeitigt die Gewerbe des Gelb-, Rot- und später auch des Glocken- und Büchsengießers[21]); von den Drechslern zweigen sich ab die Sonderhandwerker der Schüssel- und Bechermacher; die Bäcker teilen sich in Grobbäcker[22]) und Feinbäcker, und der vorzüglich im Süden eingebürgerte fremde Name für den Bäcker im allgemeinen, ahd. *phister*, *pfister* aus lat. *pistor*, zielt

[20a]) *als die zimberlüt und murer jn unser statt meinent, das enkein ir meister mer knechten dingen sölle denn zwey, und welhen er ouch dinget, den sölle er nit minder denn ein jar dingen: das da ein ieklicher meister, er sye zimberman oder murer, wol muge knecht dingen, die denn das hantwerch kunnen, als vil er wil und ouch als lang er wil, es sye ein jar, ein halbs oder ein vierteil jars und haben die meister da wider dehein gelüpt zesamen tůn, die sol gentzlich tod und ab sin, und sol ir keiner dem andern nützit zů reden und sol ouch ir keiner den andern darumb hassen, wie vil joch einer knechten dinget. aber umb die lerknecht, dero sol ir keiner mer dingen denn zwen und sol ouch die selben ein gantz jar dingen und nit darunder* Zürcher Stadtbücher 2, 135. In Nürnberg (1370) ist nur den Schustern und Schneidern die Zahl der Gesellen und Lehrlinge, die jeder Meister halten darf, frei gegeben: D. Städtechr. 1, 280.

[21]) Gelb- und Rotgießer zuerst mnd. mnl. bezeugt, noch als éin Gewerbe: *gheel-gieter: fusor ęramentarius* KILLIAN K 5d; *rood-gieter i. gheel-gieter: fusor æramentarius* Gg 1c. Stück- und Büchsengießer seit dem 15. Jahrhundert: *fusor: buchsengiesser* DIEFENB. 254a; *tormentarius: buchszengyszer* 588b. Glockengießer seit dem 14. Jahrhundert: *campanator: glockengiesser* 93b.

[22]) In Hamburg *groffbacker*, die kein Weißbrot noch Semmel oder Zwieback backen: RÜDIGER, Hamburger Zunftrollen S. 27.

ursprünglich auf die Herstellung des klösterlichen Feingebäcks und soll sich nach dieser Richtung von dem einheimischen ahd. *becko*, mhd. *becke* und *becker* abheben[23]); die Weber werden zu Leinen-, Wollen- und Seidenwebern, und von ihnen trennen sich später wieder ab, die leichte Futterstoffe herstellen, den *arras*, später niederd. *ras*, von der niederländischen Stadt Arras so benannt[24]), und den *zendal*, *sendal*, *sindal*, der ursprünglich aus Italien und Griechenland bezogen, aber seit mindestens dem 12. Jahrhundert auch in Deutschland gefertigt wurde, da Wolfram von Eschenbach Regensburger Zindal nennt[25]); über die gewöhnlichen Schuster, deren fremder und halbfremder ahd. Name (vgl. DHA. 3, 266f.) bereits auf eine Verfeinerung im Handwerk hindeutet, der aber im Mhd. als *schuochsûtære*, neben deutschem *schuochmacher*, *schuochwürhte*, zur allgemeinen Bezeichnung geworden ist, erheben sich Arbeiter, die feineres Schuhzeug in Corduanleder liefern, die *kurdewæner*, nach denen in Straßburg selbst eine Gasse heißt[26]), die Vorväter der französischen *cordonniers;* das Fleischerhandwerk ergibt ein Spezialgewerbe, dessen Mitglieder sich nur mit Wurstmachen beschäftigen und deshalb nur Schweine schlachten, später aber auch sich mit dem Vertrieb der Eingeweide des Schlachtviehs befassen und deshalb den Namen *kuter*, *kuteler* führen[27]); und so mannigfach. Daß der Kreis der handwerklichen Erzeugnisse sich erweitert, ohne daß deswegen ein neues Spezialgewerbe ersteht, begegnet auch; so bezieht der Töpfer nach der Ausbildung des Stubenofens im 14. Jahrhundert

---

[23]) *pistor: phister, phistir, pfister* Steinm. 3, 136, 50, neben *brotpeche* 51; *farrugo: phistur* 4, 244, 2.

[24]) Vgl. Deutsches Wb. 8, 125. Sie heißen *raschmacher*, *raschweber*, vgl. ebenda 130.

[25]) Vgl. DHA. 3, 229. *ein Regenspurger zindâl* zu Wappenröcken: Parz. 377, 30.

[26]) *die kurdewangasse* D. Städtechr. 8, 94, 14; umgedeutet *in kürdebaumgaszen* 95, 26; *alte kurdewangasse* (1346, 1453), *alte kurwengasse* (1368, 1397) Straßburger Gassen- und Häusernamen (1871) S. 105.

[27]) *fartor: worstmacher, worster, kuter, kotter* Diefenb. 226a. Vgl. *fartorium: kutelhoff* nov. gloss. 167b.

(vgl. DHA. 1, 240 f.) die Herstellung der Kacheln in sein Handwerk mit ein, und ebenso nach Aufkommen der Glasur die Verfertigung des feinen glasierten Tisch- und Küchengeschirrs; wenn er daneben mit der Anfertigung tönernen Kinderspielzeugs sich befaßt, so entspricht das wohl alter Handwerksübung. Der Verfertiger der in voriger Periode noch dürftigen Hausmöbeln bildet sich, nachdem diese in vielfältiger Weise zu feinen und künstlerischen Gebilden geworden sind, zu dem aus, was wir heute Kunsttischler nennen, und empfängt in Oberdeutschland seit dem 14. Jahrhundert den Namen *tischer* und *tischeler* oder *schrîner* und *schrînmacher*[28]), in Niederdeutschland *snider* und *snideker*, nach dem Schnitzwerk, das er an den feinen Möbeln anbringt, und *kuntor-maker*, nach dem ins Niederdeutsche übernommenen fremden Namen für einen Zähl- oder Schreibtisch[29]).

In anderer Weise wiederum bilden sich in der Enge der Stadt ursprünglich rein häusliche und landwirtschaftliche Hantierungen zu zünftigen Lohn- und Verkaufsgewerben aus, so Gärtner, Winzer und Weinleute, Fischer. Die Namen für die beiden ersten Gewerbe sind zunächst insofern nicht streng geschieden, als die Sprache unter *gartenære* wohl auch den Weingärtner oder Weinbauern versteht[30]); doch scheint dies immerhin eine Ausnahme, und die gewerbliche Beschäftigung mit der Traube wird durch ausdrückliche Benennung des Produkts hervorgehoben. Hierbei geht das mhd. *wîn-man*, Plur. *wînliute* sowohl auf die zünftigen

---

[28]) *mensator: dischmacher, tischer, discher* Diefenb. 356 a. *der Mert und Lambrecht, zwen tischler* Beheim, Buch v. d. Wienern 18, 7 (von 1462). *scrinarius: schryner, schrynmacher* Diefenb. 521 a.

[29]) *kunthor-unde panelenmaker* Wehrmann, Die älteren Lübeckischen Zunftrollen, S. 294 (von 1474), *de kunthormakere* Rüdiger, Hamburger Zunftrollen, S. 147. Vgl. dazu *pinotheca* (*pinacotheca*): *contoer, kunthôr vel breveschryn* Diefenb. 436 a. *wy snyddeker unde kuntormaker* Wehrmann a. a. O. S. 296 (von 1486).

[30]) *ainem gartner sol man geben deȝ tags* 1 β, *zu welher zit im jar er der werk ains tůt* Tagelöhnerordnung der Rebleute zu Konstanz von 1436 bei Mone, Zeitschrift für die Geschichte des Oberrheins 10, 314.

oder unzünftigen Hersteller des Weins als auf die Ausschänker desselben, die freilich oft in einer Person vereinigt sind, während der Ausdruck Winzer, ahd. *wînzuril*, *winzurl*, *winzurnil*, mhd. *winzürle*, *winzürl*, eine volksmäßige Umformung von lat. *vinitor*, den technischen Arbeiter im Weinberge bezeichnet[31]). Eine Zunft der Weinleute begegnet in weinbauenden Gegenden seit dem 14. Jahrhundert, sie ist unterschieden von der Zunft der Rebleute, wie die Winzer mit anderm rein deutschen Ausdruck genannt werden[32]). Mit den Weinleuten aber in enger Verbindung ist die Zunft der Faßbinder oder Küfer, welche mehr oder weniger von jenen abhängen[33]). Die ursprünglich freie Beschäftigung des Fischens (vgl. DHA. 2, 255) wird ebenfalls seit dem 14. Jahrhundert zu einer kunstgerechten Übung und damit einer Zunft unterstellt, soweit nicht in Städten der Rat sich diese Nutzung eines Gewässers vorbehält und einen eigenen Ratsfischer dafür anstellt. Wo eine Zunft der Fischer besteht, da ist sie gewöhnlich durch Vorschriften in der Wahl ihres Handwerkszeugs, in den örtlichen und zeitlichen Grenzen ihrer Tätigkeit, sogar in der Zahl ihrer Mitglieder eingeengt[34]).

Ein anfänglich klösterliches Hilfshandwerk für die geistliche Kunst des Schreibens blüht als bürgerliches Gewerbe mit der Entfaltung des Urkunden- und des Buchwesens mächtig empor, das der Pergamenter. Pergament, ursprünglich für Deutschland Handelsartikel, aus Griechenland und Rom bezogen, wird bald im Lande selbst hergestellt, zuerst

---

[31]) *gastgebe oder wînman* Br. Berthold 1, 121, 39. Über das Wort *winzuril* vgl. DHA. 2, 106.

[32]) *von den erbern meistern der winliuten zunfte* Rechtsquellen von Basel 1, 126 (von 1441). *Johans Slatter der rebman, zunftmeister der rebliuten zunfte* S. 61 (von 1400).

[33]) *der binder zunft* in Lohnstreitigkeiten mit den Weinleuten: Zürcher Stadtbücher 2, 164 (von 1423).

[34]) Vgl. Wehrmann, Lübecker Zunftrollen, S. 478, über das Fischen mit Schnüren und Zugnetzen und die Grenzen des Fischereibezirks in der Trave (vor 1399). Die Hamburgische Fischerzunft darf aus nicht mehr als fünfzig Personen bestehen: Rüdiger S. 61 (von 1375).

von den klösterlichen Lederarbeitern, wie wir sie z. B. im Grundrisse des Klosters St. Gallen als *coriarii* innerhalb der Klausur eingezeichnet finden; dann, mit der Zunahme des Verbrauchs, entwickelt sich ein eigenes Gewerbe, welches sich sowohl nach der Wahl der dazu gebrauchten Häute als nach der Art ihrer Zubereitung von dem italienischen Artikel unabhängig macht. Das Erzeugnis führt im Ahd., der lateinischen Bezeichnung entsprechend, die nach der Stadt der angeblichen Erfindung gewählt ist, den Namen *pergimîn*, *bergamîn*, *perimint*, der im Mhd. in den verschiedensten Verstümmelungen auseinander läuft[35]); deutscher Ausdruck ist dafür ahd. *buoh-fel*, mhd. *buoch-vel*, angelsächsisch *bôcfel*[36]), der wohl mit Hinblick auf das lateinische *membrana* gebildet ist. Aus diesen Grundworten entsteht, seit der mhd. Zeit sichtbar, die Gewerbebezeichnung, mhd. *pergamenter* mit verschiedenen Nebenformen, und weniger häufig mhd. *buoch-veller*[37]). Die Pergamenter fühlen sich, ihrem Zusammenhang mit dem Schriftwesen gemäß, als vornehme Handwerker, die nur in größeren und geistig gehobenen Städten bestehen, in engem Verband zusammenhalten, und, dem mäßigenden Geiste mittelalterlicher Zunftverfassung entsprechend, im Gewerbsbetriebe den Genossen der gleichen Stadt nicht vorauseilen dürfe: die Lübecker Pergamentmacher schließen im Jahre 1330 eine vom Rat der Stadt bestätigte Übereinkunft, daß kein Mitglied ihres Gewerkes mehr als zwei Gesellen und einen Lehrling, oder

---

[35]) *membranis: pergimîn* Steinm. 1, 499, 72; *membranarum: perimendo* 2, 14, 34, *bergamîno* 18, 40; *pergamentum: pergamen, pergament, pargament, pergumene, permut, permet, perkement, pirment, börment, bermend, bermut* Diefenb. 426b; vgl. *membrana: dunne permyt, dynne pergemen, pirmithaut* 355b.

[36]) ahd. *membranis: puohfellun, puohvellan, buochfellen, puchvel* u. ä.: Steinm. 1, 499, 72 ff. mhd. *buochvel:* wälscher Gast 14019. ags. *membrana: bôc-fel* Wright-Wülcker 1, 164, 4; *pergamentum vel membranum: bôc-fel* 314, 14.

[37]) *pergamenista: pergamentmacher, permentmacher, pergamener, pergamenter, permenner, bermenter, permiter, puechfeller, puchveler* Diefenb. 426b; *membratius: pergamener, permenter, bermenter, permeter* 355b.

wenn dieser fehlt, drei Gesellen halten dürfe, und verpflichten sich auch sonst zu beschränkenden Bedingungen rücksichtlich ihrer Erzeugnisse und zu Einigkeit, Friedfertigkeit und Zucht bezüglich der Gesellen[38]). Mit dem Aufkommen des Papiers, das von vornherein im Großbetriebe hergestellt wird, geht die Pergamentbereitung zurück; in Lübeck war in der zweiten Hälfte des 16. Jahrhunderts nur noch ein Pergamentmacher.

Neuerungen und neue Erfindungen im Wehrwesen zeitigen auch ein neues Handwerk, vorzüglich für die wehrhaften Städter, das der Armbruster. Ihre Vorläufer sind die Bogner, mhd. *bogenære*, Verfertiger der Schießbogen. Ursprünglich zählt die Herstellung eines solchen zu den Fertigkeiten, die jeder wehrhafte Mann besitzen muß; ein eigenes Handwerk dafür bildet sich seit dem 12. Jahrhundert in den Städten für die Bürger aus, denen die militärische Verteidigung ihrer Gemeinde obliegt; und als zu eben dieser Zeit die fremde Erfindung der Armbrust in Deutschland sich verbreitete, da entstand für diese Waffe, deren Name eine Umformung des mittellat. *arcubalista*, *arbalista*, als mhd. *daz armborst*, *armbrost*, *armbrust*, gekürzt selbst *armst*, darstellt[39]), ein eigenes Handwerk, das der Armbruster[40]), mit den Bognern in enger Vereinigung und aus ihnen hervorgebildet. Der Bogen ist von Stahl, Horn oder Holz; als geschätztestes Holz gilt das der Eibe, und so gewöhnlich wird es verwendet, daß das Wort dafür geradezu den Bogen mitbezeichnet[41]); Luxusbogen führen statt der gewöhnlichen Sehne eine seidene[42]). Von Armbrüsten werden

---

[38]) Wehrmann, Lüb. Zunftrollen S. 363.

[39]) *balista: armborst, arenborst, arborst, arenbrust* Diefenb. 66c; *drî schützen er dâ het, die vuorten armst unde bogen* Seifr. Helbl. 15, 322 f.

[40]) *balistarius: armbroster, armbruster, armbrüster, armbrustmecher, bogener, bogner, pogner* Diefenb. 67a; *arcuarius: pogner* nov. gloss. 31b.

[41]) mhd. *îwe* Eibe und Bogen; *arcubalista, ivus: îf* Schmeller 1, 16. (*die haiden*) *hetten gar vil schützen mit stehlin bogen, mit handtbogen und sunst seltzemen langen armbrosten und yben* Georg von Ehingen S. 22 Pfeiffer. Auch altnord. *ŷr* Eibe und Bogen.

[42]) Beschreibung eines solchen Luxusbogens: (der Abt von Fulda) *wann er will birszen, das er sall han eynen ywanbogen mit eyner syden*

leichtere, zur Jagd[43]), und schwerere, zum Krieg[44]), gefertigt; das Holzwerk daran ist teils tannenes, teils buchenes; aus welchen einzelnen Teilen eine Armbrust besteht, zählt ein Abkommen auf, welches der Rat der Stadt Zürich mit einem ehrenvoll in die Dienste der Stadt berufenen Armbruster im Jahre 1417 abgeschlossen hat, und worin die Preise einer neuen und der Reparatur alter Armbrüste festgesetzt werden[45]). Auf steten Vorrat von Armbrustsehnen besonders wird so sehr gehalten, daß Sehnen von Rindern und Kühen nicht außerhalb der Stadt, sondern nur an die heimischen Armbrustmacher verkauft werden dürfen[46]). Geschossen wird mit Pfeilen, die für Bogen und Armbrust dienen[47]), und mit Bolzen, die in ihrer jüngeren und handlicheren Form nur bei der Armbrust gebraucht werden; ursprünglich bedeutet das ahd. *bolz*, wahrscheinlich eine Umdeutschung und Kürzung von *catapulta*, das schwere Geschoß einer Wurfmaschine[48]). Die Geschosse werden meist wohl nach Bedürfnis von den Verfertigern des Schießzeugs mitgeliefert. Für die Aufbewahrung der Geschosse

---

senwen, mit eyner sylbrin strale (Pfeilspitze), *mit einem lorbaumen tzeyn* (Pfeilschaft) *mit phâen federn gefydert* Weist. 3, 502 (Maingegend, von 1338); ähnlich 426 (Büdingen, von 1380).

[43]) *birsambrust; sîn birsarmbrust und sîn horn* Trist. 418, 11. *rückambrust*, leichte Armbrust, mit Vorrichtung auf dem Rücken zu tragen: *10 rucarmbuste, 10 balistas dorsales, duas rugghearmburst* Rüdiger, Hamburger Zunftrollen S. 2 (von 1307, 1309, 1329); in Zürich kurzweg *rugge* genannt (Quelle vgl. Anm. 45); im Gegensatz zur Armbrust, die man hoch trägt: *dar nâch fünfzec schützen sâ zogten dêswar schône dâ, die fuortn ir ambrust alle enbor* U. v. Lichtenstein 246, 25 ff.

[44]) *wintarmbruste*, die mit besonderer Winde gespannt werden (1309 als *magnas balistas* bezeichnet), und *stegereifarmbrust*, nd. *stegereparmbrust* (Rüdiger a. a. O. S. 2), mit einem Bügel am oberen Ende des Schaftes, in den der Fuß beim Spannen treten kann.

[45]) Zürcher Stadtbücher 2, 293.

[46]) Ebenda 2, 217 (von 1425).

[47]) *noch sneller ist des argen wort, denne von der armbrost sî der pfîl* Boner, Edelst. 3, 56 ff.

[48]) *catapulta: bolz* Steinm. 3, 639, 44. Die deutsche gekürzte Form wird wieder in das Mittellatein übergeführt: *pulzio: polz, polze* 632, 35; *polzio: polz* 634, 43; *pulcium: polz* 635, 24; *pultio: polz* 638, 1.

dient der Köcher, ein Gefäß mit einem uralten über die westgermanischen Dialekte verbreiteten Namen, wahrscheinlich von der allgemeinen Bedeutung Behälter[49]), der ebenfalls im Nebenbetrieb von Bognern und Armbrustern gefertigt wird, so daß man aus der Hand beider Handwerker das gesamte Schießzeug erhalten kann. Eine hohe Verantwortlichkeit liegt auf dem Gewerke, *wente dar licht lyf unde sund* (liegt Leben und Gesundheit) *an ener guden armborsten*, wie es in der hamburgischen Ordeninge der Armborsterer von 1458 heißt; daher wird gefordert, daß jede Armbrust die Marke des Meisters trage, und daß er ein Jahr für ihre Güte Gewähr leiste; auf guten Ruf und ordentliche Führung wird bei Meistern und Gesellen besonders gesehen. In einzelnen Städten ist die Zahl der zugelassenen Meister beschränkt, in Lübeck z. B. sollen gleichzeitig nicht mehr als sechzehn sein; andere Ordnungen setzen die Zahl der Gesellen eines jeden Meisters auf zwei nebst einem Lehrling fest[50]). Im allgemeinen scheinen sich auch die Meister ihrer Verantwortlichkeit völlig bewußt und auf tadelfreie Ware bedacht gewesen zu sein; wenigstens geht das satirische Gedicht aus dem 15. Jahrhundert, „des Teufels Netz,“ das sonst an den meisten Handwerkern kein gutes Haar läßt, noch ziemlich glimpflich mit ihnen um und erkennt ihre Mehrzahl als Biedermänner an; einen Kniff kann es sich freilich nicht ersparen anzuführen, daß sie nämlich den Bogen der Armbrust statt aus massivem Horn aus einer dünnen Hornplatte, unterlegt mit eichenem Holz, fertigen und dadurch die Haltbarkeit beeinträchtigen[51]). Seit dem Aufkommen der Feuerwaffen und namentlich des kleinen Schießgewehrs (der *hantbühse*) weicht das Gewerbe von seiner Höhe und geht nach und nach ein. Die Erfindung der Handbüchse, im Gegensatz zu der großen, durch Guß oder Zusammenschweißen eiserner Schienen gefertigten

---

[49]) Vgl. Deutsches Wb. 5, 1559 f.

[50]) Wehrmann a. a. O. S. 161 (von 1425). Rüdiger a. a. O. S. 5 (von 1458).

[51]) Teufels Netz 11258 ff. (Ein satirisches Gedicht, das wohl speziell die Verhältnisse von Konstanz zur Zeit des Konzils ins Auge faßt. E. Schr.)

steinbühse (mit steinernen Kugeln zu laden), ist in der ersten Hälfte des 15. Jahrhunderts gemacht und schnell verbreitet, so daß das Gewehr bald, wie Armbrust und Bogen, zu Vergnügungsschießen gebraucht wird[52]); und mit dem vermehrten Bedarf entsteht das neue Gewerbe der Büchsenschmiede oder Büchsenschäfter, die sich der Zunft der Schmiede angliedern.

Die Entwicklung der Eisenhütten (S. 99) bringt Eisen nicht nur in Stabform, sondern auch, indem das Stabeisen durch große von Wasserkraft getriebene Hämmer breit ausgeschlagen wird, Eisenblech hervor, und von dieser Erfindung her, deren Alter nicht festzustellen, die nur in der ahd. Zeit nicht bezeugt ist, nehmen zwei weitere Handwerke ihren Ausgang. Über die Kleidung, namentlich über Brust und Knie legte man seit dem 12. Jahrhundert Schutzplatten von diesem Bleche (mhd. *îsenblech*), die sich im 15. Jahrhundert zu ganzen Harnischen entfalteten, auch den Helm arbeitete man von Blech aus[53]). Daher erwuchs das Gewerke der Plattner und Haubenschmiede oder Eisenhuter[54]), im 14. und 15. Jahrhundert blühend, namentlich in einzelnen süddeutschen Städten, wie Augsburg und Nürnberg, durch die Güte seiner Erzeugnisse berühmt. Beiderlei Handwerker arbeiteten mit schweren Eisen- oder verstahlten Blechplatten, die Schwerthiebe abzuhalten geeignet waren; aber auf den Blechhämmern

[52]) *als dann biszher ein bose gewonheit gewest und entstanden was, das man an den suntagen und andern feirtagen nach tisch, vor und ee man dann gepredigt hette, hie in der stat und vor den thoren mit püchssen und armprüsten geschossen hat* Nürnberger Pol. Ordn. 54. Verbot der Jagd mit *puchssen, hantpuchssen:* ebenda 310.

[53]) Er führt den Namen *îsenhuot, îsenhûbe; galerus: eysenhuot, ysinhube* Diefenb. 256a; eine Widmungsinschrift auf einem Schwerte, das für Konrad von Winterstetten als Geschenk bestimmt war, lautet *Kuonrât, vil werder schenke von Wintersteten hôchgemuot, hie bî du mîn gedenke: lâ ganz deheinen îsenhuot,* vgl. Haupts Zeitschr. 1, 194 ff.

[54]) In einem Handwerksverzeichnisse von 1363 werden zu Nürnberg aufgeführt 12 *platner* neben 21 *plechhantschuer*, und 6 *haubensmit:* D. Städtechron. 2, 507. *Conrat und Heinrich di eisenhuter* Nürnberger Pol. Ordn. 170 (15. Jahrhundert).

wurde auch Blech leichterer Art geschlagen[55]), und dieses brauchte man für Gegenstände des Haushaltes, die früher in mühsamerer Weise durch Gießen oder Schmieden hergestellt wurden, Schalen, Hohlgefäße, spangenartige Gegenstände, namentlich seit man es verstand, durch Verzinnen das Weißblech herzustellen[56]). Die Handwerker, die derartige Sachen fertigen, nehmen zum Teil die Arbeit der Kaltschmiede (S. 126) auf und führen in verschiedenen Gegenden verschiedene Namen. Solche nach dem verarbeiteten Metall, wie Blechschmied, Blechschläger und Blechner, lassen sich für die Zeit bis zum Anfang des 16. Jahrhunderts noch nicht nachweisen, obschon sie vermutlich schon vorhanden gewesen sind; dagegen erscheinen Namen nach den Erzeugnissen, die sie machen, wie *vlaschensmit*, *vlaschener*, *beckenslaher*, *laternmacher*, *spengeler*[57]), und nach dem klampernden, klappernden Geräusche, das die leichten Hämmer des Handwerks verursachen, oberdeutsch *klampferer*, *klamperer*[58]), mitteldeutsch *klemperer*, später *klempener*, ursprünglich als Neck- oder Spottname gebildet.

Mit der Eisengewinnung steht noch eine andere Industrie in Verbindung, das Ziehen von Draht mittels einer Maschine, der Ziehscheibe, deren Erfindung wahrscheinlich in frühere Zeiten des Mittelalters zurückreicht. Die Drahtzieherei ist kein zünftiges städtisches Gewerbe, sondern eine häusliche Beschäftigung, die in Gegenden, wo besonders weiches, durch die Löcher der Ziehscheibe preßbares Eisen vorhanden, betrieben wird, für Deutschland wahrscheinlich zufrühest

---

[55]) Vgl. niederd. *lamen: bleck, also eyn dunne ysern* Diefenb., nov. gloss. 227 a.

[56]) Das Verzinnen von Kupfer und Eisen ist im 14. Jahrhundert bekannt und geübt: *kupfer und eisen, wie hert die sint, die verprinnent in dem feur, wenn si ân zin sint. wenn man kupfereineu vaȝ verzint, dâ wirt ezzen und trinken dester pezzer inn und vertreibt die vergift des rosts an dem kupfer* Megenberg 480, 18 ff.

[57]) *flaschensmide*, *flaschner*, 1363 in Nürnberg: D. Städtechr. 2, 507. *Fricz Aichelperger*, *peckslaher* S. 285. *laternarius: laternmacher* Diefenb. 320 a; *fibulator: spengler* 233 a. Über *spange* für Blech vgl. Deutsches Wb. 10, 1, 1878.

[58]) Schmeller 1², 1330.

in Westfalen[59]), wo es ein bäurisches Nebengewerbe gewesen ist. Später wird die Drahtziehscheibe statt von Hand, durch Wasserkraft getrieben, es entsteht die Drahtmühle, die bereits im 14. Jahrhundert nachweisbar ist. Die Gewinnung des Drahtes ist Voraussetzung für ein weiteres Metallgewerbe, das des Nadlers, mhd. *nâdelære*, mnd. *nateler*, *neteler*[60]), das ebenfalls im 14. Jahrhundert zünftig organisiert erscheint und seinen Namen von dem Haupterzeugnisse führt. Dem Nadler fällt auch die Verfertigung der Fischangeln[61]) und der leichten Drahtgitter zu, die über Gefäße und Schränke zum Schutze gezogen sind und wovon er auch den Namen *drâtsmit* führt[62]); von schwererem Draht werden Teile der Rüstung erstellt, wofür sich ein eigenes Gewerbe bildet, das des Panzermachers[63]), der sich zu den Waffenschmieden hält.

Welch eine Fülle von Handwerken sich aus den alten Gewerken der vorigen Periode abspaltet und welche neuen entstehen, das kann in größerer Ausführlichkeit hier nicht dargetan werden, zumal in besonderem Maße lokale Verhältnisse einspielen und in einer Stadt Gewerke erzeugen und blühen lassen, die anderswo entweder kümmerlich als Nebenbetrieb existieren oder auch gar nicht vorkommen. Zunftrollen und Handwerksmeister-Verzeichnisse verschiedener Städte Süd- und Norddeutschlands enthalten hierrüber lehrreiche Angaben[64]). Lebendiger noch ist die Liste der Handwerker gehalten, die zu Ende des 13. Jahrhunderts in Wien

---

[59]) Beck, Geschichte des Eisens 1², S. 888 f.

[60]) *nâdlær* Ottokar, Österr. Reimchron. 65671. *noldener, nedelmacher* Mone, Zeitschrift für die Geschichte des Oberrheins 15, 35 (von 1378).

[61]) Vgl. Wehrmann, Lüb. Zunftrollen 339. Als Meisterstück werden dreierlei besondere Nadeln gefertigt, *dar dreierley handwerkslüde mede arbeiden können, stämmenateln, körsznernateln, schnidernateln* Rüdiger, Hamburger Zunftrollen, S. 177 (von 1529).

[62]) *nadler und drôtsmit*, deren es zu Nürnberg im Jahre 1363 22 gibt: D. Städtechr. 2, 507.

[63]) *lorifex: panzermacher* Diefenb. 336b; mit älteren Namen *sarwercher* ebenda, *sarwürhte* D. Städtechr. 2, 507.

[64]) Vgl. z. B. in bezug auf Nürnberg die Ausführungen Hegels in den deutschen Städtechr. 2, 507 ff.

seßhaft waren; Ottokar gibt sie in seiner Reimchronik (65662 ff.) bei der Schilderung der Not, in welche die Stadt durch eine Empörung und daraufhin erfolgte Abschneidung aller Zufuhr gekommen ist:

daȥ grœȥist volc, daȥ Wienne hât,
daȥ sint hantwerkære:
smid und bogenære,
slôȥær und goltsmit,
sarwurkær und meȥȥrær hânt den sit,
daȥ si fiwer müeȥen hân;
satlær, schuostær ouch des ân
mugen belîben selten,
des muosten ouch enkelten
nadlær, fleischackær und becken,
ouch muosten in die wende stecken
die kursenære ir geziuge.
ouch lebten dô mit der smiuge
schrôtær, dræhsel und die tuochweben,
ouch sach man dô mit kummer leben
wollær, lodnær und die tuoch verbent,
die buochvel unde leder gerbent,
huotær, wurflær (Würfelmacher), *und die dâ strickent,*
und die dâ altiu kleider flickent,
schiltær, bindær und rîsnærinne,
und die dâ kunnen sîden spinnen,
keȥlær und die dâ glocken gieȥen;
ouch muost des schaden dâ verdrieȥen
zimmerliute und steinmetzen,
sporær und die man siht setzen
unde modelen die zigel,
glasær und die dâ machent spiegel,
schrînær und die dâ machent vaȥ.
der selbe schade ouch besaȥ
gurtlær und irhære,
hantschuostær und buochlære[65]),
kompær (Kummetmacher) *und die dâ snîdent zeine,*
und die ûȥ horne und ûȥ beine
drænt, swaȥ man kluoges wil,
der vindet man ze Wienen vil,
munzær, die dâ phenninc slahen,
und die dâ drænt ûȥ tâhen

---

[65]) *buochlære* für *buochelære,* wohl eher der gewerbsmäßige Abschreiber von Büchlein (*buochelîn*), kleinen Gedichten erzählenden, belehrenden, lyrischen Inhalts, als = Buchbinder.

heven unde krüege,
und die dâ gefüege
hêsip (Haarsiebe) *zhanden gerehtent,*
und die ûz holze korbel flehtent,
die wurden alle zornes vol,
dô in holz unde kol,
des man bedarf ze fiwer,
wart sô gar tiwer.

Spezialgewerbe, die sich nur mit der Ausbesserung getragener Kleidungsstücke befassen und sich von den Verfertigern neuer Kleidungsstücke scharf gesondert halten, sehen wir besonders in den größeren Städten des Nordens wie des Südens häufig erscheinen. Auch ihre Mitglieder haben sich zünftig zusammengeschlossen. Vor allem ist da zu nennen das Gewerbe der Schuhflicker, das schon in früherer Zeit als ein Sonderhandwerk genannt wird (vgl. DHA. 3, 267) und unter verschiedenen Namen vorkommt[66]); weniger häufig sind die Flickschneider (*die dâ altiu kleider flickent* nach den Worten Ottokars), in Niederdeutschland unter den Bezeichnungen *oltkodder*, *oltmaker*, *oltschroder* aufgeführt[67]); in Zürich gibt es auch *altwerker*, die getragenes Pelzwerk wieder zurechtmachen und verkaufen, sie dürfen aber mit den Verkäufern neuen Pelzwerks nicht zusammen ausstehen[68]).

Die Lostrennung eines entstandenen Sondergewerbes von seinem Mutterhandwerk und die Vereinigung zu einer neuen Zunft geschieht sehr ungleich und ist lokal verschieden. In Lübeck durfte in älterer Zeit ein Zunftmeister alle Schmiedearbeit machen, die er zu machen verstand; später trat die Beschränkung ein, daß zu derselben Zunft nur die Huf-

---

[66]) *pictaciarius: lepper, lapper, bletzer, schuochbletzer, rewse* (mhd. *riuze*), *altreusz, altbüesser, altbutzer, flicker, schuchflicker* Diefenb. 433b; *renovator: ein altreüs, altbuszer* 492b; *die alten schůchmacher* Zürcher Stadtbücher 1, 97 (von 1341); *die suter, die alt schůch machent* 146; in Lübeck *oltlaper, oldenschomaker, lepper* Wehrmann, Lübecker Zunftrollen 343; 346; in Hamburg *oltflicker, oldtböter* Rüdiger, Hamburger Zunftrollen 280. In Nürnberg *reuzzen*, deren es im Jahre 1363 nicht weniger als 37 gibt: D. Städtechr. 2, 507.

[67]) Schiller-Lübben 3, 226a.

[68]) Zürcher Stadtbücher 1, 83.

oder Grobschmiede, Schlosser- oder Kleinschmiede, Messerschmiede und Büchsenschmiede gehörten[69]). In Hamburg bleiben die Grobbäcker bei den gemeinen Bäckern[70]), in Nürnberg sind vereinigt Kuttler und Metzger[71]), ebenso diejenigen, die Arbeiten in Messing und Zinn ausführen, ferner die Verfertiger von Reitzeug[72]). Und so an anderen Orten andere[73]). Wenn aber die Sondergewerbe nach ihrer Bedeutung oder nach der Zahl der Mitglieder erstarken, so bilden sie auch wohl eigene Verbände. So haben sich im Schmiedegewerke die Goldschmiede von der alten Gemeinschaft mit den Münzern oder Hausgenossen[74]) getrennt und erscheinen seit der zweiten Hälfte des 13. Jahrhunderts als eigene Zunft[75]), Waffenschmiede (Klingenschmiede, Schwertfeger) haben sich von jeher als besonderes bevorzugtes Gewerk gegenüber den gewöhnlichen Schmieden gefühlt[76]), Gerber sondern sich in Weißgerber, Rotgerber, Löscher und Ircher, deren in Nürnberg 1363 fünfunddreißig erwähnt werden[77]), und so in mannigfacher Weise. Bemühungen, verwandte Gewerbe zusammenzuhalten oder einer Hauptzunft anzugliedern, sind nicht überall geglückt[78]).

---

[69]) Vgl. Wehrmann a. a. O. 434 f.

[70]) *item, de grofbacker scholen ok gan in de morghensprake mangkt de gemenen beckere* Rüdiger, Zunftrollen 28.

[71]) Vgl. Deutsches Wb. 5, 2907.

[72]) *messingsmit, gürtler, zingieȝȝer, spengler* D. Städtechr. 2, 507. *biȝȝer* (die Zaum und Gebiß machen), *sporer, stegraiffer* ebenda.

[73]) Über andere gemeinschaftliche Zünfte vgl. Inama-Sternegg, Deutsche Wirtschaftsgeschichte 3, 2 (1901), S. 137.

[74]) Vgl. über diesen Namen oben S. 55.

[75]) Inama-Sternegg a. a. O.

[76]) *klingensmit* D. Städtechr. 2, 507. *swertveger*, vgl. Deutsches Wb. 9, 2587.

[77]) Über Ircher und Löscher vgl. DHA. 3, 211. *irher* von *ledrern* (Gerbern) unterschieden: D. Städtechr. 2, 508. *allutarius: iercher* Diefenb., nov. gloss. 18b.

[78]) In Zürich macht die Zimmerleutezunft 1340 Anspruch darauf, daß die Bogner sich zu ihr halten, ebenso 1341, daß die Holzarbeiter, welche Gelten, Standen, Zuber und anderes dergleichen Geschirr machen, so wie die Korbflechter, sich ihr eingliedern, sie wird aber von Bürgermeister und Rat abgewiesen: Zürcher Stadtbücher 1, 121; 131.

Aber als Rest eines uralten Herkommens erscheint es, wenn der Schuhmacher auf dem Lande sein Leder selbst gerbt und sich hierzu Eichenrinde aus dem Walde holen darf[79]).

Daß in der Enge der mittelalterlichen Stadt die Meister eines Gewerbes auch nahe zusammen wohnen und ganze Straßen, selbst Quartiere von einerlei Art von Gewerbe eingenommen werden und danach ihren Namen empfangen, ist DHA. 1, 304 f. dargelegt worden. Für den Betrieb von Hantierungen, die den Nachbarn durch Geruch oder sonst lästig fallen, müssen Orte außerhalb der Stadt gewählt oder sonst Schutzmaßregeln getroffen werden. So wird im Anfang des 15. Jahrhunderts zu Zürich einem Färber, der die Gewohnheit hat, in seinem Hausgarten Farbe für neue Tücher zu sieden, auf die Klage seiner Nachbarn aufgegeben, für dieses Geschäft einen Kamin über dem Färbekessel zu bauen, damit der Rauch und Dampf über der Nachbarn Häuser hinweggehen könne[80]). Im Jahre 1477 haben die Kerzengießer zu Lübeck vor dem Holstentore einen eigenen Bau, der ihrer Zunft vom Rate der Stadt für das Schmelzen rohen Talgs zur Verfügung gestellt ist, um Feuersgefahr und Belästigung durch den Geruch zu vermeiden, wenn es auch jedem Einwohner unbenommen bleibt, für den Hausbedarf rohen Talg im eigenen Hause zu schmelzen. Zu München darf im 14. Jahrhundert kein Schäffler in der innern Stadt sein Handwerk treiben; offenbar des belästigenden Klopfens halber[81]).

Das volle gesunde Leben des mittelalterlichen Zunftwesens zeigt sich nicht zum wenigsten darin, daß es im späteren Mittelalter auf Berufe angewendet wird, die ur-

---

[79]) *so sall er* (der Vogt) *weren rinden slyszen, ân eynem schuchart, der in der mark sytzet, der sall sye slissen von stucken under synem knyehe, ader von tzimerholtz, das er ader sin nachburen gehauwen hetten tzu buwe, davon sall er ledder lowen, das er davon sinen nachburen schuwe gemache* Weist. 1, 499 (Maingegend, von 1338).

[80]) Zürcher Stadtbücher 2, 409 f.

[81]) Wehrmann a. a. O. S. 251. Stadtrecht von München, Art. 456 (S. 174 Auer). Auch Flachs dörren oder bleuen ist daselbst in der Stadt verboten: Art. 362 (S. 140).

sprünglich einem Handwerke fernstehen: sind doch in Basel selbst Lehrer der Universität und des Gymnasiums sowie alle die, die einen gelehrten Beruf treiben, in eine Zunft einbezogen worden. Hierbei ist zu bemerken, daß sich für die Organisation verschiedene Namen ergeben, die ursprünglich landschaftlich sind, und die auf die verschiedenen Quellen, aus denen jene zusammenfloß, Licht werfen. Die älteste Bezeichnung *ambaht*, Amt, lat. *officium*, fußt noch auf völliger Abhängigkeit von dem Hofhalt eines Herrn und steht im Zusammenhange mit den alten Magisterien (S. 130f); sie ist vorzugsweise in Niederdeutschland üblich[82]); *zunft* ist im ganzen Mittelalter fast nur oberdeutsch[83]); bei seinem frühesten Vorkommen bezeichnet es den geistlichen Konvent (Anm. 4, S. 131), die Übertragung auf die Handwerkerzünfte fußt demnach auf ihrer Anlehnung an die geistlichen Bruderschaften (S. 136). *gilde*, ursprünglich am Rhein und in den Niederlanden heimisch und von da aus nach dem östlichen Niederdeutschland übertragen, ist gebildet auf Grund der rechtlichen Bedeutung, die das alte gemeingermanische Verbum got. *gildan*, altsächs. *geldan*, ahd. *geltan* enthält, und will die Verbundenheit und das Einstehen der Verbundenen für einander hervorheben. Dem gegenüber betont wieder das oberdeutsche *einung*[84]) und das vorwiegend mitteldeutsche *innung*[85]), zugleich die jüngsten Namen der Organisation, das freiwillige Über-

---

[82]) Vgl. über die Bedeutungsentwicklung des Worts im Mnd. Schiller-Lübben 1, 67 f.

[83]) Übergreifen auf mitteldeutsches Gebiet im 15. Jahrhundert; *czumpffta und ynnunge* (der Leineweber): Freiberger Stadtrecht 293 Ermisch.

[84]) *einung* in der Bedeutung der Übereinkunft: *eȝ sol auch kain hantwerch kain ainunge machen under in âne deȝ rates wort* Nürnberger Pol. Ordn. 153 (13. Jahrhundert); ähnlich in München: *wir verpieten auch allen ainung under den hantwerchen* Auer a. a. O. S. 141; dann der so verbundenen Handwerker: *einung* des Seidengewerbes zu Zürich 1336: Zürcher Stadtbücher 1, 116. *eynunge und gesellschaft der vischer in dem nidren wasser* [*ze*] *Zürich* ebenda 309.

[85]) *de articulis institorum, qui innige vocantur* Weistümer 3, 344 (Hessen, von 1239). *die beckere habe eine innunge hi in der stat zu Vriberc, also daȝ kein man âne innunge sal veile backen* Freiberger

einkommen und Bündnis der Meister eines Handwerks in bezug auf die Unterwerfung unter gemeinschaftliche Rechte und Pflichten. Diese Namen begleiten die Ausbreitung der Zünfte, wie sie vom 13. Jahrhundert ab sichtbar wird, zunächst auf weibliche Gewerbetreibende, dann auf andere früher freie Hantierungen. Weibliche Handwerkskräfte erscheinen im Verhältnis zur Zunft in verschiedener Weise: entweder sie treten als Hausarbeiterinnen für Zunftmeister auf und stehen in einer Art Gesellenverhältnis zu ihnen, so in Zürich die Seidenweberinnen, denen selbständige Arbeit untersagt ist[86]), oder in Freiberg die Spinnerinnen[87]); oder sie erscheinen als vollberechtigte Mitglieder der Zunft, namentlich in dem Falle, daß sie nach dem Tode ihres Ehemannes das Handwerk mit Hilfe eines Gesellen selbständig weiterführen, aber auch anderweit; so kennen Hamburg wie Zürich selbständige Leinweberinnen, welche Verpflichtungen gegen die Zunft zu erfüllen haben, sogar auf Ladung zur Morgensprache erscheinen müssen[88]). Wenn in Speier im 14. Jahrhundert selbständige Gärtnerinnen und Ölmüllerinnen genannt werden[89]), so sind das wohl Witwen von Zunftgenossen; aber in die Schneiderzunft zu Mainz werden im 15. Jahrhundert Frauen als Schneiderinnen und Seidenstickerinnen auch außerhalb solches Verhältnisses aufgenommen, selbst mit der Befugnis, Lehrlinge zu halten[90]). In dem satirischen Gedicht „des Teufels Netz" werden verschiedene weibliche selbständige Handwerker angeführt, besonders Flickerinnen, Gürtelwirkerinnen, Verfertigerinnen von gewirkten Handschuhen (*hendschuoch-*

Stadtrecht 241 Ermisch; *innunge* der Fleischhauer, Schuster, Schröter, Kramer: ebenda 245 ff. In das Mittelniederdeutsche als *inninge, innige, innie* übergegangen: Schiller-Lübben 2, 372 f. Vgl. auch Anm. 99.

[86]) Zürcher Stadtbücher 1, 39. 117. *welh frouwe umb lôn werket, diu sol ir selben nicht werken und sol dз antwerk selber nicht haben* 226.

[87]) Ermisch a. a. O. S. 277.

[88]) Rüdiger, Zunftrollen S. 161. Zürcher Stadtbücher 93.

[89]) Mone, Zeitschrift für die Geschichte des Oberrheins 15, 34.

[90]) Ebenda 16, 176 f. Über weibliche Handwerker im deutschen und französischen Mittelalter vgl. Stahl, Das deutsche Handwerk (1874) S. 42—93.

glismen), Garn- und Seidenspinnerinnen; sie werden als Lohnarbeiterinnen gefaßt, deren größte Anzahl sich gern noch einen bedenklichen Nebenverdienst verschafft[91]).

Auf ehemals freie Hantierungen dehnt sich die Zunftorganisation in verschiedener Weise aus. Eine der frühesten Übertragungen ist die auf das Kleingewerbe der Krämer, die nicht mit der Geschicklichkeit der Hand Werte schaffen, sondern sie nur, sofern sie Gegenstände des täglichen Bedarfs sind, als Zwischenhändler vertreiben. Das auf das hoch- und niederdeutsche Sprachgebiet beschränkte Wort ahd. *chrâm*, mhd. mnd. *krâm*, mnl. *kraem*, dessen etymologische Bezüge ganz dunkel sind, begegnet seit dem 10. oder 11. Jahrhundert in der Bedeutung einer Bretterbude oder eines Zeltes, wie sie der wandernde Kaufmann für die Auslegung seiner Waren mit sich führt und bei längerem Aufenthalt in einer Gegend errichtet; unter diese Waren gehört auch Wein, der selbst zu sofortigem Genuß verkauft werden kann[92]). Solche Buden oder Zelte werden nach Bedürfnis aufgeschlagen und wieder abgebrochen (vgl. DHA. 1, 307); aus ihnen entwickeln sich die festen Verkaufsstände der mittelalterlichen Stadt, wie sich aus ihren herumziehenden Besitzern unter dem Einflusse der Stadtverhältnisse seßhafte Verkäufer ergeben, doch nicht ohne daß Reste früherer Lebensweise noch nachdauern. Die alten Verhältnisse dieser Art von Leuten übersehen wir nicht völlig, aber es scheint, daß wir unter den Wanderkaufleuten bis zum Anfange des späteren Mittelalters drei Arten zu unterscheiden haben: den Großkaufmann, der vorzugsweise die Märkte mit seinen Artikeln bezieht, den Sklaven- und Viehhändler und den Verkäufer von Schmuck, Tand und Tagesbedürfnissen, der sich nicht an Märkte bindet. Für die erstere Klasse ist der lateinische Name *mercator* durch das ahd. mhd. *koufman*, angelsächs. *ceápman*, *cŷpman*, oder auch

---

[91]) Teufels Netz 12000—12066.

[92]) *tentorium: gezelt, papilio: cram* Steinm. 3, 377, 35f., (vgl. *papilio vel tentorium: gecelte* 358, 14); *taberna: taverne, tavirna, wînhûs vel chram* 124, 53f.; *taberna: wînhûs vel cram* 209, 54. Vgl. dazu *caupo vel tabernio: wîneigo, wîneige vel taverner* 186, 21; *tabernarius: kramere* 26.

statt dessen durch die einfache Ableitung *koufo, koufâri*, angels. *cŷpa*, vertreten; für die zweite Art wird das lateinische *mango*, als ahd. *mangâri*, angelsächs. *mangere* herübergenommen, und dieses Wort schränkt sich im Mittelhochdeutschen nach dem Aufhören des Sklavenhandels als *mangære, mengære* besonders auf die Bedeutung des Viehhändlers, zumal des Roßverkäufers ein, wie denn schon in älterer Zeit Sklaven und Vieh als Verkaufsartikel zusammen genannt werden[93]); die dritte Art endlich entspricht dem lat. *institor*, dem Kleinverkäufer, der mit seinen Waren vor den Türen oder in Gassen öffentlich aussteht, und der von seinem Verkaufsstande nur in den Landen, wo das Wort *krâm* gänge war, den Namen ahd. *krâmâri, krâmeri*, mhd. *krâmære*, mnd. *krâmer* und *krêmer* empfangen hat. Doch ist der Unterschied dieser Kaufmannsarten in der Bezeichnung schon im 9. Jahrhundert sichtbar nicht mehr festgehalten worden; namentlich geht auf den Krämer die vornehmere Bezeichnung Kaufmann über[94]), später aber, namentlich in offizieller Sprache, tritt der Unterschied wieder hervor[95]). Nach der Ausbildung der Stadtverfassung tun sich die seßhaften Krämer in zunftgemäßer Verbindung zusammen; es ist aber Rest der alten Verhältnisse, daß sie

---

[93]) *si autem Bawari vel Sclavi istius patrie ipsam regionem intraverint ad emenda victualia cum mancipiis vel cavillis vel bobus vel ceteris suppellectibus suis* Leges portorii von J. 906 (Mon. Germ., Leges tom. 3, 481, 4). *mango: verdauscher, verkauffer, rostuscher, rosteuscher* u. ä.: Diefenb. 346c.

[94]) Vgl. *institutorum* (lies *institorum*)*: chouffaro, choufaro, choufare, chaufar, chofmanne* Steinm. 1, 504, 66; *institutoris: choufmannes, choufman, chramer* 539, 51 f.; sonst *mercator: choufman, kofman* 3, 139, 63 f. 186, 15. *tabernarius: chrâmære, krâmâri, krâmere* 140, 7 f. *mango: mangare, mangere, mengâri, mengere* 140, 1 f. Vgl. auch Deutsches Wb. 5, 1997 und Gudrun 293; 294 mit 251; 324.

[95]) *die cremer haben ouch ein innunge ... die kouflute, die gewant sniden under deme koufhuse, die haben ouch ein innunge in dem koufhuse unde anders nirgen* Freiberger Stadtrecht 250; 251 Ermisch. Die Kramerinnung heißt auch *dat ampt der kremere* Rüdiger, Zunftrollen 48 (von 1375); oberdeutsch *kramerzunft* (vgl. Anm. 98). Unterschieden ist der *kremer* von dem *copman, de syn gud over de zee brynghet:* Rüdiger a. a. O. 49.

fremde Verkaufsgenossen, mhd. *geste*, unter sich leiden müssen, wenn diese mit Waren in die Stadt gezogen kommen[96]). Frauen werden vollberechtigte Zunftgenossen; sie erscheinen im mhd. unter den Bezeichnungen *koufmennine*, *koufvrouwe*, *koufwîp*, lat. *institrices*[97]). Was ein Krämer oder eine Krämerin feilführt, erfahren wir aus mancherlei Quellen[98]), doch gediegene Waren, namentlich wertvollere Kleidungsstoffe, sind ausschließlich den Kaufleuten vorbehalten, die von dem Handel mit Schnittwaren den Namen *gewantsnîder* führen[99]).

Zunftmäßig organisiert erscheinen auch die Brauer, seitdem das Bierbrauen ein städtisches Verkaufsgewerbe geworden ist (vgl. DHA. 2, 348 f.), namentlich in größeren Städten, wo Bier für den Export erzeugt wird. Von solchen Brauerzünften oder -innungen haben wir Nachricht aus Lübeck, Braunschweig, Hildesheim, Augsburg und anderen Städten[100]); Hildesheim hat für seine Stadtkasse sogar eine oft wiederkehrende reichliche Einnahme aus den Geldern, die von neuen Gewerbsgenossen beim Eintritt in die Innung

---

[96]) Vgl. Wehrmann, Lübeckische Zunftrollen 270. Rüdiger, Zunftrollen 49 u. ö.

[97]) *institrices* in Speier: Mone, Zeitschrift für die Geschichte des Oberrheins 15, 35.

[98]) Goldschmuck und Edelsteine: Gudrun 251; 325. *spîse*, Eßwaren: Freiberger Stadtrecht 250. Beinkleider, Strümpfe: Rüdiger, Zunftrollen 49. Fische, Bauholz, Räder, Stränge, Pech, Schindeln: Bech, bischöfliche Satzungen über das Eidgeschoß in Zeitz aus dem 14. und 15. Jahrhundert (1870) 3. In Augsburg gehören 1466 die *gürtler* zu der *krâmerzunft:* D. Städtechr. 5, 118, 23.

[99]) Vgl. *syden want und scharlaken de koft de bur nicht uth den kramen* de Koker bei Schiller-Lübben 2, 556b. mhd. *gewantsnîder* (auch ein Fem. *gewantsnîderîn:* Nürnberger Pol. Ordn. 30), niederd. *wantsnîder; he* (der Bischof Wichmann von Magdeburg 1153) *makede der wantsnider und der kremer inninge erst* D. Städtechr. 7, 118, 3.

[100]) *bruwere ammet* in Lübeck 1363: Wehrmann a. a. O. 178; in Hamburg zwischen 1292 und 1306: Rüdiger a.a.O. 22; in Magdeburg, *in dem rumore* (1330) *wart gemaket der becker unde der brûwer innien* Script. Brunsvic. 3, 377 (Bothonis chron); für Hildesheim vgl. Döbner, Hildesheimische Stadtrechn. 1, 418 (von 1411); 441 (von 1412) usw.; *bierbrewen* zu Augsburg zunftmäßig organisiert, sie stellen zu einem Kriegszug 1362 fünf gewappnete Mann: D. Städtechr. 4, 253.

gezahlt werden mußten[101]). Andrerseits kann in vielen Städten eine Brauerinnung gar nicht aufkommen angesichts der alten durch das ganze Mittelalter fortbestehenden Gewohnheit, sich den Haustrunk im eigenen Hause zu bereiten, sowie dadurch, daß sehr häufig der Rat einer Stadt ein öffentliches Brauhaus erstellt, durch einen technischen Beamten verwalten und kein privates daneben aufkommen läßt.

Eigenartig entwickelt sich als städtisches zunftmäßiges Gewerbe das der Bader und Scherer, von denen das letztere sich erst später aus dem der ersteren abhebt, zu einer Zeit, wo man der Haartracht erhöhte Sorgfalt zuwendet (DHA. 3, 70 ff.), und namentlich, wo in höheren Bürgerkreisen die lange dauernde Mode der Bartlosigkeit herrscht. Das Badergewerbe kommt seit der Entfaltung der Städte empor; für den Ausüber eines solchen gibt es bezeichnend noch keinen ahd. Ausdruck *badâri*, erst im 13. Jahrhundert erscheint *badære*, *bader* als Inhaber und Leiter einer gewerbsmäßig betriebenen Badestube, der eine Anzahl von Knechten und Mägden unter sich hat[102]), später zeigt sich auch *stuber*, *stuberer*, *stubener*, verdeutlicht *bade-stubener*, mnd. *stover* und *bade-stover* in diesem Sinne[103]). Als zunftmäßig organisiert und in Meister und Knechte oder Gesellen geschieden, werden sie z. B. in Hamburg 1375 erwähnt[104]); zu den angesehenen Handwerkern zählen sie aber aus den DHA. 3, 51 ff. aufgeführten Umständen nicht. Auch verbietet sich ihre zunftmäßige Gliederung in kleinen Städten, wo vielleicht nur eine oder zwei öffentliche Badstuben sind, von selbst.

---

[101]) Im Jahre 1433 zahlen vier Bürger die *bruwerinninge:* Döbner, Hildesheimische Stadtrechnungen 2, 531, ähnlich mehrfach später, vgl. 675; 691; 707; 719.

[102]) *daȥ badevolc* Seifr. Helbl. 3, 26; *badeliute* 59. Vgl. auch DHA. 3, 51 ff.

[103]) *stubinator, stubenarius: stubrer, bader, stoeve meyster* Diefenb. 557 b; *stubanator: stover* nov. gloss. 351 b; *stover, badestover* Schiller-Lübben 4, 423 b.

[104]) Rüdiger, Hamburger Zunftrollen 5 f. In Ottokars österreich. Reimchronik sind der Liste der Handwerker (oben S. 149 f.) die Bader noch nicht einverleibt, nur nach ihr (V. 65710) folgt *ein veileȥ bat.*

Unter den Badern und ihren Gehilfen befinden sich solche, die eine besondere Geschicklichkeit für die Pflege des Haares und Bartes und die Entfernung des letzteren haben; sie sind in den Badestuben vorzüglich mit diesem Geschäft betraut und werden vor dem anderen Gesinde formell durch die Art der Anrede ausgezeichnet[105]). Daraus entspringt ihre allmähliche Loslösung von dem Gewerbe der Bader, begünstigt durch den Umstand, daß die Pflege des Haares und Bartes viel öfter in Anspruch genommen werden muß als der Genuß des Bades, der durchschnittlich wöchentlich einmal statthat[106]). Auch dadurch, daß sie sich mit einem modisch französischen Namen nennen, der seit dem 14. Jahrhundert aufkommt und mit dem 15. allgemein wird[107]), wollen sie ihre gegenüber dem bloßen Bader gewerblich höhere Stellung hervorheben.

Die heilkräftige Wirkung eines Schwitzbades auf die Haut, bei Ausschlag und Geschwulst (DHA. 3, 51), und die alte Gewohnheit, im Bade zur Ader zu lassen und zu schröpfen (ebenda 110 ff.), bringen die Bader und die Scherer in Beziehung zur Heilkunst, sofern diese durch bloße Handfertigkeit ausgeübt wird: sie unterziehen sich der Heilung von Wunden, die von Hieb oder Stich herrühren, und der Arm- oder Beinbrüche durch Verband, Salben und Pflaster, bereiten auch Wundtränke[108]). Und hier setzt die Kurpfuscherei ein: nicht selbständige Angehörige des Baderhandwerks üben die Kunst außerhalb des

---

[105]) Man nennt sie *herr* und ihrzt sie; *nû dar, her scherær, strîchet scharsach unde schær, ebent hâr und scheret bart!* spricht der Rittersknecht im Bade: Seifr. Helbl. 3, 77 ff.

[106]) Zweimaliges Baden in der Woche ist Verschwendung: *diu schœnen wîp, der guote wîn, diu mursel an dem morgen, und zwirent in der wochen baden, daȝ scheidet mich von guote* TANHUSER in den Minnes. 2, 96a Hagen.

[107]) Vom franz., seit dem 13. Jahrhundert bezeugten *barbier* wird *barbir, barbirer* (z. B. D. Städtechr. 10, 414 u. ö.) aufgenommen. Das Verbum *barbieren* ebenda 11, 634.

[108]) Als Meisterstück der Barbiergesellen wird in Hamburg 1519 gefordert die Bereitung von vier guten Pflastern, acht Salben und zwei Wundtränken: RÜDIGER a. a. O. S. 12. Verwundeter von Gerichtswegen *dem scherer* überwiesen: Weistümer 2, 77 (Saargegend, von 1493).

Hauses, in der Stadt und auf dem Lande aus, heilen, lassen zur Ader und scheren, was ihnen zu Ulm im Jahre 1470 verboten werden muß, dergestalt, daß sie nur im Auftrage ihrer Meister derartiges treiben dürfen[109]). Im Verlauf der Entfaltung dieses Heilhandwerks treten die Bader zurück, ihre Sache bleibt mehr das eigentliche Badewesen; Scherer oder nunmehr mit dem neuen, fremden Namen Barbiere bemächtigen sich vorzugsweise des genannten Zweiges der Heilkunde und legen sich mit Betonung desselben seit dem 14. Jahrhundert den Namen *wundarzât* bei, der lat.-griechisches *chirurgus* übersetzt[110]). Der Name *scherer* verschwindet deswegen nicht, und noch bis jetzt werden wir durch das seit dem 16. Jahrhundert nachweisbare *feldscherer*, *feldscher* für einen dem Heere zugeteilten Chirurgen an den eigentümlichen Übergang der Bedeutung erinnert. Die enge Verbundenheit von Scherern, Barbieren und Wundärzten wird auch dadurch nach außen hin hervorgehoben, daß sie sich in eine Zunft zusammenschließen, in Gemeinwesen, wo solches möglich ist; immerhin kann das erst in verhältnismäßig später Zeit geschehen sein, da wir beispielsweise in dem Nürnberger Verzeichnis der zünftigen Handwerker von 1363 eine Zunft der Barbiere und Wundärzte noch nicht antreffen[111]). Im Jahre 1452 sehen wir aber in Hamburg ein *ampt* der Bartscherer mit *knapen* und *jungen* (Gesellen und Lehrlingen), das sich in frommem Sinne zu einer Bruderschaft verbündet, *Gode unde Marien unde sunte Cosmas unde Damianus to lave und tho eren unde der sustere unde brodere zelen, de hiruth vorsterven, unde allen cristenen zelen tho hulpe unde tho troste*[112]).

Das Bestreben, die Vertreter handwerklicher Leistungen zünftig zu gliedern, tritt zwar, wie gezeigt, mächtig und

[109]) Anzeiger für Kunde deutscher Vorzeit 6 (1859), Sp. 370. Auch in Hamburg wird über Ähnliches geklagt: Rüdiger a. a. O. S. 14; 16.

[110]) Auch dieser Name ist vornehm gemeint und soll an den landläufigen Titel des wissenschaftlichen Heilverständigen *arzât* erinnern (vgl. DHA. 3, 178 f.); *chirurgus: wundartzet, wundenartzet* u. ä.: Diefenb. 123c; *maister Ulrich dem wundartzat* D. Städtechr. 4, 82 (von 1388).

[111]) Vgl. D. Städtechr. 2, 507 f.

[112]) Rüdiger a. a. O. S. 7 f.

nachhaltig auf und greift immer weiter, selbst auf unehrliche Hantierungen hinüber, die sich verwandte Organisationen schaffen, wie wir nachher sehen werden; aber ganz beherrschen kann es das mittelalterliche Handwerksleben nicht, und es finden sich noch genug unzünftlerische Erscheinungen. Vor allem sind Handwerker fürstlicher, herschaftlicher, geistlicher Höfe auch in Städten von der Zunft ausgenommen und stehen als Hofhörige, ein Rest früherer Verhältnisse, unter der Gewalt des herschaftlichen Verwaltungsbeamten, haben auch wohl das Recht erlangt, von sich aus einen Untervogt zu wählen, der das Aufsichtsrecht über sie übt[113]). Auch der Handwerker auf dem Dorfe gehört in der Regel nicht zu einer Zunft und betreibt doch sein Handwerk wie der Meister in der Stadt, nimmt nach Bedarf Gesellen an und bildet Lehrlinge aus; wie er aber von den Zunftgenossen verachtet wird, zeigt die charakteristische Bestimmung, daß, wer auf dem Dorfe gelernt hat, in eine städtische Handwerkerzunft überhaupt nicht aufgenommen wird[113a]). Wie man in der Stadt auf unzünftige Arbeiter achtgibt, ist schon S. 136 angeführt. Aber auch die hausgewerkliche Tätigkeit blüht daselbst neben der zünftlerischen, und die verschiedenen Handwerke, die für den täglichen Bedarf arbeiten, kommen namentlich in

---

[113]) Vgl. über solche Hofhandwerker an süddeutschen Fürstenhöfen (Weber, Drechsler) zwei Urkunden von 1436 und 1422 bei Mone, Zeitschrift für die Geschichte des Oberrheins 9, 169 f. Das Kloster St. Michaelis in Hildesheim hat eigene *scluters, vischers* und *schroders*, die da wählen *under seck enen lutken voget unde frone boden, de de schullen loven dem kelner unde gastmester ad manum, dat se so dane gherichte flitliken willen verfolgen, unde straffen de yennen, de de vorsumich sin, unde nicht holden dat yenne, dat one intgemene tokumpt* Weistümer 3, 254. Solche Handwerker lassen sich wohl auch von ihrer Herschaft einen Freibrief geben, um für andere zu arbeiten und die Zunftgenossen einer Stadt zu beeinträchtigen: vgl. Stadtrecht von München, Art. 496, S. 186 f. Auer.

[113a]) *item es sal ouch kein fremder uff ir* (der Leineweber) *handwerg genomen werden, er habe danne das handwerg alhir bey yn addir in andern redelichen steten, do sy ouch czumpffte und ynnunge haben, und nicht uff dorffern gelernet* Freiberger Stadtrecht 293 (15. Jahrhundert) Ermisch.

kleineren und Landstädten gegen Hausväter oft kaum auf: der letztere schlachtet wie in der vorigen Periode sein Vieh, backt sein Brot, braut als Haustrunk sein Bier, schiert seine Schafe, spinnt oder läßt im Hause die Wolle spinnen und webt sie zu Tuch für die Kleider, die ihm die kundige Hausfrau selbst zuschneidet und näht; ebenso wird Flachs bereitet und verarbeitet, und in den engen und tiefen Höfen des mittelalterlichen Bürgerhauses fehlt auch die Werkbank und das Werkzeug nicht, vermittelst deren sich Standen und Kübel für Wirtschaft und Haustrunk, schlichte Möbel, Truhen, Tische und Bänke herstellen lassen. Das entspricht der Gewohnheit, die in fürstlichen und adeligen Haushaltungen der Zeit allgemein herrscht, daß das im Hause Bedurfte auch im Hause gefertigt wird, bessere kunstgewerbliche Erzeugnisse ausgenommen. So muß sich das städtische Handwerk neben dem Hausgewerbe in langem Kampfe empor ringen, ein Kampf, der durch verschiedene sich bildende Zwischenstufen verschärft wird; so wenn mittelalterliche Stadtobrigkeiten verschiedentlich Handwerkern erlauben, selbständig als Freimeister, d. i. ohne in eine Zunft einzutreten, zu arbeiten, und namentlich, wenn Handwerker als Gehilfen beim Hausgewerbe auftreten. Zu diesem Betriebe ihres Handwerks im Hause eines Kunden (es handelt sich dabei vorzugsweise um Zweige des Nahrungs- und Bekleidungsgewerbes) geben sich nicht nur Meister her, sondern auch Gesellen in dem Streben, dadurch eine Unabhängigkeit von ihren Meistern zu erlangen, und so ist der Name, mit dem man solche Handwerker belegte, bezeichnend für die Stimmung der Zunftkreise gegen sie: sie hießen *stœrære*, Störer, als diejenigen, die Handwerksrecht in Unordnung bringen, und kommen unter diesem Namen seit dem 14. Jahrhundert vor[114]).

---

[114]) *die störer* von Schneidern, die so arbeiten: Breslauer Urkundenbuch 1, Nr. 228 (von 1361) Korn. In Prag heißen Schneider, die auf Hausarbeit, namentlich auf das Land gehen, *hofsneider;* der Geselle, der ihnen hilft, verliert auf ein Jahr die Beschäftigung bei einem zunftmäßigen Schneider: Rössler, Altprager Stadtrecht (1845) S. 32 (von 1318); ähnlich S. 25 (von 1341).

Trotz solcher Durchbrechungen zünftlerischer Art erstarkt die Zunft immer mehr und bildet sich, wie bekannt, selbst als eine politische Institution aus. Hiermit in Zusammenhange steht das Emporkommen einer besonderen Zunftehre. Sie erstreckt sich darauf, daß der zu ihr Gehörige ehelicher, freier und deutscher Geburt und gutes Rufes sei (vgl. die Bedingungen bei Aufnahme eines Lehrlings S. 132), daß er Eintracht, Liebe und Friede mit seinen Zunftgenossen aufrechterhalte, und daß er nicht in näherem Verkehr mit Leuten stehe, die die Zunft als minderwertig und ihrer nicht würdig ansieht, Schäfer, fahrende Leute, Büttel und Scharfrichter, Stadtknechte und dergleichen; aber auch auf den Geschäftsverkehr mit dem Publikum, insofern die Zunft durch geschworene Meister darauf sieht, daß nur tüchtige Ware geliefert wird und der sich dagegen Verfehlende in Strafe verfällt. Bei Nahrungsmitteln wird solche Aufsicht durch die Obrigkeit unterstützt, die ihrerseits ebenfalls eine besondere Überwachung vollzieht; bei anderen Erzeugnissen setzt die Zunft eine Ehre darein, daß jeder ihrer Meister rechtlich verfährt[115]). Trotzdem aber ist, wenn wir den Aufzeichnungen seit dem 13. Jahrhundert glauben wollen, die Zahl der unsoliden Handwerker nicht gering. Schon Bruder Berthold von Regensburg kommt in seinen Predigten mehrfach darauf zu sprechen: er rügt den Schneider, der aus altem, aufgefrischtem Tuche einen Mantel macht und ihn als neuen einem armen Knechte verkauft; den Schuhmacher, der die Sohlen und Absätze brennt, daß sie dick und hart erscheinen; den Bäcker, der Teig mit Hefen aufschwemmt, so daß der Käufer Luft für Brot empfängt; den Fleischer, der Saufleisch für Borgfleisch und unreifes Kalbfleisch hingibt; den Krämer wegen unrechten Maßes und Gewichtes; den Kürschner wegen Unterschlagung von

[115]) Zunftmeister als geschworene Beschauer von Schuhwerk und Leder in München: Auer, Stadtrecht von München 170; von Schneiderwerk in Prag: Rössler, Altprager Stadtrecht 24; von Tischlerarbeit in Lübeck: Wehrmann, Lübeckische Zunftrollen 295; von Glaserarbeit und gemalten Stücken ebenda: 327 ff.; von solcher und Sattler-, Riemenschläger- und Taschenmacherarbeit in Hamburg: Rüdiger, Zunftrollen 91, usw.

Fellen bei der Zuzählung; den Hufschmied und den Drechsler wegen verschiedener minderwertiger Ware[115a]). Das satirische Gedicht „des Teufels Netz" aus dem Anfang des 15. Jahrhunderts, das die Sünden sämtlicher geistlichen und weltlichen Stände ausführlich schildert, widmet den Praktiken der Handwerker keinen kleinen Raum.

Mit dem Erstarken der Zünfte und dem Bestreben, stattlich nach außen aufzutreten, steht auch die Errichtung besonderer Zunfthäuser in Zusammenhang (vgl. DHA. 1, 299 ff.). Wir haben von solchen vor dem 13. Jahrhundert keine Kunde und müssen uns vorstellen, daß in den Entstehungs- und ersten Entwickelungszeiten der Zünfte die Genossen zur Erörterung gemeinsamer Angelegenheiten in dem Hause eines der ihrigen zusammengetreten sind; in dem Maße, wie die Organisation sich hebt, macht sich auch für solche Bedürfnisse das Bestehen eines eigenen Gebäudes geltend, das daneben auch noch den Zwecken des Verkaufs der Handwerkserzeugnisse und selbst den geselligen Zusammenkünften der Handwerksmeister zu dienen hat, der Art, daß im Erdgeschosse die Verkaufsstände eingerichtet sind und vorzugsweise im Obergeschosse die Räume für Zusammenkünfte liegen. So sehen wir bereits 1251 in Göttingen einen Hof der Schuhmachergilde, der verschiedene, abgeteilte Verkaufsstände enthält[116]). Dieser Schuhhof wird 1344 neu aufgebaut mit Keller-, Erd- und Obergeschoß, letzteres überhangend in solcher Höhe, daß man darunter wegreiten könne, und mit Verkaufshallen unter dem Überhang[117]), also in reicher Ausführung. Charakteristisch für das Zunfthaus ist, daß neben der Stube für die geselligen Zusammenkünfte auch die Kapelle nicht fehlte, in der man dem Patrone des Handwerks seine Devotion bezeugte und in der auch die etwa im Handwerk bestehenden Bruderschaften ihre Andacht abhielten. Bei der stattlichen Einrichtung eines solchen Hauses ist es natürlich, daß es zu

---

[115a]) Br. Berthold 1, 16 f. 146 ff. 285.

[116]) Schmidt, Urkundenbuch der Stadt Göttingen (1863) 4: *quendam locum in medio eorum atrio in plures stationes divisum.*

[117]) Ebenda 149.

besonderen Gelegenheiten auch vornehmen Korporationen zur Verfügung gestellt werden kann: beim Reichstag zu Worms 1495 benutzten die freien und Reichsstädte das Schuhmacherzunfthaus nahe bei dem Burgerhof für ihre Beratungen[118]). Ob in früheren Zeiten, wo das Wandern der Handwerksgesellen aufkommt, solche in den Zunfthäusern Unterkunft und Nachtlager finden, darüber wissen wir nichts; es ist aber anzunehmen, daß sie sich gemeinen Wirtshäusern einer Stadt zuwenden, aus denen dann, jenseits der hier behandelten Zeit, die Gesellenherbergen entstehen.

Der Anteil des Handwerks an der Ausbildung deutscher Familiennamen im späteren Mittelalter ist nicht gering und vollzieht sich recht allmählich dergestalt, daß die Beispiele im 13. Jahrhundert beginnen und feste Verhältnisse erst im 15. Jahrhundert sichtbar sind. Im Anfange waltet eine bloße gelegentliche Bezeichnung des Handwerks, dem Namen zugesetzt, etwa zur Unterscheidung von einem anderen gleichnamigen Bewohner der Stadt, oder auch zur ehrenvollen Hervorhebung seines Berufes: so, wenn in Worms 1252 ein *Bertholdus cerdo*, 1257 ein *Eberhardus pistor*, 1261 ein *Wernherus cerdo*, 1262 ein *Fridegerus monetarius*, 1299 ein *Sifridus pistor* und ein *Clyppel piscator* u. a. als Zeugen unter Urkunden erscheinen. Fester mit dem Namen verbunden erscheint die Angabe des Handwerks, wenn der betreffende Benannte ausdrücklich als *dictus* bezeichnet wird, was ebenfalls bereits im 13. Jahrhundert sich nachweisen läßt, z. B. ein *Cunradus dictus Seilre* im Jahre 1266, ein *Cunradus dictus Becherer* 1274, in eben dem Jahre ein *Heinricus dictus Můntzere* und aus dem Anfang des 14. Jahrhunderts ein *Bertzo dictus Keszeler* 1304 und ein *Cunradus dictus Swertfeger* 1317[119]), wobei zu beachten,

---

[118]) Boos, Monumenta Wormatiensia (1893) 391.

[119]) Vgl. Boos, Wormser Urkundenbuch 1, 235; 236. 2, 19; 89; 728 und besonders den Exkurs über *dictus* und verwandte Prädikate bei Socin, mittelhochdeutsches Namenbuch nach oberrheinischen Quellen des 12. und 13. Jahrhunderts (1903) 549 ff., hinter dem Verzeichnis „Namen vom Beruf" a. a. O. 509—548.

daß in den bezüglichen lateinischen Urkunden die Berufsbezeichnung, wenn sie nichts als diese ist, in lateinischem Gewande, wenn sie aber schon fester, als eine Art von Zunamen auftritt, in deutscher Form gewährt wird; anderswo ist auch die Berufsangabe noch übersetzt, aber zum Zeichen, daß sie bereits Name geworden, mit *nominatus* versehen, und auch sonst als solcher charakterisiert[120]). Die Verhältnisse im 14. Jahrhundert bis in den Anfang des 15. hinein sind vielfach noch flüssig: der zum eigentlichen Namen gesetzte Handwerkername kann noch wirkliche Bezeichnung des Berufs, aber auch schon erstarrt und als Zuname einer Familie auf die Nachkommen übergegangen sein. Noch im Jahre 1407 erscheint als Beispiel der ersteren Art zu Hildesheim ein *Hermen Steyndecker*, der Dachdeckerarbeiten in Schiefer für den Rat ausführt, und ein Steuerzahler wird 1413 als *Hilmer Schowerte*, 1414 als *Hilmer Schomeker* aufgeführt[121]), welches Schwanken in der Form des Zusatzes auf reine Handwerksbezeichnung hindeutet. Aber bereits 1254 sehen wir in Basel einen *Dietricus dictus Beck canonicus*, 1270 einen *dominus Rodolfus dictus Cheszelere canonicus*, 1303 in Worms einen *Werenherus Seilre, prebendarius ecclesie Wormaciensis*, 1358 einen *Heneche Becker* als *gůltsmid*, 1364 einen *Cuntze Metzeler* als *schultheisze*, 1367 einen *Henchin Sydenspinner* als *weber*, 1380 einen *Johan Becker* als *ratherre*[122]), in Hildesheim 1382 einen *Tileke Scherer van der scradere inninghe*, 1383 einen *Ludeke Timberman* als *vorman* (Fuhrmann), in demselben Jahre einen *Herman Scherer* als *vronebode*, 1408 einen *Rolef Walkemoller* und 1412 einen *Hermans Scherer* als *haringwesscher*, 1413 einen *Olrik Kannengheter* als *bussenschutte* verzeichnet[123]), und so lassen sich von allen Orten Deutschlands her aus den Urkunden und

[120]) *Johanni filio Bernhardi nominati Monetarii* SCHMIDT, Urkundenbuch der Stadt Göttingen (1863) 15 (von 1272).

[121]) DÖBNER, Hildesheimsche Stadtrechnungen 1, 297; 501; 538,

[122]) SOCIN a. a. O. 510; 517, ähnlich öfter; BOOS a. a. O. 2. 11; 345; 379; 415; 498; ein Pfarrer *Konrad Becker* zu Kirchdorf auf dem Eichsfeld 1408: v. WINTZINGERODE-KNORR, Wüstungen des Eichsfeldes (1903), S. 31.

[123]) DÖBNER a. a. O. 1, 39; 54; 59; 330; 440; 485.

Aufzeichnungen der Zeit die Beispiele häufen. Seitdem im Laufe des 15. Jahrhunderts feste Familiennamen entstanden sind, sehen wir Handwerksbezeichnungen in bedeutender Anzahl dafür verwendet, und die Teilung der einzelnen Handwerke, über die oben S. 137ff. berichtet ist, spiegelt sich hier in lehrreicher Weise: zu den allgemeinen Namen, wie sie in Hoch- und Niederdeutschland gleichmäßig und gewöhnlich erscheinen, des Bäckers (Pistors, Pfisters), Fleischers, Schneiders und Schröters, Schuhmachers, Webers, Maurers, Zimmermanns usw. erscheinen nun die die Entfaltung des Handwerks anzeigenden Sondernamen in großer Mannigfaltigkeit, dadurch zugleich auf die Blüte des Handwerks hindeutend. So, um nur einige Beispiele anzuführen, verrät sich die Teilung des Bäckergewerbes durch die Familiennamen *Brôtbecke*, *Brôtbecker*, *Kuochenbecker*, niederdeutsch (in Hildesheim) *Kôkenbecker*, ebenda *Luffenbecker* (*luffe*, Brötchen aus ungebeuteltem Weizenmehl), *Semeler*, *Semler*; der Waffenschmiede durch die Namen *Swertveger*, *Bogener*, *Armbruster*, *Harnescher*, *Blatener* (*Platener*), der Dachdecker, die als *Decker*, auch (in Bern) als *Tachnagler* erscheinen, durch *Blîdecker*, *Schiverdecker*, *Ziegeldecker*, niederdeutsch *Teygheldecker*, der Drechsler durch *Becherer* (Verfertiger von Maserbechern, niederdeutsch *Bekerer*), *Horndrechsel*, *Würfeler* (niederdeutsch *Worpeler* und *Wörpelmeker*), und in unendlich vielen ähnlichen Beispielen.

Die Arbeitsräume im deutschen Handwerkerhause des Mittelalters gestalten sich nach Maßgabe der Entfaltung des Handwerks und der damit nötig werdenden technischen Einrichtungen sehr mannigfaltig. In der vorigen Periode sind Anfänge dazu zu sehen: früheste in bezug auf die Weberei, für die seit ältesten Zeiten eigene, halb unter der Erde liegende Werkstätten bestehen, deren Name *screona* oder *tung* (DHA. 1, 46) auf ihre eigentümliche Bedachung weisen, während die nebenher gehende Bezeichnung *webihûs* den Arbeitsraum als Gebäude für sich hervorhebt. Anderswo, in kleineren Haushaltungen, begnügt man sich mit einem Zimmer im Hause, für das der allgemeine Name *werc-gadem* in besonderer Anwendung auf die Weberei gebräuchlich ist[124]), ein Name, der sonst mhd. für ein Gemach vorkommt, wo von den Frauen weibliche Arbeit verrichtet wird[125]). Die mhd. und spätere Zeit kennt, je nach der Ausdehnung des Geschäfts, das *webe-hûs* neben der bloßen *webe-kamer*, der *webe-stat* und dem *webe-gadem*[126]); auch der alte kellerartige Raum des *tunges* setzt sich eigenartig in Augsburg als Kellergeschoß mit hochgezogenen Fenstern unter dem Bürgerhause fort mit dem Namen *dunc* oder *weberdunc*[127]).

Der Raum, in dem der Schmied sein Handwerk treibt, ist wohl jünger als die Webestätte, denn wir müssen uns vorstellen, daß der fremde Wanderschmied, der dem Germanen die Schmiedekunst in der einfachsten wie in gehobener Form beigebracht hat (S. 19ff., 47ff.), seine Kunst im Freien oder unter dürftigem Holzschuppen ausübte. Aber seitdem schon in vorhistorischer Zeit als technische Einrichtung die Esse auftritt (S. 22), ist die Einrichtung eines eigenen Handwerksraumes notwendig gewesen, und das Vorhandensein eines solchen wird uns durch ein bereits gemeingermanisches Wort dafür, das nur im Gotischen unbezeugt ist, gesichert: altnord. *smiđja*, angelsächs. *smiđđe*, altsächs. *smittha*, *smitha*, altfries. *smithe*, althochdeutsch *smidea*, *smidda*, *smitta*, eine Benennung, die ausdrücklich zur Esse und dem Blasbalge für Anfachung des Feuers in Beziehung gesetzt wird, da sie auch *conflatorium* und *caminus* neben *officina* ausdrückt[128]). Diese einfachste Form, Raum mit Feuerherd und Rauchabzug darüber, welch letzterer

---

[124]) *ergastelium* (für *ergasterium*): *werchgadem* STEINM. 3, 641, 1 neben nur auf Weberei bezüglichen Ausdrücken.

[125]) *werc-gaden* in diesem Sinne: v. d. HAGEN, Gesamtabent. 3, 139, 63.

[126]) *textorium*: *webe-hûs*, *webhûs*, *weberhûs*, *webestat*, *webekammer* DIEFENB. 582b; *textrina*: *webstat*, *webgaden* ebenda.

[127]) *textrina*: *tunk*, *dunck*, *weberdunck* DIEFENB. 582b. Vgl. *die dunk* SCHMELLER, Bayr. Wb. 1², 525f. *tunke*, *webers-tunke* BIRLINGER, Schwäbisch-augsburgisches Wörterbuch (1864) 127b.

[128]) Angelsächs. *in conflatorio*: *on smiđđan* Kentische Glossen des 9. Jahrhunderts in Haupts Zeitschrift 21, 41, 1033. ahd. *officinis*: *smittun* STEINM. 2, 403, 38, *smiththun* 410, 1, *smittin*, *smiddon* 449, 59; *caminis*: *smithun* 556, 46. 562, 69.

ursprünglich nur von Holz oder Flechtwerk mit Lehm erstellt ist (vgl. DHA. 1, 120), gibt das Schema ab für 'alle späteren Werkstätten der Metallarbeiter, der Schmiede und Gießer jeder Art, ein Schema, das nur nach den Sonderbedürfnissen des einzelnen Handwerks erweitert oder geändert wird. Schon früh steht ein solcher Werkraum in Verbindung mit einem Wohn- oder Unterkunftsgelaß: Beda erzählt von einem Mönche in einem vornehmen Kloster, den er noch selbst gekannt habe, und der in der Schmiedekunst vortrefflich gewesen sei: der habe mehr und mehr sich angewöhnt, in seiner Schmiede tags und nachts zu sitzen und zu liegen, und sei gar nicht mehr zur Kirche gekommen[129]). Der Grundriß von St. Gallen zeigt, wie ein solches Gelaß zu denken ist: als bloße enge Absperrung neben der Werkstatt für den Arbeiter. Eine andere Disposition muß später in der Enge der Stadt Platz greifen: hier entsteht die Schmiede als Erdgeschoß eines Wohnhauses; auch hier aber, bis in ziemlich späte Zeit in recht sorgloser Weise, als Holzhaus, wie denn noch im 14. Jahrhundert zu München verordnet werden muß, daß alle Schmieden, die in der Straße stehen, von Mauerwerk aufgebaut und mit Ziegeln gedeckt werden sollen, *oder man sol sie abprechen*[130]).

Wie Weberei oder Schmiedehandwerk, so bedarf von vornherein die Arbeit der Bäcker, Fleischer, Gerber und Lederarbeiter, auch der Töpfer, Färber, Glaser, Drechsler, Böttcher und Kübler eigens eingerichteter Werkstätten, die wir uns denn auch mehr oder weniger vollkommen ausgeführt schon in altgermanischen Zeiten auf den Höfen zu denken haben, und die in den Stadtverhältnissen nur weiter entwickelt werden. Nachklänge älterer freier Verhältnisse sind dabei durch das ganze Mittelalter geblieben: so, wenn die Arbeit aus der unzulänglichen Werkstatt, etwa eines Schuppens, hinaus auf die angrenzende Straße verlegt wird, wie es von Schmieden bei Hufbeschlag, von Küblern

---

[129]) *he mâ gewunade in his smiđđan dæges and nihtes sittan and licgan, þonne he wolde on his cirican syngan and gebiddan* . . BEDA, eccl. hist. 5, 14 (S. 442 Miller).

[130]) Stadtrecht von München, Art. 452 (S. 172 Auer).

und Büttnern beim Zusammenschlagen der Tonnen und Fässer, von Gerbern beim Bereiten der Häute, von Kürschnern beim Ausklopfen der Felle und von anderen Handwerkern geschah, wozu oft auch die Enge der Höfe nötigte; Schutzmaßregeln der Obrigkeit gegen Belästigung der Straßenanwohner durch solche Arbeitsweise, freilich meist unzulängliche, sind mehrfach ergriffen worden (vgl. oben S. 152f.). Bei engen Verhältnissen im eigenen Hause darf sich der Handwerksmeister auch wohl in einem anderen eine Werkstatt mieten, aber nicht mehr als eine[131]).

Andere Gewerbe bedürfen von vornherein einer eigenen Werkstatt nicht, die Beschaffenheit des Handwerks leidet, daß es auch in Wohnräumen betrieben werde. So namentlich Bekleidungs- und Schmuckgewerbe, das der Schneider, Schuster, Gürtler, Beutler, Seidensticker, Bildschnitzer, aber auch anderer, der Buchbinder, Korbflechter, Bürstenbinder und ähnliche. Wie in älterer Zeit der hofhörige Handwerker bezügliche Sachen in der Umgebung der Seinigen fertigte, die ihm dann auch leichte Handreichung taten, so leben im Mittelalter in Stadt und Dorf die Familienglieder in dem Gelaß zusammen, das der Arbeit und zugleich hauptsächlich dem Wohnen dient, höchstens daß die Schlafstätten besonders liegen, wovon die für Lehrlinge und die wenigen Gesellen, die der Meister eines geschlossenen Handwerks halten darf (gewöhnlich höchstens zwei), sehr schlicht in einem Abschlag unter dem Dache des Hauses untergebracht sind. Ist das Gewerbe Verkaufsgewerbe, so befindet sich gewöhnlich der Werkraum zu ebener Erde

---

[131]) *int erste so en schal nymand desses unses amptes* (der Kunthor- und Panelenmaker) *sulveshern mer dan ene werkstede buten synem huse holden* Wehrmann, Lübeckische Zunftrollen 294 (von 1474). Es ist überhaupt verboten, mehr als eine Werkstatt zu haben, und bei Handwerken, die auf öffentliches Vertrauen gesetzt sind, kann sogar der Platz der Werkstatt bestimmt werden, so in Lübeck bei Goldschmieden: *tho dem ersten, dat een jewelk goldsmed nicht meer wen ene werksteden holden schal, unde dat he in den husen nicht werken schal, sunder he schal anders nerghene sitten unde werken, wen in den boden* (Buden) *under dem radhuse, dat men openbare zeen unde wetten moghe, wo unde wat he werke* ebenda 221 (von 1371).

und wird nach der Straße hin durch ein breites Fenster abgeschlossen mit davor angebrachtem Klappladen, der als Fensterverschluß, herabgelassen aber zugleich als Verkaufstisch dient; wie dergleichen Läden wenigstens aus dem 16. Jahrhundert mehrfach erhalten sind. Hier braucht der Kunde den Werkraum (die *werc-stat*, wie er noch nicht ahd., wohl aber mhd.[132]) genannt wird), nicht zu betreten, das Verlangte wird ihm durch das Fenster gereicht. Es finden sich aber Zeugnisse, daß gewisse Werkstätten auch als Zusammenkunfts- und Unterhaltungsorte der Kunden und Nachbarn gedient haben, und in eine Reihe mit Wirtshäusern, Badehäusern und sogar offenen Häusern gesetzt werden: ein Bannteiding zu Patzmannsdorf in Österreich unter der Ens zählt neben diesen *sneyderhawser*, *schuesterhawser*, *smidhawser* und *weberhawser* auf, als Häuser *da man sich in sambt*, und belegt dort vorfallende Ungehörigkeiten, namentlich Anwendung von Hieb- und Stichwaffen, mit namhafter Buße[133]).

Die Arbeitszeit unterliegt bei den zünftigen Handwerken des Mittelalters Bestimmungen sowohl bezüglich der Dauer als bezüglich gewisser Tage und Tagesteile, an denen die Arbeit zu ruhen hat. Auch hier haben sich Verhältnisse, wie wir sie im 14. und 15. Jahrhundert gefestigt sehen[134]), wohl allmählich und in langer Übung herausgebildet. Nachtarbeit ist den Bernsteindrehern in Lübeck verboten[135]); namentlich die Nacht oder der Abend vor den Tagen der kirchlichen Feier ist von der Arbeit ausgenommen, um sich würdig zum Gottesdienst vorzubereiten. Die Festsetzung der Zeit, zu der hier mit Arbeiten aufgehört werden muß, ist örtlich und nach den Jahreszeiten verschieden; die Zeit selbst

---

[132]) Nicht vor dem 14. Jahrhundert; *artificina: ein werckhusz werckstat* Diefenb. 51c; *laboratorium: werckstat* 314a; *meritorium: werkstat* 358b; *officina: werckhus, werckstat, werckstet, werckladen, werckgaden* 394b. mnd. *werkstede* Wehrmann a. a. O. 221 (von 1371).

[133]) Weistümer 3, 695 f. (erneuert um 1460).

[134]) Vgl. z. B. bei den Hamburger Schmieden: Rüdiger a. a. O. 251 f. (von 1375); bei den Straßburger Küfern: Brucker, Straßburger Zunftverordnungen 318.

[135]) Wehrmann a. a. O. 350 (von 1361).

heißt mhd. *vîre-naht*, *vîr-âbent*, was ursprünglich der deutsche Ausdruck für *vigiliae*, abendlicher Gottesdienst vor Festen, ist, zu dessen Besuchen Gelegenheit geboten werden soll[136]); erst im 15. Jahrhundert erweitert sich *vîrâbent* zu der Bedeutung des allabendlichen Aufhörens der Arbeit, während *vîre-naht* überhaupt aus der Sprache verschwindet. Es versteht sich, daß auch die Arbeit an Sonn- und Festtagen untersagt ist, ausgenommen in ganz dringenden Fällen, wozu aber die Erlaubnis der Obrigkeit eingeholt werden muß[137]). Geräuschvolle Arbeiten sollen selbst des Sonnabends nach der Vesperzeit nicht mehr vorgenommen worden[138]).

Eine Nachfeier des Sonntags, ein halb oder ganz arbeitsfreier Montag für die Gesellen eines Handwerks entwickelt sich allmählich, kennbar seit dem 14. Jahrhundert, aus dem Gebrauche, ihnen eine bestimmte Zeit zu lassen zur Besorgung ihrer eigenen Angelegenheiten, namentlich zur Pflege der Ordnung und Reinlichkeit. Der Name, der diesem Montag gegeben worden ist, *der gute Montag* (erst später und jenseits unserer Periode kommt dafür *der blaue Montag* auf), betont auch, daß der Tag den Gesellen zugute kommen soll: ursprünglich in der Zeit von frühmorgens bis mittags um zwölf ist ihnen freigegeben, ihre eigenen Sachen zu richten und ins Bad zu gehen, dann sollen sie wieder des Meisters Arbeit verrichten[139]). Diese Frist scheint aber

---

[136]) *vigilia: heilig·abent, vierabent, fireabent, feyerabent* DIEFENB. 619a. *swelich sneider oder tuechscherrer, er sei meister oder chnecht, würchet an der veiernaht, der geit der stat zwelf pfenning . . . es sei danne herren not oder des landes not, so mügen si wol würchen* AUER, Stadtrecht von München 272, 14; Vieh schlachten verboten *an dehainem veirabent* und *cumplete zeit:* Nürnberger Pol. Ordn. 324 (14. Jahrhundert); Arbeiten nach der *vîrenaht: es sol auch dehein arbeitsman, herre oder diner, und sunderleichen sneider an keiner veirnaht nit lenger wurken dann als götlich und reht ist* 153.

[137]) *vortmer enschal neen goldsmid des hilligen dages arbeiden, id ensii mit der wergkmeistere orlave* RÜDIGER a. a. O. 97 (von 1375). Gleiches Verbot für die Schneider in Lübeck 1464: WEHRMANN a. a. O. 424.

[138]) So das Waschen und Klopfen der Felle bei den Kürschnern: WEHRMANN a. a. O. 359.

[139]) Bestimmungen über die Schneidergesellen in Lübeck 1464: WEHRMANN a. a. O. 424.

schon im 14. Jahrhundert mißbräuchlich ausgedehnt und statt der zu nützlichem Gebrauch bestimmten Stunden zeigt sich ein verschlenderter ganzer Tag, dessen Verwendung in Hamburg mit dem formelhaften Ausdrucke *mandach holden* bezeichnet wird: das Recht der *bodekere* (Böttcher) von 1375 setzt dieses „Montag halten" sogar unter Gefängnisstrafe[140]). Später werden aber des Jahres vier *gude mandage*, zu Ostern, Johanni, Michaeli und Neujahr bewilligt, so den Hamburger Buchbindergesellen im 16. Jahrhundert nach altem Brauche[141]). Über die Ausartung dieses Feiertags, der sich nach und nach zu einem allwöchentlichen ausbildet, wird namentlich vom 16. Jahrhundert ab in obrigkeitlichen Erlassen viel geklagt[142]).

Auch sonst wird die nicht übermäßig ausgedehnte Arbeitszeit durch freigegebene Stunden und Tage unterbrochen. Den Lübecker Schneidern ist im 15. Jahrhundert der Donnerstagabend jeder Woche von sechs Uhr ab bis zehn zu eigener Arbeit erlaubt; wenn ein Feiertag auf einen Montag trifft, fällt die Arbeit ganz aus; wenn zwei oder drei Feiertage außerhalb des Sonntags in der Woche liegen, so muß die Montagszeit den Gesellen gleichwohl gelassen werden, ausgenommen in Fällen dringender Arbeit[143]). Vergnügen ist gleichfalls offiziell vorgesehen, wir begegnen namentlich einer Art Maifeier: am Walpurgistage ist ihnen nachgelassen, fröhlich unter sich zu sein und zu tanzen, sogar zwei Tage lang (*twe reyeldage*), und zu diesem ihrem Feste acht Tage vorher zusammenzukommen und einen Schaffer zu erwählen: *utenomen vrowen unde juncvrowen, der en scholen se nicht hebben in erer kumpanye*[144]). Im übrigen ist der Gesell an das Meisterhaus gebunden (S. 134f.), seine Erholungszeit verbringt er innerhalb der Meisterfamilie, wohl nicht

---

[140]) *welck knecht den mandach holt und sines heren werc vorsumede, den moghen de wercmestere woll in de hechte setten in des woltbaden hus* Rüdiger a. a. O. 31.

[141]) a. a. O. 40.

[142]) Vgl. Deutsches Wb. 6, 2514 unter *montag*.

[143]) Wehrmann a. a. O. 424.

[144]) a. a. O. 423.

immer in einwandfreier Weise: denn niederdeutsche Quellen verbieten nicht nur das Würfelspiel der Gesellen unter einander, sondern auch das der Meister mit den Gesellen bei namhafter Strafe. Das letztere aber können wir uns wohl als häusliche Unterhaltung denken[145]).

2. Kunsthandwerker.

Wie sich in frühgermanischer Zeit Kunstgewerbe entwickeln, haben wir oben S. 46ff. gesehen. Der Kreis derer, für die sie ihre Tätigkeit ausüben, ist zunächst beschränkt. In der profanen Welt kommen nur die obersten Gesellschaftsschichten eigentlich in Betracht, namentlich was Gewandung, Schmuck und Prunkgeschirr betrifft; höchstens daß die Kunst der Holzschnitzerei auch tiefer hinabgreift, wenn es sich um Verzierung von Hausteilen handelt. Sonst ist das Kloster der Sitz einer intensiven kunstgewerblichen Tätigkeit, besonders was Arbeiten in Metall und Glas, Holz und Elfenbein angeht. Was hierin von geistlichen Künstlern im 11. und im Anfang des 12. Jahrhunderts geleistet wurde, darüber gibt das Buch des (pseudonymen) Theophilus Presbyter: Schedula diversarum artium[1]) Auskunft. Es enthält Anweisungen für das Gebiet der Malerei, Glas- und Metalltechnik, vorzugsweise der Goldschmiedekunst, für Orgelbau und Glockenguß, gibt auch einiges über Edelsteine und Perlen, sowie Elfenbeinschnitzerei; aber Schnitzerei in Holz ist ebenso wenig berührt, wie Drechslerei, Töpferei und Weberei; ein deutlicher Fingerzeig für die Ausdehnung klösterlicher Kunstbeschäftigungen. Abgesehen von diesen Vorerscheinungen setzt das deutsche Kunstgewerbe erst im 12. und 13. Jahrhundert ein, zu einer Zeit, wo die Marktstadt sich zur eigentlichen Stadt ausgebildet hatte und ein kräftiger Bürgerstand im Emporblühen begriffen war; von dieser Periode ab ist den betreffenden Erzeugnissen nicht

---

[145]) Vgl. Rüdiger a. a. O .250, 276.

[1]) Vgl. Theophilus Presbyter, Schedula diversarum artium. Revidierter Text, Übersetzung und Appendix von Albert Ilg. Wien 1874. Über den wahrscheinlichen Verfasser der Schrift ebenda, Einleitung S. XLIII ff.

ein geistlicher oder herschaftlicher, sondern recht eigentlich ein vornehm bürgerlicher Charakter aufgeprägt, der den Geschmack aller Kreise während des ganzen Mittelalters bestimmt. Und damit hängt auch zusammen, daß die Kunst einen zünftlerischen Zug trägt, der nicht die künstlerische Individualität heraushebt, sondern kollektiv auftritt und nur die Zeit der Entstehung, kaum und schwerer die Gegend der Entstehung erkennen läßt. Wenn wir von frühen Verfertigern kunstgewerblicher Erzeugnisse heute die Namen wissen, so hat der Künstler nur ganz ausnahmsweise sich selbst genannt, sein Name ist in der Regel aus städtischen Urkunden, namentlich Rechnungen oder sonstigen Notizen ausgegraben worden; erst im 15. Jahrhundert zeigt sich der Künstler als Person.

In den ersten Zeiten der Stadtentwicklung finden wir hier als Verkaufsgewerbe nur solche für den Bedarf des täglichen Lebens, bei denen eine Weiterbildung zur Kunst ausgeschlossen ist: Bäcker, Fleischer, Fischer, Schuster, Gerber, Grobschmiede, Böttcher, Kübler, Trogmacher; was der Pracht und dem Schmuck dient und die Erscheinungen der Kunst an sich trägt oder zu entfalten geeignet ist, bleibt den geistlichen und herschaftlichen weltlichen Kreisen aufbehalten. So sind noch, was die letzteren betrifft, im 11. und 12. Jahrhundert die Edelschmiede Hofhandwerker im Dienste ihrer Herren: so sehen wir in dem Spielmannsgedicht König Rother solche, die silberne und goldene Schuhe auf eilige Bestellung gießen, welche mit zwölf goldroten Armringen verschenkt werden sollen[2]), und Hartmann von Aue liefert, allerdings nach einer französischen Vorlage, aber selbständig weit darüber hinausgehend, die Beschreibung eines Sattels aus Elfenbein, Gold und Edelsteinen, an denen der Verfertiger, gleichfalls ein Hofhandwerker, viertehalb Jahr gearbeitet habe[3]). Auch Konrad

[2]) *der hêrre . . heiz die goltsmide sîn zwêne schô silverîn îlinde giezin . . unde zwêne von golde* König Rother 2022 ff., Bahder.

[3]) Erec 7466 ff. Vgl. dazu Pfeiffers Germania 7, 172, wo auch der von Hartmann genannte Name des Meisters, *Umbriz*, als aus der französischen Vorlage mißverstanden erklärt wird.

Fleck in Flore und Blanscheflur schildert erfahrene Goldschmiede, die zwei Steigbügel von lauterem Golde fertigen, offenbar in gleicher Stellung[4]). Die ausführliche Beschreibung des Sattels und der Steigbügel läßt uns allen Reichtum der Verzierungskunst romanischen Stils erkennen, und es befremdet nicht, wenn bei der Fülle solcher Leistungen die Begriffe Goldschmied und Künstler sich geradezu decken[5]).

Anders sehen wir die Verhältnisse seit dem 13. Jahrhundert. Mit der Hebung der Stadt entfaltet sich auch das Kunstgewerbe in ihr, besonders die Edelschmiedekunst blüht im Verein mit der seit dieser Zeit stattfindenden städtischen Münzpräge empor, und im Verhältnis tritt der in Diensten eines Hofes arbeitende Kunsthandwerker zurück, da der reiche Hofherr es bequemer und vorteilhafter findet, seinen Bedarf an Gold- und Silberschmuck aus der Stadt zu beziehen und seine bezüglichen Aufträge dahin zu geben[6]). So bestellt schon 1226 Ulrich von Lichtenstein bei einem solchen städtischen Goldschmied für ein von ihm gedichtetes *büechlin*, das in grünen Samt geheftet ist, eine äußere Buchdecke von goldenen Platten mit Schließen, die zwei verschlungene Hände darstellen und zugleich als Behälter für einen abgeschlagenen Finger dienen[7]). Ein Privilegium der Goldschmiede von Braunschweig, in welchem diese deutlich als Zunft dargestellt werden, datiert schon von 1231[8]). Zu Öhringen in Franken finden wir die Hausgenossen (vgl. S. 55), nämlich Münzschläger (*pfennincsmide*, wie sie Bruder Berthold 1, 147 nennt) und

[4]) Flore und Blanschefl. 2846 ff.

[5]) *artifex: goldsmid, goltsmid, goltsmit* Steinm. 1, 611, 33 (nach Jes. 40, 20; sonst *aurifex*).

[6]) Vereinzelt werden aber noch im 15. und 16. Jahrhundert herschaftliche und fürstliche Goldarbeiter erwähnt; so in der Wismarschen Rolle der Goldschmiede von 1403 und 1543, bei Ausnahmen von Bestimmungen über Erlangung des Meisterrechts, *dat were denne sake, he hedde heren edder forsten gearbeidet:* Crull, Amt der Goldschmiede zu Wismar (1887) S. III, 8.

[7]) U. von Lichtenstein, Frauendienst 141, 5 ff.

[8]) Hänselmann, Urkundenbuch der Stadt Braunschweig 1 (1873), 7.

Edelschmiede zünftlerisch als geschlossenes Handwerk von zwölf Mitgliedern unter Aufsicht des herschaftlichen Stadtvogts im Jahre 1253 organisiert[9]), und im Basler Bischofs- und Dienstmannenrecht (1260 bis 1262) wird bei der Verfügung über die Silberwage der Goldschmiede als städtischer Handwerker gedacht[10]). Noch bleibt aber die Goldschmiedekunst auch in geistlicher Pflege, und hier entstehen wie in der vorigen Periode (S. 55f.) weiter Gegenstände monumentaler Art, ganze Särge für die Leiber der Heiligen, große Kreuze und Altarteile aus edlem Metall neben anderen Kunstgegenständen geringeren Umfanges.

Schrittweise verkümmert aber auch hier die Kunst, um gegen Ende des 13. und im 14. Jahrhundert ganz in städtische weltliche Hände überzugehen. Die Kunsttätigkeit der Klöster wendet sich anderen Gebieten zu. Die Epoche der deutschen Gotik liegt in bürgerlichen Laienhänden. Was aber auch in den Städten Hervorragendes geschaffen wird, als freier Künstler fühlt sich keiner, er sucht und findet nur Geltung innerhalb seiner Zunft. Die Arbeiten der Edelschmiede jener Zeit und bis ins spätere 15. Jahrhundert hinein entbehren viel mehr des individuellen Zuges, als die Arbeiten der romanischen Periode; sie erscheinen größtenteils nach einem Schema gearbeitet, das allgemein angenommen und von dem einzelnen Arbeiter nur wenig variiert ist; Form und Verzierung sowohl kirchlicher als profaner Geräte und Schmuckstücke stehen in den Grundzügen fest. Die Zunftehre aber verlangt, daß die Genossen tüchtige, zuverlässige und sichere Leute, keine leichtfertigen Stümper und keine Betrüger seien, und daß sie nur in vollwertigem Metall, 18 karätigem Gold und 15, später 14 lötigem Silber arbeiten[11]). Und weil das Publikum an der Rechtlichkeit der Goldschmiede hervorragend interessiert ist, setzt hier

---

9) Weistümer 3, 609.

10) Wackernagel, Bischofs- und Dienstmannenrecht von Basel, § 7 (S. 18, 11). Weistümer 4, 475.

11) *ein jewelik goldsmid de schal vorsmeden und vormaken gud sulver, dat also gud is also der stad teken, und gud werkgold, dat beneden* 18 *grad nicht en si. So we id aver betere hebben wil, deme schal he dat also gud maken, also he dat hebben wil* Rüdiger, a. a. O. S. 97 (von 1375).

eine scharfe, obrigkeitliche Beaufsichtigung ein, dergestalt, daß man besondere schwere Bedingungen für die Erlangung des Meisterrechts schafft, regelmäßige Visitationen der Werkstätten ins Leben ruft und endlich seit dem 15. Jahrhundert auf den gefertigten Waren ein obrigkeitliches Beschauzeichen und neben demselben eine eigene Marke des Meisters aufgeprägt fordert[12]).

Mit der Goldschmiedekunst in enger Verbindung steht das Fassen von Edelsteinen, in Geräte sowohl als in Schmuck, wie es aus der ungemeinen Vorliebe für dergleichen Steine und Perlen, über die DHA. 3, 329; 350 f. berichtet ist, hervorgeht. Auch hier zeigen sich obrigkeitliche Bestimmungen über solide Lieferung: es sollen keine falschen Edelsteine oder Glasflüsse verwendet werden, und das Löten von Gold soll nur mit Gold, nicht mit Silber oder Zinn geschehen[13]). Bei dem ungemeinen Verbrauche von Edelsteinen hat sich das nicht durchführen lassen, und Glasflüsse in der oft kunstvollen Art ihrer Fertigung behaupten durch das ganze Mittelalter die überwiegende Anwendung, wenigstens in bürgerlichen Kreisen, doch auch an kirchlichen Geräten. Meist sind sie importiert, aus welchen Ländern, darauf deuten die Bezeichnungen *rœmisch, kriechisch glas*[14]); doch

---

15 lötiges Silber: Wehrmann 216; 14 lötiges Crull, Amt der Goldschmiede zu Wismar (1886) S. III, 2. In Straßburg wird 1482 verboten *kupferin gesmyde* zu vergolden oder zu versilbern, *keynerley uszgenommen, one allein das zů gottes dienst gebruchet wurt* Brucker, Straßburger Zunft- und Polizeiverordnungen (1889) 244.

[12]) Vgl. Fr. Crull, Das Amt der Goldschmiede zu Wismar 3; 8; 17 ff.; vgl. auch oben S. 170, Anm. 131. *eyn jewelick goltsmit bynnen Lubeke de schal syn werck, dat he maket, tekenen laten mit der stadt teken, alse mit dem arne, unde schal vort syn egene teken dar by slan, er he dat werck von sick antwordet offte up syn bret settet, umme to vorkopende* Wehrmann a. a .O. 215 (von 1492).

[13]) *so willen se* (die Ratmannen zu Wismar) *dyt, dat . . . neen goltsmit scal setten glas in golt edder enen sten, de mit valscher kunst is ghemaket, unde neen goltsmit scal tozamende brynghen edder loeden golt mit sulvere edder mit tene* Rolle der Goldschmiede zu Wismar von 1380, bei Crull a. a. O. S. I, 1.

[14]) *swer edele steine nie gewan, den dûhte lîhte guot wunder ein kriechisch glas* Minnes. 3, 468 v. d. Hagen. *er sach dâ manic rœmisch glas, ouch lac dâ manic edelstein* Eracl. 856. Der blaue Glasfluß heißt *safer*

auch in deutschen Glashütten werden sie verfertigt, wie früh, weiß man nicht (vgl. S. 62), aber bereits Theophilus Presbyter bietet eine Andeutung über die Verwendung von heimischen Glasflüssen in Ringen[15]). Das Schneiden und Schleifen von echten Steinen wird auch in deutschen Ländern, namentlich in den Niederlanden, als Nebenhandwerk der Goldschmiede geübt; in Brügge hat um 1467 ein Goldschmied die Kunst, Diamanten zu schneiden und zu schleifen, erfunden. Ein solcher Künstler heißt im 15. Jahrhundert *edelsteinwürker*, *edelsteinmetz*, *edelsteinhawer*, auch *edelsteinmacher*[16]); die Unbeholfenheit der Benennung zeigt aber, daß wir es mit keinem Wort der lebendigen gemeinen Rede zu tun haben. Am Ende unseres Zeitraumes erscheint vom westlichen Niederdeutschland her der Juwelier, Weiterbildung aus *jubel*, *juweel*, *clenodium*, welches auf altfranz. *joel*, lat. *gaudiellum* zurückgeht[17]); diese Bezeichnung des Kunsthandwerkers ist geblieben.

Nicht weniger als auf dem Gebiete der Edelmetalle entfaltet sich die Arbeit in Erz und Eisen zur Kunsttätigkeit. Der hier in Frage kommenden Metalle sind mancherlei, bei denen die Technik des Hammers mit der des Schmelzens und Gießens Hand in Hand geht: Kupfer, Bronze, das erst in diesem Zeitraume mehr zur Verwendung kommende Messing (S. 101), Blei, Zinn verlangen die Anwendung beider, während Eisen wesentlich geschmiedet wird, da die Kunst des Eisengusses in Deutschland erst im 15. Jahrhundert aufkommt. Ungemein mannigfach sind auch die Geräte, die in solchen Metallen ausgeführt werden, neben dem gewöhnlichen Hausrat der Kannen, großen und kleinen Schüsseln, Tiegel, Kessel, Töpfe und sonstigen Gefäße stehen kleinere und größere Ziersachen, zu denen schon die Handleuchter in nicht ganz

---

(nach dem Saphir): *daz safer ime golde* Parz. 3, 14; *durhliuhtic sam ein saverglas* K. v. Würzburg, troj. Krieg 10462.

[15]) *potes etiam super anulum .. vitrum ponere sicut gemmam* Theophilus 2, 31 (S. 145 Ilg), nach der Anleitung zur Verfertigung ganzer gläserner Ringe.

[16]) Diefenb. 259b; nov. gloss. 190 (s. u. *gemmarius*).

[17]) Vgl. Deutsches Wb. 4, 2, 2407 f.

armen Haushaltungen, sowie anderes Prunkgerät, einfache Fibeln und Gürtelglieder gehören, woneben künstlerische Arbeiten für die Kirche hervortreten, vom einfachen in Kupfer oder Bronze gegossenen Rauchfaß an bis zu Radleuchtern, Grabplatten, Reliquienschreinen und erzenen Türen, an denen allen eine hohe Vollendung der Technik, nicht nur im Guß und im Schmieden, sondern auch im Treiben des zu Blech geschlagenen Metalles und im Schneiden sich zeigt. Und da Bleche aus unedlem Metall, namentlich aus Kupfer und Messing, vielfach zu kirchlichen und weltlichen Arbeiten vergoldet oder versilbert werden, so ergibt sich eine Berührung des Erzarbeiters mit dem Gold- und Silberschmied, welche die Grenzen der Gebiete beider flüssig macht. Dem ungemeinen Bedarf an den verschiedensten Metallgegenständen schon im gewöhnlichen Haushalt folgt natürlich die Entfaltung zahlreicher Spezialgewerbe, von denen zunächst die Zinngießer unsere Aufmerksamkeit erfordern, als ein Beruf, der unter ähnlichen am spätesten nachweisbar ist und sich dann doch am weitesten ausdehnt. Die Verarbeitung von Zinn zu Kannen und Krügen, Schüsseln, Tellern und dergleichen ist verhältnismäßig jung. Zwar gehört Kenntnis und Verwendung dieses Metalls schon in die vorgeschichtlichen Zeiten (S. 94): vereinzelt erscheinen Ringe, Spiralgewinde und Streifen aus Zinn in den Gräbern von Hallstadt; in geschichtlichen Zeiten wird es von England eingeführt, und neben seiner alten Verwendung zur Legierung des Kupfers auch zum Überkleiden anderer Metalle gebraucht[18]); in England selbst erfahren wir von zinnernen Gefäßen, namentlich Trinkgeschirren[19]), was in

---

[18]) Verzinnung kupferner Orgelpfeifen: Theophilus Presb. 3, 80 (S. 305 Ilg). Höchst selten der umgekehrte Fall; im germanischen Museum zu Nürnberg befindet sich ein hölzerner Reliquienschrein mit durchbrochener Verkleidung aus vergoldetem Zinn, 13. Jahrhundert.

[19]) Abendmahlskelch; *we lærađ, þæt ælc calic gegoten beo* (*gylden ođđe seolfren* [*ođđe*] *tinen*) Ancient Laws and Institutes of England (1840) 399 (Nr. XLI und Note); *seoþan .. on tinum* (für *tinenum*) *fæte* in zinnernem Kochgeschirre sieden: Leechdoms, Wortcunning and Starcraft of early England ed. Cockayne 2 (1865), 236.

deutschen Landen nur zur Seltenheit geschieht[20]). Erst seitdem um 1240 zufrühest im nördlichen Böhmen, dann in der Grafschaft Wolkenstein die reichen Zinnlager bergmännisch ausgebeutet wurden[21]), gewinnt das Zinn als erstes Metall für Gefäße des Haushaltes schnelle Verbreitung, so daß seit dem 14. Jahrhundert sich ein eigenes Gewerbe aus dem der Metallarbeiter loslösen und zunftmäßig organisieren kann. Der häufigste Name, den das neue Handwerk führt, ist *kannengiezer*, *kannel-* (*kandel-*) *giezer*, mnd. *kannengeter*, nach dem vornehmsten Gerät, das von ihnen gefertigt wird; die Benennung nach dem Metall, *ziner*, kommt neben *zingiezer* auch vor[22]), hat sich aber nicht verbreitet. Umfang ihrer Tätigkeit und Beschaffenheit ihrer Erzeugnisse ist ihnen durch obrigkeitliche Bestimmungen vorgeschrieben, und wie bei den Goldschmieden wird ihren Arbeiten das obrigkeitliche Beschauzeichen und die eigene Marke des Meisters aufgeprägt, vorzugsweise zur Überwachung, daß der gewährte Zusatz von Blei zum Zinn eine gewisse Grenze nicht überschreite[23]). Zu einer freien künstlerischen Tätigkeit gelangen sie nicht, schon weil sie in einem unedeln Metall arbeiten, das in vornehmen Haushaltungen und namentlich auch in der Kirche für alle Meß- und Taufgeräte

---

[20]) Zinnerne Kännchen (*de ampullis stagneis*): Theophilus Presb. 3, 87 (S. 335 Ilg); becherartige Gefäße aus Zinn getrieben (*percute in stagno quasi duos cyphos aequales*): 88 (S. 339).

[21]) Vgl. Ermisch, Das sächsische Bergrecht des Mittelalters (1887), Einleitung S. CXXII.

[22]) *Wernlein ziner:* D. Städtechr. 1, 182, 33 (Nürnberg, von 1388); *zingiezzer* 2, 507, 27 (ebenda, von 1363).

[23]) *eʒ ist auch gesetzet, daʒ kain canlgieʒʒer kaine canln noch flaschen noch schüʒʒelen niht gieʒʒen sol, denne swaʒ er geuʒʒet von zine und von plei, daʒ sol er anders niht gieʒʒen denne ain pfunt plei under cehen pfunt zines* Nürnberger Pol. Ordn. 160 (14. Jahrhundert); *unde de cannenghetere scholen gheten vlasschen, schotelen, salsere und standen van clareme tynne âne bly, it were dat dat tyn alzo hart were, dat men it nicht gheten cunde ahne bly: so mach men dar wol tu duen dat 60ste edder 50ste del blyes, darna dat it hart is, unde dar beneden nicht. mer to den cannen moten se wol duen dat verdendel bly .. unde en jewelik cannenghetere schal syn werk merken laten myt der stad merke unde ok myt synes sulves merke* Rüdiger, Hamburger Zunftrollen 124 f. (von 1375).

ausgeschlossen ist[23a]), welch reizvollen Eindruck auch bisweilen die Erzeugnisse des 15. Jahrhunderts, besonders größere Pokale und Kannen von Zünften machen. Hier sind die künstlerisch geschulten Goldschmiede ihre Vorbilder. Die eigentliche Kunstperiode für das Zinn fällt erst in das Ende des 16. und in den Anfang des 17. Jahrhunderts.

Von verwandten Gewerben sind weniger die Gelbgießer, die mhd. als *messincsmit* im Verein mit Gürtlern und Spenglern erscheinen und zierliche Sachen aus dem betreffenden Metalle durch Gießen und Treiben herstellen, als die Rotgießer zu nennen, die sich zu eigentlich künstlerischer Tätigkeit aufschwingen. Das Gebiet der genannten Handwerker ist nicht bestimmt geschieden, Gelbgießer, die mittelniederdeutsch mit dem etymologisch dunkeln Namen *apengeter* belegt werden, und Rotgießer, mittelniederdeutsch *grapen-, gropengeter* (*gropen*, Erztopf, Kessel), bilden zu Hamburg bis 1577 mit den Kannengießern ein gemeinsames Amt[23b]), und in dem Handwerkerverzeichnisse von Nürnberg 1363 erscheinen Rotgießer überhaupt noch nicht, erst in dem von 1429 sind sie als Rotschmiede unter den Metallarbeitern ausgeschieden[24]); was und wie sie in handwerkerischer Tätigkeit wirken, zeigt uns eine Vereinbarung der Städte Lübeck, Hamburg, Rostock, Stralsund, Wismar, Greifswald und Stettin von 1354: *dat de gropenghetere scholen gheten gropen van wekeme koppere ghemenget na rechter mate, alzo to deme schip-punde wekes coppers de helfte gropenspise ofte 4 Livesche pund thenes ane bly. Unde en jewelik schal sin werk merken myt synes stades merk und myt sines sulves merke*[25]). Die größeren Aufgaben der Rotgießer und der verwandten Gewerke liegen aber jenseits des eigentlichen Handwerks; sie stehen, als Hersteller namentlich von

---

[23a]) mhd. *zin* wird in Vergleichen als falsches gleißendes Metall dem *golde* entgegengesetzt: *niuwez zin für altez golt nemen* H. v. Veldegge, Minnes. Frühl. 62, 21. *ûzen golt und innen zin* Renner 12552. Vgl. *von zine dem swachen dinge* Tristan 428, 21.

[23b]) Vgl. Rüdiger, Hamburger Zunftrollen 1.

[24]) D. Städtechr. 2, 507 f.

[25]) Rüdiger a. a. O. 125, 15. Wehrmann, Lübeckische Zunftrollen 225.

erzenen Taufkesseln, Rauchfässern und zumal Glocken, im Dienste der Kirche. Hier setzt der Handwerker eine alte rein klösterliche Kunst fort, indem er sich zugleich von der Zunft befreit: das Gewerbe der Glockengießer ist vielfach als ein Wandergewerbe betrieben worden, zu dem nicht einmal das Meisterwerden nötig war; ein *Herman Kester, apengeter knecht*, gießt laut Inschrift 1494 zu Lauenstein in Hannover eine Glocke, andere Gießer bezeichnen sich niederdeutsch ausdrücklich als *gropengeter*, mittel- und hochdeutsch als *duppengieszer, topfgieszer, kanngieszer*[26]). Der Umstand aber, daß sich so viele Glocken- und Taufkesselgießer auf ihren Fabrikaten mit Namen nennen, während das sonst von Kunsthandwerkern nicht geschieht, erklärt sich nicht etwa mit einer Regung von Künstlerstolz und dem Wunsche, ihren Namen auf die Nachwelt zu bringen, sondern mit dem Verlangen, sich der Barmherzigkeit Gottes zu empfehlen, zu dessen Ehren man das kirchliche Stück angefertigt hat.

In den Bereich der Rotgießerei fällt auch die Herstellung von größeren und kleineren, erzenen Grabplatten, mit bildnerischem Schmuck, von dem es ungewiß ist, ob er schon im Entwurf oder Modell dem Gießer angehört; es ist die Ansicht geltend gemacht worden, daß selbst ein Meister wie Peter Vischer lediglich Ausführer fremder, von Künstlerhand herrührender Entwürfe gewesen sei. Man darf aber wohl sagen, daß dies nicht in allen Fällen zutrifft, und daß in dem Handwerker genug künstlerisches Können lebt, um wenigstens bei schlichteren Arbeiten die zugrunde liegende Zeichnung und das Modell selbst zu schaffen. Er wagt sich sogar an große, erzene Statuen: als im Jahre 1471 Kaiser Friedrich III. bei seiner Anwesenheit in Nürnberg eine Reihe hervorragender Handwerker besuchte, sprach er auch beim Rotschmied Poppenreuter vor und schaut *einen langen messen Mann*, der ihm so gefiel, daß er dem Meister einen Gulden Schenkung reichte[27]).

[26]) Vgl. Otte, Glockenkunde (1884) 80. Namen von Taufkesselgießern: dessen Handbuch der kirchl. Kunstarchäologie 1 (1883), 315 ff.

[27]) D. Städtechr. 10, 327, 21 f.

Endlich entwickelt sich mit der Einführung des schweren Geschützes im Kriegswesen seit dem späten 14. Jahrhundert der Rotgießer zum Stückgießer, und auch hier tritt er aus den Reihen seiner Zunftgenossen heraus, indem er als Büchsenmeister bei Fürsten und Städten feste Anstellung findet und den Bereich seiner Arbeit durch Herstellung des Pulvers und der Geschosse erweitert. Auch als Erfinder tritt er auf: das Hinterladungsgeschütz erscheint bereits im 15. Jahrhundert, und bei dem eben erwähnten Besuche des Kaisers Friedrich III. in Nürnberg scheint demselben sogar eine Art Revolvergeschütz vorgeführt zu sein[28]).

Unter den Metallarbeitern, die nicht sowohl mit der Gußform, als mit dem Hammer hantieren, sind noch besonders Kupfer- und Eisenschmiede als solche zu nennen, deren Handwerksleistungen in das Kunsthandwerk übergreifen. Als Sonderhandwerker wird der erstere erst im 13. Jahrhundert genannt[29]), und dank den Geräten des Haushaltes, die sie vorwiegend fertigen, gehen sie auch unter den Pfannen- und Kesselschmieden[30]); aber ihre künstlerische Seite entfalten sie wiederum im Dienste der Kirche, für die sie kupferne, zum größten Teil vergoldete Gefäße, Hand- und Rauchfässer, Weihwasserkessel, Ostensorien, sowie Kelche mit Patenen herstellen; auch die Kunst des Emaillierens verstehen sie wie die Goldschmiede und bringen sie auf solchen Gefäßen an. Daß sie auch bei weltlichen Arbeiten über das Gewöhnliche des Bedarfs hinausstreben, davon überzeugte sich Friedrich III. ebenfalls in

---

[28]) *item rait zu Stauden rotsmid, schaut 24 puchsen in eim holtz umblaufend* D. Städtechr. 10, 327, 22.

[29]) *cuprifaber: cuphersmit* voc. opt. XI, 4 (S. 24b Wackernagel); mnd. *koppersleger:* Schiller-Lübben 2, 531b. Es ist noch im späten 14. Jahrhundert kein verbreitetes Handwerk; im Jahre 1380 nimmt der Rat von Konstanz zwei Kupferschmiede von Wil (Weil der Stadt) kostenfrei ins Bürgerrecht auf, *nach der satzung, ob ains antwerkes gebrest wær, die solt man âne gût empfahen* Mone, Zeitschrift für die Geschichte des Oberrheins 8, 54.

[30]) Vgl. *geloubent, daȝ ein kupfersmit ûf einem keȝȝel herte sô balde nie geberte, als ûf ir helme wart geslagen* K. v. Würzburg, troj. Kr. 37250.

Nürnberg: er ritt durch *die pfannsmidgassen und schawet einen seltzam küpfrein padkessel*[31]). Der Eisenschmied aber, wenn er sein vielseitiges und in eine Reihe von Spezialfächern gespaltenes Handwerk zur Kunst steigert, erreicht bei einzelnen Leistungen, namentlich den geschmiedeten und in Eisen getriebenen und geschnittenen Kronleuchtern, Türen, Türbeschlägen, Schloß- und Schlüsselschildern und ähnlichen Gegenständen das Höchste, was Hammer, Meißel und Feile zu schaffen vermag.

Eine besondere Gruppe nahe zusammenstehender Kunsthandwerker bilden Glaser, Maler, Schilder und Bildschnitzer. Unter den zünftigen Glasern, wie wir sie seit dem 14. Jahrhundert in Städten sehen, sind nicht Verfertiger von Glasgefäßen wie früher (S. 62ff.) zu verstehen, sondern Verarbeiter von fertigem, aus Glashütten bezogenen Tafelglas, besonders zu Fenstern, deren einzelne Glasteile nach ihrer runden Form Scheiben, nach ihrer verschobenen viereckigen Form Rauten, mhd. *schîbe* und *rûte*, heißen; beide werden mit Bleistreifen aneinander gereiht. Seit der Einführung der Verglasung von Fensteröffnungen, die bereits im 13. Jahrhundert auch im Bürger- und teilweise selbst im Bauernhause erfolgt ist (vgl. DHA. 1, 168; 236), ist der Glaser ein vielbegehrter, angesehener Handwerker, und er tritt aus schlicht handwerkerischer Tätigkeit heraus, wenn er, zuerst für Kirchen, später auch für profane Gebäude, Fenster in Mosaik oder in Glasmalerei ausführt. Diese Kunst ist ursprünglich geistlich[32]), in Klöstern geübt, und sie bleibt es noch lange neben der bürgerlichen Glaserei, freilich nach dem Wortlaute der bezüglichen Bestimmungen gewissermaßen nur geduldet[33]). Der zünftige Glaser, für den in dem

[31]) D. Städtechr. 10, 328, 1.

[32]) Anleitung dazu bei Theophilus, Sched. div. art. 2, 17—23 (S. 119 ff. Ilg).

[33]) *welher glaszwerk by uns tryben wil und weltlich ist, der sol der glaser zunft koufen. doch mag ein geistlicher ordensmann sînem gotzhusz wol arbeiten, also das er kein glaswerck umb verding noch sondern lon herusz mach in keinen weg* Ordnung der Glasmaler und Glaser zu Freiburg i. B. von 1484 bei Mone, Zeitschrift für die Geschichte des Oberrheins 16, 162; vgl. noch schärfere Bestimmungen von 1513, ebenda 163.

neuen Sinne der Ausdruck *glasære* mittelhochdeutsch seit mindestens dem Ende des 13. Jahrhunderts bezeugt ist (vgl. die Stelle S. 149), während im Niederdeutschen des 14. Jahrhunderts noch der korrektere Ausdruck *glasewerchte, glasewerte*, d. h. Arbeiter in Glaswerk, vorkommt, wird in Zunftrollen und andern Aufzeichnungen in enger Verbindung mit den Malern aufgeführt, Glaser und Maler sind gewöhnlich Angehörige éiner Zunft. Dieses Verhältnis geht auf eine Arbeitsteilung bei der Herstellung zunächst von Kirchenfenstern zurück: der Maler entwirft die Zeichnung dazu, der Glaser überträgt sie und führt sie aus, brennt die gemalten Scheiben und setzt sie zusammen. Die eigentlich künstlerische Tätigkeit, die des Entwerfens, die mit einem technischen Fremdworte mhd. *visieren* bezeichnet wird (das dazu gehörige Substantiv ist *visament* und *visierunge*), liegt demnach, wenigstens in früher Zeit, ganz beim Maler, und noch im 16. Jahrhundert haben Künstler wie Dürer und Holbein sie nicht verschmäht; aber auch der Glaser lernt nach und nach sie üben, und besonders seit der Zeit, als aus einem beiläufigen Anhängsel der gemalten Kirchenscheiben sich die Wappenscheiben der Adligen oder reicher Bürgerfamilien hervorgebildet hatten. Diese Scheiben hatten ihren Ursprung in einer von Schenkern der Kirchenfenster geübten Sitte, das Wappen ihres Geschlechts am Fuße der Darstellung anbringen zu lassen; und dieses farbenglänzende Wappen wanderte allein in das Wohnhaus, ein willkommener Schmuck des Fensters und eine Unterbrechung der öden Reihe der Butzenscheiben. Die Erstlinge dieser Scheibenart sind einfach genug: das Wappen des Geschlechts in der Schildform des 15. Jahrhunderts, ohne Helm und Helmdecke, ohne Wappenhalter, als kleineres oder größeres Rund mit stilisierter Umrahmung ausgeführt, wie es für das Mittelstück eines Butzen- oder Rautenfensters angemessen ist; solche Scheiben fallen mehr der Kunst des Glasers, als der des Malers zu, indem der Verfertiger das Wappenbild, abgesehen von den einfachen Umrißlinien, durch Schleifen, Färben und Brennen, sowie durch geschicktes Schneiden und Verbleien der einzelnen so behandelten Glasstücke herstellte. Erst später, zu Ende unserer Periode, werden die Hilfsmittel des Verfertigers reicher, und es bildet sich aus dem Kunstglaser der Glasmaler hervor, der sich nunmehr auch bei größeren Aufgaben von dem eigentlichen Maler vielfach unabhängig macht. Für die Zeit dieser Entwicklung bezeichnend ist, daß der Name Glasmaler vor dem 16. Jahrhundert nicht erscheint.

Was den Maler betrifft, so ist seine Tätigkeit von jeher eine sehr verschiedene. Wir sahen in der vorigen Periode neben dem schlichten Anstreicher den Künstler, der namentlich Wandmalereien schafft (S. 72), und den Buchmaler (S. 68) als ausländische oder geistliche Kräfte. Alle drei Arten bestehen in dieser Periode fort; der Buchmaler als geistlicher Künstler; erst seit dem 15. Jahrhundert erscheinen auch weltliche Miniaturmaler, in den Städten namentlich als Hersteller kolorierter Wappen oder Verfertiger kostbar ausgestatteter Urkunden, *briefmâler*, *briever*[34]); der Wandmaler, geistlichen oder auch früh schon weltlichen Standes, der sich zur Ausschmückung von Kirchen und Palästen auch von weither berufen läßt und hier, namentlich in den Zeiten des 12. und 13. Jahrhunderts, vielfach die bedeutendsten Leistungen in Einzel- und Gruppenbildern schafft[35]); und endlich der schlichte Anstreicher, der als einfacher Handwerker sich früh in der Stadt ansiedelt und künstlerisch emporkommt. Seine ursprüngliche Beschäftigung wird durch das ahd. Verbum fremder Herkunft *tunichôn*, mhd.

---

[34]) *breviarius: briefer* DIEFENB. 81b. *briefmâler*, sich später zum Illuministen und Schachtelmaler ausbildend: SCHMELLER 1², 351. Auch kurzweg bloß *mâler; pictor: maler* neben *calamare: geschribzüg, minium: roetivarwe, lasurum: blâvarwe* voc. opt. 18, 36 (S. 29 Wackernagel).

[35]) Vgl. Pfaffe Amis 491—684, wo Auftreten und Leistungen eines solchen Künstlers gezeichnet werden. Seine Künstlerschaft wird durch die Benennung *meister* gekennzeichnet, seine Kunst besteht außer dem Malen im vorherigen *entwerfen* des zu malenden Gegenstandes: *swer mâlen wil, entwirfet ê und merket, wie sîn bilde stê* FREIDANK 133, 25; *entwerfen* kann aber auch zugleich die Ausführung des Entworfenen mitbedeuten: *vor der juncvrouwen stuont der helt guot, sam er ûʒ meisters hende wol entworfen wære an einer wîʒen wende* Gudrun 660, 2 f. Über erhaltene dergleichen Bilder vgl. DHA. 1, 375.

tunchen, *tünchen*, oder durch das einheimische mhd. *wîȥen* bezeichnet, und das ältere Vorkommen des fremden Wortes mit seinem Substantiv ahd. *tunicha* gibt zugleich einen Fingerzeig für Herkunft und Herübernahme der Technik[36]). An den Holz- und Steinbauten der emporstrebenden Städte findet er reichliche Arbeit, und es ist natürlich, daß er die Flächen, die er mit seiner Kalkfarbe bekleidet, bald auch durch einfache oder ausgeführtere farbige Ornamente belebt und so zum Maler vorrückt. Seine engere Zugehörigkeit zum Bauhandwerk[37]) wird dadurch gelockert, daß er zugleich zum Verfertiger von Schilden in Beziehung tritt und auch hier das Anstreichen und die einfachen Zeichnungen auf dem lederbezogenen Holze besorgt; wird der Schild zum Prunkschilde mit buntgefärbter Schnitzerei, so lernt er auch diese anfertigen; und so kann im Mittelhochdeutschen *schiltære* sowohl den Schildmacher, als den Schildmaler und Schildschnitzer bedeuten und selbst in die Bedeutung des Malers schlechthin übergehen[38]). Auch das Anfertigen und Malen von Fahnen fällt in sein Bereich[39]). Der zunftmäßige Zusammenschluß solcher Kunsthandwerker ist bereits für den Anfang des 13. Jahrhunderts be-

---

[36]) *calce levigabis: mit chalche tunichos* Steinm. 1, 370, 51 nach Deuter. 27, 2, woneben das deutsche *slihtis*, *kislihtis* und *giebonôs*: 368, 1 f.; 370, 52; 374, 38. *liniri: gitunichôt werdan; lita: gitunihhôtiu* 350, 19 ff. nach Levit. 14, 42; 43. *in dealbatione lutei parietis, in dero tunicho leimenoro wende* Notker, Ps. 70, 7. Das spätere *wîȥen; item im jar 1493 do wart die kirchen zu sant Sebalt geweist und verneut inwendig* D. Städtechr. 11, 505. Im Verein mit *mâlen; unser lieben frawen kirch und die zwen türn wurden getuncht und gemalet* 5, 215 (zum Jahre 1458).

[37]) *dy buwinde kunst had undir ir sechs houpthandwerg. daȥ erste ist kalgwerg . . und had vel ander handwerg undir em, alz steinmetzen, murer, toncher* Anz. für Kunde der Deutschen Vorzeit 1856, 273.

[38]) Vgl. über die Bedeutungsentwicklung des Wortes Deutsches Wb. 9, 126. Metallfiguren des Schildes werden nur unter besonderen Verhältnissen erwähnt: Gottfried von Straßburg schildert, daß Vulkan sich selbst für Tristan bemühte, *wier im entwurfe unde snite . . den eber an dem schilte*: Tristan 125, 20.

[39]) Wehrmann a. a. O. 327 (Ordnung der Maler und Glasewerter vor 1425).

zeugt[40]). Und als seit eben dieser Zeit die Tafelmalerei sich entwickelt und damit die eigentliche künstlerische Periode der deutschen Malerei beginnt, da fühlen sich solche Künstler zunächst und für lange hinaus doch als Zunftgenossen und sind Mitglieder der Innung jener schlichten Handwerker, üben auch Handwerksbrauch, indem sie Lehrlinge und für größere ihnen übertragene Werke Gesellen halten und in Gassen (vgl. S. 152) zusammenwohnen[41]). Die Technik ihrer Werke wird durch obrigkeitliche Bestimmungen eingeengt[42]).

Die Ausbildung des kirchlichen Altars zum Altarschrein seit dem 14. Jahrhundert stellt nicht nur der deutschen Tafelmalerei neue Aufgaben, sondern bringt auch das Kunsthandwerk der Bildschnitzer zur Blüte. Beide Arten der Holzschnitzkunst, Flachschnitzerei und Vollbildnerei (S. 64 ff.), haben sich seit alter Zeit erhalten, und die erstere Art kann sich namentlich seit der gotischen Zeit an Zimmerwänden, Decken und Türen, sowie an besseren Möbeln bewähren; die höchsten Leistungen aber werden im Dienste der Kirche sichtbar, seitdem der Altarschrein im 15. Jahrhundert bis in die kleinste Dorfkirche vordringt, und zur Befriedigung des lebhaften Bedürfnisses förmliche Altarfabriken entstehen. Die Tafelmalerei im Innern des Schreins wird dabei vielfach von der Holzbildnerei abgelöst, Figuren und Gruppen in Hochrelief treten besser hervor und wirken lebendiger, werden auch wohl auf das reiche Maßwerk des Schreins, sowie auf die das ganze Werk krönenden Vollfiguren von Heiligen gestimmt; die Tafelmalerei tritt dann wieder am Äußern des zugeklappten Schreins in ihr Recht, das keine Schnitzerei zeigt. Die handwerksmäßige Herstellung solcher Schnitzereien ist an erhaltenen Beispielen sehr oft sichtbar: der Meister hat den Entwurf des Werkes gemacht und die Ausführung desselben verteilt; das Mittelstück, als den

---

[40]) *he* (Bischof Ludolf von Magdeburg, gestorben 1205) *makede ok der schilder inninge hir in der stad* D. Städtechr. 7, 129.

[41]) *malergasse, schildergasse* FÖRSTEMANN, Straßennamen von Gewerben (Germania 14, 12; 15. 15, 276. 16, 273).

[42]) Vgl. RÜDIGER a. a. O. 94 f. (von 1458).

hauptsächlichen Teil, schnitzt er selbst oder unter seiner speziellen Leitung ein kunstgeübter Geselle; die Figuren der Seitenflügel sind oft Lehrlingsarbeiten zur Übung.

Die Holzschnitzer treten nicht als Zunft für sich hervor, sondern sind, wenn sie weltliche Arbeit verrichten, den Kunsttischlern, niederdeutsch *kuntor- und panelenmaker*[43]), zugeordnet, bei besonderen geistlichen Arbeiten den Malern. Es wird in Zunftrollen ausdrücklich den letzteren vorgeschrieben, daß sie ihre Schnitzbilder schneiden und hauen lassen sollen, und zwar selbst mit Bestimmung der Holzart: Eiche, Birnbaum, Wallnuß[44]). Wie im 15. Jahrhundert die Bildschnitzerei sich zur Kunst hebt, gehört der Kunstgeschichte an; hier ist hervorzuheben, daß die technische Bezeichnung Bildhauer vor dem Ende unserer Periode überhaupt nicht vorkommt[45]) und daß, um nur ein für die Zunftgeschichte bedeutendes Beispiel anzuführen, Tilman Riemenschneider bei seiner Einwanderung in Würzburg 1483 im dortigen Ratsbuche als *malerknecht* bezeichnet wird, wie er auch später in die Zunft der Maler und Glaser dort eintritt, eine Werkstatt errichtet und Lehrlinge und Gesellen hält[46]).

In ähnlichen Verhältnissen wie die Holzschnitzerei befindet sich die Bildnerei in Stein: sie fällt den zünftigen Steinmetzen zu, und die Künstler dieser Richtung gehen aus ihnen hervor. Zu erinnern ist in dieser Beziehung an den Nürnberger Adam Krafft, der als Steinmetz handwerksmäßig gelernt und sich von der Ornamentik in der Architektur zu einem Figurenbildhauer herausgebildet hat, immer

[43]) Wehrmann a. a. O. 294 ff.; sie heißen daselbst auch *sniddeker*, ebenso in Hamburg, wo sie dann im 16. Jahrhundert eine Zunft für sich bilden: Rüdiger a. a. O. 267. Der Bildschnitzer Jörg Sürlin in Ulm (gest. 1491) gehört der dortigen Schreinerzunft an.

[44]) *de malere scolen ere belde snyden unde howen laten van gudeme ekenen holte, edder van berbomen holte, edder van walbomen holte* Rüdiger a. a. O. S. 91 (von 1375).

[45]) *bildhawer: statuarius, hermoglyphus; bildhawerkunst: statuaria, anaglyptice* Dasypodius dictionar. latinogermanicum et vice versa germanolatinum.

[46]) Vgl. Weber, Leben und Werke des Bildhauers Dill Riemenschneider (1884), 3; 8.

aber in enger Verbindung mit seiner Zunft geblieben ist. Übrigens greifen Holz- und Steinbildnerei bei einzelnen hervorragenden Meistern ineinander über, und man scheint darin von seiten der Zunft nichts Unzulässiges gesehen zu haben: sowohl von Jörg Sürlin, als von Riemenschneider und Veit Stoß sind außer Arbeiten in Holz auch solche in Stein erhalten.

Neben den Kunstarbeiten in Holz und Stein treten solche in Elfenbein zurück. Sahen wir in der vorigen Periode dieses Material besonders zu Schnitzereien auf Platten verwendet (S. 67 f.), die als Buchdeckel oder später auch als Seiten von Tragaltären dienten, so fallen in dieser Periode die Elfenbeinarbeiten wesentlich der ausgesprochenen Kleinkunst zu; größere Buchdeckel kommen nicht mehr vor, höchstens Doppeltafeln für kleine Tragaltäre, auch Schreibtafeln und Spiegelkapseln[47]), besonders aber kleine Ganzfigürchen, Oberteile von Krummstäben, Schmuckkästchen, Kämme und Putzgerät, Schwert- und Dolchgriffe und dergleichen; auch als Einlage in Holz wird Elfenbein verwendet, wie wir uns denn einen elfenbeinernen Armbrustschaft, der in Hamburg als Meisterstück erfordert wird, als solche eingelegte Arbeit zu denken haben[48]). Ebenso ist das Gestell eines Prunksattels ausdrücklich als mit Elfenbein eingelegt angegeben[49]). Aber Sättel aus massivem Elfenbein, wie sie Dichter beschreiben[50]), hat es, wenn auch zur Seltenheit und als höchste Pracht, wirklich gegeben, und es sind

---

[47]) Elfenbeinene Schreibtafel: Hartmann, Gregorius 719 ff., Spiegel *von helfenbeine, ergraben wæhe unt kleine* Minnes. 3, 209, 11 v. d. Hagen.

[48]) *wanner he dat ampt eschet hefft und sine sulves werden will, so schall he maken twe armborste up enes meisters werckstede, . . dat ene mit elfenbeender sule unde schone dack, unde dat ander slicht unde recht* Ordeninge der armborsterer von 1458 bei Rüdiger a. a. O. 3.

[49]) *item de sedelere scolen maken twee sedele, eenen myt myssinghe unde enen myt beenen* ebenda 94 (Anfang des 15. Jahrhunderts).

[50]) *seht wie grôȝ ein grûȝ sî, so vil was dâ* (beim Sattel) *niht holzes bî. er was von helfenbeine und von edelem gesteine joch von dem besten golde* Erec 7526 ff., auch Laurin reitet auf elfenbeinenem Sattel, mit Edelsteinen verziert: Laurin 175 ff.

einige davon erhalten geblieben[51]). Schilde von Elfenbein dagegen, die Dichter nennen[52]), mögen wohl in das Gebiet der Phantasiegeräte zu verweisen sein, wie dergleichen auch noch andere in poetischen Quellen vorkommen[53]). Bei der Neigung des Mittelalters für Sinnbildlichkeit ist Elfenbein deswegen so beliebt, weil es als Sinnbild der Reinheit und Keuschheit gilt, daher ein Dichter ihm auch die Jungfrau Maria vergleicht[54]). Es läßt sich nicht nur schnitzen, sondern auch auf der Drehbank verarbeiten, wie denn ausdrücklich ein gedrehter Bischofstab von Elfenbein erwähnt wird[55]). Elfenbeinarbeiter bilden kein besonderes Kunsthandwerk; die Künstler, die in Holz schnitzen, und die Drechsler fertigen die massiven Sachen und Schreiner, Armbruster und Sattler die Einlegearbeiten, deren sie bedürfen.

Im Gebiete der Textilindustrie ist es besonders die Teppichwirkerei, die in den Städten seit dem 13. Jahrhundert handwerksmäßig ausgeübt wird (woneben natürlich die in Hofhaltungen und Klöstern gepflegte Hauskunst fortdauert)[56]); über dieses Kunsthandwerk und sein Aufkommen in Deutschland ist bereits DHA. 1, 246 ff. berichtet. Es liegt meist in den Händen von Handwerkerinnen, die selbständig sind und wie andere selbständige Weberinnen auch die Befugnis haben, Lehrtöchter und Lohnarbeiterinnen nach Art der Gesellen zu halten[57]). Neben den Teppichwirkerinnen stehen die Kunststickerinnen, die ihr Gewerbe in sehr vielseitiger Weise trieben und Teppiche, Rücklachen, Umhänge und Gewänder fertigten und namentlich gern mit gestickten Wappen versahen. In Köln hatte sich im 14. Jahrhundert

---

[51]) Vgl. Bartsch in der Germania 23, 49.

[52]) *ir schilt was elfenbeinen* H. v. Veldeke, En. 235, 38.

[53]) Speerschaft von Elfenbein: Biterolf und Dietleib 4091; 11967. elfenbeinener Riegel an einem Tore: Tristan 427, 26.

[54]) *daȥ helfenbein der reinen maget von himelrîch* Wartburgkrieg (Minnes. 3, 181ᵃ v. d. Hagen).

[55]) *einen stap truog er klâren, gedræt von helfenbeine* Servatius 601.

[56]) Vgl. DHA. 1, 103 f.

[57]) *würkerin* als Lohnmagd: Teufels Netz 12234. *lêr-tochter, lern-* und *lôn-tohtran* bei den gewerbsmäßigen *negerinnen* in Konstanz 1457 und 1470: Mone, Zeitschrift für die Geschichte des Oberrheins 13, 159.

eine eigene Zunft der Wappensticker mit männlichen und weiblichen Mitgliedern gebildet, die für einen ausgiebigen Verkauf, selbst Export arbeitete und mit Eifersucht auf die geistlichen Stickerinnen in den Klöstern sah, denen sie gern diese Beschäftigung verboten hätte[58]). Die Vorzeichnungen zu den Figurenwebereien und Stickereien werden von eigenen Künstlern, *bildæren*[59]), geliefert, die wir uns als Angehörige der Malerzunft zu denken haben.

Von Verfertigern musikalischer Instrumente haben wir aus älterer Zeit wenig Nachrichten. Musikinstrumente, so häufig sie und das Spiel auf ihnen erwähnt werden, sind damals nicht Gegenstände eigentlich gewerblicher Tätigkeit gewesen, sondern lange Zeiten hindurch auf ganz schlichte Weise als Hausprodukte, meist wohl von den Spielern selbst, verfertigt worden; namentlich müssen wir uns das von der Harfe, dem, wie der gemeingermanische Name lehrt, uralten germanischen Tonwerkzeuge, vorstellen. Zwei Hölzer, in Deltaform zusammengefügt, innerhalb deren Saiten von ungleicher Länge gezogen sind, die durch eine einfache Vorrichtung in Spannung erhalten werden, ergeben die Grundform; die Hölzer haben die einfachste Form eines Balkens, worauf die angelsächsische Bezeichnung *gleó-beám* neben *gamen-wudu*[60]) hindeutet; die Worte für Saite weisen nicht, wie das griech. χορδή, auf die Bereitung aus tierischem Darm hin, sondern sind vielmehr nur ihrer Bestimmung,

---

[58]) Der Bruderschaftsbrief von 1397 abgedruckt bei Ennen und Eckertz, Quellen der Stadt Köln 6 (1879), 536 f., vgl. dazu Bock, Geschichte der liturgischen Gewänder 1, 273 ff. Über den Sturm der Wappenstickerzunft auf das Haus des Schellenkonvents zu Köln im Jahre 1482, vgl. ebenda 1, 284.

[59]) *bildære*, der das Bildnis der *vrou Minne* entwirft: Minne Lehre 641 Pfeiffer. *bildære* und *bildenære* heißen aber auch die Vorlagen selbst, nach denen gewebt und gestickt wird: *sîn tohter vor vrouwen næt schône ab eime bildær* Seifr. Helbling 8, 208 f.; *ein junkfrow . . die vor einem bildner sitzt und heidensch werk wirkt, die den bildner stetigs ansicht und noch im wirkt* Keisersberg, christenl. Bilgerschaft 159 d.

[60]) *gleó-beám* für die Harfe: *nis hearpan wyn, gomen gleó-beámes* Beowulf 2263 f., ebenso *gomen-wudu: hwîlum hilde-deór hearpan wynne, gomen-wudu grêtte* ebenda 2108 f., ähnlich 1066.

angeknüpft oder angebunden zu werden, entnommen: das angelsächsische *streng*, altnord. *strengr* bedeutet auch Segeltau und Bogensehne und geht auf die Vorstellung des Gespannten zurück, und das althochd. *seita*, das *fides* und *chorda* glossiert, ist nur Nebenform des ahd. *seito*, angelsächs. *sâda* Strick, und hängt wurzelhaft mit *sei-l*, und dem angels. *sî-ma*, altsächs. *sî-mo* Strick, zusammen, mit der Urbedeutung des Gebundenen, Angeknüpften. Eine einheitliche Mensur dürfen wir bei diesen anspruchslosen Instrumenten nicht voraussetzen, ihr Bau geschieht wohl ganz willkürlich, und Maß und Stimmung der Saiten ist völlig dem Verfertiger und Spieler anheimgestellt; auch ihre Zahl ist ungleich, und wenn in der angelsächsischen, metrischen Bearbeitung der Psalmen von einer Harfe, mit zehn Saiten, bezogen, geredet wird, so ist das nur Übersetzung des lat. decachordum[61]). Diese musikalische Unvollkommenheit wird eine elegante Form des Holzgestelles nicht gehindert haben, die man namentlich durch geschnitzte Zierate bewirkte. Als von den späteren merowingischen Zeiten ab teils durch die romanischen Spielleute (S. 102ff.), teils durch die Kirche zu dem bisher einzig nationalen Saitenspiele eine ganze Reihe anderer ins Land kamen und in spielmännischen und kirchlichen Kreisen gepflegt wurden, als zu den Schlaginstrumenten dieser Art vom Orient her auch die Streichinstrumente sich verbreiteten, da trat die Harfe wohl in der allgemeinen Verwendung zurück, und wurde, unähnlich andern Tongeräten, besonders als kirchliches Instrument nicht verwendet, erhielt sich aber in Spielmanns- und höfischen Kreisen in verschiedener größerer und kleinerer Art, ohne eine technisch ausgebildetere Form zu erlangen. Auch die neu eingeführten Saiteninstrumente scheinen zunächst nicht auf gewerbsmäßigem Wege, sondern nach Bedürfnis in freier Tätigkeit, und von den Spielern selbst, hergestellt worden zu sein. Daß und wie früh hier ein förmliches Kunsthandwerk entsteht, darüber kann vielleicht die Verbreitung der L a u t e einen Fingerzeig

[61]) *him swynsađ oft mit tyn strengum getogen hearpe, in psalterium decachordo psallam tibi* Psalm 143, 10.

geben, eines Instruments, das in seiner eigenartigen und sehr tonfähigen Bauart die andern seit dem 14. und 15. Jahrhundert in den Hintergrund drängte. In romanischen Ländern, Italien und Frankreich, finden wir die Laute seit dem 13. Jahrhundert bezeugt[62]), zu einer Zeit, wo die Bestrebungen für kunstmäßige und mehrstimmige Musik und deren Notation in starkem Maße einsetzen. Diesen Bestrebungen kommt die Laute mit ihrem Klangkörper besonders entgegen, der Resonanzboden ist der Rückenschale einer Schildkröte nachgebildet, der Name (arabisch *al ûd*, eigentlich Schildkröte) weist auf das Land der Erfindung. In Deutschland wird das Instrument als *lûte* vor dem 14. Jahrhundert nicht erwähnt. Die Herstellung eines solchen erforderte ein ganz anderes technisches Vermögen als zu den bisherigen Saiteninstrumenten gehörte; die schnell wachsende Beliebtheit der Laute erheischte eine große Anzahl Instrumente: und so finden wir den Lautenmacher bereits zu Ende des 14. Jahrhunderts in Nürnberg als angesessenen Kunsthandwerker[63]); im Anfange des 15. Jahrhunderts erscheinen Lautenmacher mit deutschen Namen, also jedenfalls deutscher Herkunft, in Italien[63a]). Unter den süddeutschen Städten scheint Nürnberg im 15. Jahrhundert der Hauptort für Lautenfabrikation geworden zu sein, 1461 wird ein Hans Ott Lautenmacher, 1463 ein Konrad Gerla oder Gerl daselbst aufgeführt, welcher letztere seine Kunst auf eine Reihe seiner Nachkommen vererbt; denn abgesehen von Hans Gerl dem jüngeren, gestorben 1570, der als berühmter Lauten- und Geigenmacher erwähnt wird, erscheint in Nürnberger Gerichtsbüchern noch 1613 ein

---

[62]) Vgl. Du Cange 5, 47b (aus Bologna). Littré 2, 1, 362b (aus dem Roman de la rose).

[63]) Nach gefälliger Auskunft des städtischen und des kgl. Kreisarchives zu Nürnberg wurde 1393 ein *Fritz Lawtenmacher* als Bürger daselbst aufgenommen; 1403 erscheint ein zweiter, *Bertolt Lawtenmacher*, in der Mittelgasse wohnhaft.

[63a]) Ums Jahr 1415 sitzt ein Lautenmacher, Meister Lucas Mahler in Bologna, ein anderer, Marx Unverdorben in Venedig: Wasielewski, Geschichte der Instrumentalmusik im 16. Jahrhunder (1878) 31.

Hans Gerlein, Lautenmacher[64]). Auch in Augsburg erfahren wir 1460 von einem Lautenmacher Peter Lemenitt gelegentlich eines Unglücks, das ihn bei auskommendem Feuer betroffen[65]). Und so mag es in bedeutenden Städten ihrer manche gegeben haben; es ist natürlich, daß sie sich auch der Verfertigung anderer Saiteninstrumente zuwenden, wie das von dem jüngeren Hans Gerl aus dem 16. Jahrhundert bezeugt ist. Aber auch viel früher muß es, wenigstens vereinzelt, eigentliche Techniker für solche Instrumente gegeben haben. Eine Erzählung „der Busant", im 13. Jahrhundert nach französischer Quelle verfaßt[66]), beschreibt eine Geige, die nur eine fachmännisch geschulte Kraft verfertigt haben kann: das Instrument ist von poliertem Holze, der Hals von Elfenbein, der Kopf (*capellon*) mit Gold und Edelsteinen besetzt; die Saiten bestehen nicht aus Därmen, sondern aus seidenen Strängen, der Geigenkörper ist mit goldenen Borten und Seide überkleidet; die Stimmstifte (*negele*) sind golden. Da solche Kunsthandwerker nur ganz gelegentlich erwähnt werden, so erfahren wir darüber, ob sie innerhalb oder außerhalb einer Zunft standen, nichts; es mag an verschiedenen Orten verschieden gehalten worden sein; in Nürnberg haben sie jedenfalls ihre Kunst als völlig freies Gewerbe betrieben.

Die Blasinstrumente aus Holz oder Rohr sind ebenso wenig wie die Saiteninstrumente der älteren Zeit Erzeugnisse gewerblicher Tätigkeit. Die S. 114f. aufgezählten Namen beziehen sich, soweit sie nicht vom Tone hergenommen sind, auf das Material, und besonders gern wird, wie bei kindlichen Tongeräten noch jetzt, der Holunder verarbeitet. Erst die von Frankreich her seit dem 12. Jahrhundert uns zugekommene Flöte, mhd. *vloite, flöute* aus franz. *flahute, flaüte*[67]) erheischt in ihrer feineren Durchbildung, der Schnabel-

[64]) Gefällige Mitteilung des Stadtarchivs zu Nürnberg, welche zum Teil das in der allgemeinen deutschen Biographie 9, 24 Gesagte berichtigt.

[65]) D. Städtechr. 5, 242.

[66]) v. d. Hagens Gesammtabentheuer 1, 339 ff., vgl. namentlich 348, 397 ff.

[67]) Über die Etymologie vgl. Diez, Etym. Wb. der roman. Sprachen 1 (1869), 182.

oder Querflöte, als Verfertiger einen eigentlichen Spezialisten; und wir dürfen, obschon uns der Name eines solchen in mittelalterlichen Quellen nicht genannt wird, aus dem Personennamen *Flötner*, den der berühmte 1546 gestorbene Nürnberger Formschneider führte, wohl auf eine handwerkerische Beschäftigung schließen, nach der ein Vorfahr desselben seinen Namen empfangen hat (vgl. die Personennamen nach Gewerken oben S. 165ff.). Seit dem 15. Jahrhundert, wo die Zahl der feineren Holzblasinstrumente zunimmt, muß notwendig deren Verfertigung gewerbsmäßig betrieben worden sein. Dasselbe ist der Fall bei den Instrumenten von Metall, von denen wir einzelne bereits zu vor- oder frühhistorischen Zeiten in hoher Vollendung gearbeitet finden (S. 115f.). Daß das Metall, welches zu ihrer Herstellung dient, gereckt oder durch Schlagen zu Blech ausgebreitet wird (vgl. die Belege S. 117), weist schon früh auf den Techniker hin, und jedenfalls haben sich bei der großen Anzahl der im späteren Mittelalter gebrauchten Instrumente, der Trompeten, Hörner, Tuben und Posaunen, die verschiedenen Zweige der Metallarbeiter, namentlich Messing- und Kupferschmiede, beiläufig der bezüglichen Fabrikation gewidmet; auch die Lärminstrumente, Pauken, Trommeln, Cimbeln werden sie gemacht haben. Von Posaunen aus fremdem Lande berichtet Wolframs Willehalm[68]).

Das musikalische Instrument des deutschen Mittelalters, welches von Anfang an unbedingt kunsthandwerkerischer Tätigkeit zufällt, ist die Orgel. Die Einführung derselben von Byzanz her ist zuerst im 8. Jahrhundert erfolgt: Einhard in seinen Jahrbüchern berichtet zum Jahre 757, daß der Kaiser Constantin dem König Pippin viele Geschenke, darunter auch eine Orgel (*inter quae et organum*) geschenkt habe; fast siebzig Jahre später, im Jahre 826, erscheint an Ludwigs des Frommen Hofe ein Priester aus Venedig, namens Georg, der sich als kundig des Orgelbaus vorstellt, und dem

---

[68]) *aht hundert busînen hiez plâsen rois Kalopeiȝ. in sîme lande man noch weiȝ daȝ pusîn dâ wart erdâht: ûȝ Thusî die wâren brâht* Willeh 360, 8 ff.

für Aachen ein entsprechender Auftrag erteilt wird[69]). Es entsteht ein lobwürdiges Werk, dergleichen niemals bisher bei den Franken gebaut ward, wie Ermoldus Nigellus rühmt[70]). Wenn diesen Nachrichten gegenüber der erst nach 883 schreibende Mönch von St. Gallen, Notker Balbulus, berichtet, Gesandte des griechischen Kaisers hätten an den Hof Karls des Großen unter anderen musikalischen Instrumenten auch eine Orgel mitgebracht, „jenes vortrefflichste aller Instrumeten, welches vermittelst eherner Behälter und rindslederner Blasbälge, die wunderbar durch eherne Pfeifen blasen, das Rollen des Donners durch die Kraft des Tons und das leichte Geschwätz der Leier oder Cimbel an Süßigkeit erreichte", und die Werkleute Karls hätten, ohne sich etwas merken zu lassen, den Bau dieser Orgel studiert und sie sehr genau nachgebildet, diese Arbeit sei aber, nachdem sie aufgestellt, später unter anderen Verlusten des Staates zugrunde gegangen, so ist das auf jeden Fall eine von jenen älteren Zeugnissen ausgehende, aber sagenhaft verschobene Nachricht, an der wahrscheinlich nur das eine genau ist, daß die Orgel später zerstört wurde[71]). Wie das Instrument in seinem ersten deutschen Exemplare der Kirche dient, so bleibt es auch ferner dem geistlichen Dienste geweiht, und geistliche Künstler sind es, die es bauen; in den Schriften Notkers und seiner Schule findet sich eine Anweisung über die Mensur der

---

[69]) *venit cum Baldrico presbiter quidam de Venetia, nomine Georgius, qui se organum facere posse asserebat; quem imperator Aquasgrani cum Thancolfo saccellario misit, et, ut ei omnia ad instrumentum efficiendum necessaria praeberetur, imperavit* Einhardi Annales a. 826.

[70]) *Organa quin etiam, quae nunquam Francia crevit, Vnde Pelasga tument regna superba nimis, Et quis te solis, Caesar, superasse putabat, Constantî, nobilis nunc Aquis aula tenet. Fors erit indicium, quod Francis colla remittant, Cum sibi praecipuum tollitur inde decus. Francia plaude, decet; Hludowico fer pia grates, Cuius virtute munera tanta capis* Lobges. auf Ludwig 4, 639 ff. (Mon. Germ. 2, 513).

[71]) Buch 2, Kap. 7: *illud musicorum organum praestantissimum, quod doliis ex aere conflatis follibusque taurinis per fistulas aereas mire perflantibus rugitum quidem tonitrui boatu, garrulitatem vero lyrae vel cymbali dulcedine coaequabat. quod ubi positum fuerit, quamdiuque duraverit, et quomodo inter alia rei publicae post dampna perierit, non est huius loci vel temporis enarrare* (Mon. Germ. Script. 2, 751).

Orgelpfeifen, die nur auf klösterliche Leser und Lernende berechnet sein kann[71a]). Erst zum Jahre 1327 erfahren wir von einem weltlichen Orgelbauer, seines Berufs ein Zimmermann namens Meister Clawes Karle in Straßburg; aber es wird dabei als etwas Ungewöhnliches hervorgehoben, daß er ein Laie gewesen sei. Die von ihm erbaute Orgel trat an Stelle einer im Jahre 1298 bei einem Münsterbrande untergegangenen; die Bauzeit war drei Jahre. Gelegentlich einer Reparatur an den Pfeifen im Jahre 1384, bei der der nicht wohlbewahrte Herd und der Schmiedestock neben der Orgel standen, fing auch sie mit dem mittleren Gewölbe des Münsters Feuer und wurde nun durch ein Werk ersetzt, das innerhalb eines Jahres nach dem Brande vollendet ward, größer und schöner als das untergegangene war und tausend Pfund Pfennige kostete. Dessen Erbauer wird nicht genannt[72]).

Die Nachricht zeigt uns, daß bereits im 14. Jahrhundert der Orgelbau als freie Kunst in bürgerliche Hände übergegangen ist. Geschickte Orgelbauer werden, wie Architekten, von Gemeinden und geistlichen Körperschaften berufen, um ihre Tätigkeit heiligen Stätten zu widmen; aber nur bemittelte Gemeinden können ihrer Kirche eine Orgel leisten, arme städtische und dörfliche Gotteshäuser entbehren sie noch auf lange hinaus. Darum bleibt der Orgelbauer ein isolierter Künstler, der nicht wie Maler und Bildschnitzer seine gewöhnliche Beschäftigung für die Kirchen findet und darum nicht wie diese sich an Genossenschaften angliedern kann; ihm würde das schon aus dem Grunde sehr erschwert worden sein, weil er mehrerer Techniken in Holz wie in Metall mächtig sein mußte, und der

---

[71a]) de mensura fistularum organicarum (Notker 1, 857 ff., Piper).

[72]) *do man zalt* 1327 *jar, . . do wurden die orgeln gemaht von meister Clawes Karlen, der waȥ zimberman u n d e i n l u t e r r e l e y e. daȥ werk kostet* 450 *lib. d.* D. Städtechr. 8, 133. (Der Plur. *orgeln,* eigentlich Orgelpfeifen, *organa,* bezeichnet ein Orgelwerk.) Über die im Texte weiter erwähnten Angaben vgl. D. Städtechr. 9, 723 ff. Der genannte *meister Clawes Karle* wird an anderm Orte genannt als Kriegsingenieur der Stadt Straßburg (*der von Strosburg werkeman*), der mit seinen Maschinen in eine belagerte Feste Feuer wirft: 8, 99.

Zunftgeist die Beschränkung auf eine einzige forderte[73]). Von solchen Orgelbauern sind uns namentlich aus dem 15. Jahrhundert manche Namen mit Angabe ihrer Werke überliefert worden[74]). Eine kleine Orgelart, das Positiv[75]), mit einer wenig abweichenden tragbaren Art, das Portativ, dient im späteren Mittelalter auch weltlicher Unterhaltung.

Im Gebiete der Mechanik ist es besonders die Fabrikation der Räder- und Schlaguhren, die seit dem 14. Jahrhundert betrieben wird und, anfangs nur von vereinzelten Werkmeistern gepflegt, nach und nach so in Aufnahme kommt, daß sie ein zünftiges Handwerk, freilich erst jenseits unseres Zeitraums, zeitigt; als erste Uhrenmacher werden wir Angehörige des Schlosserhandwerks anzusehen haben, wie ja noch Peter Henlein zu Nürnberg, der Erfinder der Taschenuhr, ein gelernter Schlosser gewesen ist[76]).

Die Räder- und Schlaguhren, die an die Stelle der vom Altertum und vom Orient her überlieferten Sonnen-, Sand- und Wasseruhren treten, dienen in der ersten Zeit ihres

---

[73]) Der Bildhauer Veit Stoß in Nürnberg, der außer der Bildhauerei sich auch auf den Erzguß verstand, erhielt nur auf Ansuchen des Kaisers Maximilian I. vom Rate der Stadt die Erlaubnis, etliche Bilder von Messing zu gießen; aber die Zunft der Rotgießer zu Nürnberg beschwert sich wegen des Übergriffes, den sich der Holzbildhauer in ihr Gebiet erlaubt, worauf der Rat erwidert, für dieses Mal möge es zugelassen werden, weil man sonst bei Kaiserlicher Majestät in große Ungnade falle, künftig aber solle es nicht wieder vorkommen.

[74]) Aufgezählt bei Reissmann, Illustrierte Geschichte der deutschen Musik (1881) 143. *als er ersam meister Heinrich Draszdorff, orgelmeister von Meintz, . . . drew newe orgelwerck . . . mit iren zugehörungen so ordenlich, wol und werhaft ycglichs fur sich selbs gemacht, auszbereit, volbraht und sein kunst daran redlich und wol bewert hat, des wir im guten danck sagen* Zeugnis des Rates zu Nürnberg 1443 in den D. Städtechr. 10, 164, Anm. 1.

[75]) *portativum: wasserpfeyffe, tragorgel, portatiff, partif* Diefenb. 448b; *positivum: eyn kleyn orgel, ein positife, positiff* 449a; *portativum: portiffchin* nov. gloss. 298b; *positivum: een postijf* 299a.

[76]) 1380 macht ein nicht genannter Meister in Bern die *zitgloggen* mit seinem Gesellen, der als *Niclin Slosser* aufgeführt ist: Welti, Stadtrechnungen von Bern 1, 163b. Dieser Niclin Schlosser wird von 1381 ab als Pfleger der Stadtuhr aufgeführt, der sie im Gang zu halten und zu richten hat: 182b; 184b; 209a; 258a.

Aufkommens ausschließlich den Bedürfnissen der bürgerlichen Gemeinde, der sie durch weithin tönenden Glockenschlag eine genaue gleichmäßige Stundeneinteilung des Tages vermitteln, zu welchem Zwecke sie hoch über den Häusern an Kirch- oder an Türmen der bürgerlichen Verwaltung, besonders an solchen des Rathauses oder der Stadttore angebracht sind; auch wird wohl eigens ein Turm, der *zîtgloggenturn*, für sie errichtet[77]). Der Name, den die Werke (neben *zîtglogge* und *stuntglogge*, auch *stuntzeige*) führen, *orlei*, *urlei*, ist aus lat. *horologium* verderbt und früher auf die Sand- und Wasseruhren bezogen gewesen (vgl. DHA. 1,273).

Die ersten öffentlichen Schlaguhren finden wir in Italien seit 1336[78]); für Deutschland ist die älteste bezeugte die am Straßburger Münster von 1352[79]), eine der nächstältesten die Stadtuhr zu Zürich 1366, als deren Erbauer der *werchmeister Chunrad von Cloten* (Kloten im zürichschen Bezirk Bülach) genannt wird. Die Hauptfestsetzungen des bezüglichen Vertrages sind uns überliefert: der Meister baut die Uhr (*urgloggen*) und hält sie gegen Zahlung von jährlich sieben Pfund Züricher Pfennige in stetem Gange und in Ordnung, besorgt auch auf eigene Kosten die Reparaturen und liefert, was hierfür an Eisen, Senkeln, Seilen und anderen Dingen gehört; nur wenn die Schlagglocke oder das Gerüst schadhaft würde, erfolgt Wiederherstellung auf Stadtkosten[80]). Seit dieser Zeit mehren sich die öffentlichen Uhren, und daß deutsche Kunsthandwerker im Bau derselben Hervorragendes leisten, dafür kann der Umstand sprechen, daß im Jahre 1370 ein Deutscher, Heinrich von Wik oder Wyk, an den Hof nach Frankreich berufen wurde, um für das

---

[77]) *dô hies man die pfäffischen alle vachen, und wurden in die kebien geleit, daʒ nû der ʒîtgloggenturn ist.* Justinger, *Berner Chronik 194, 23,* Studer; *und dô man ûf den platʒ kam vor dem ʒîtgloggenturn. 218, 19.*

[78]) Vgl. G. Bilfinger, Die mittelalterlichen Horen und die modernen Stunden (1892) 176. Bassermann-Jordan, Die Geschichte der Räderuhr unter besonderer Berücksichtigung der Uhren des Bayerischen Nationalmuseums (1905) 16.

[79]) *do man zalt 1352 jor, do wart daʒ urlei zům münster angevangen zů machende, und wart dernoch wol uber 2 jor vollebroht* D. Städtechr. 8, 133.

[80]) Zürcher Stadtbücher 1 (1899) 206 (Nr. 412).

Pariser Palais des Königs eine Uhr zu bauen[81]). Die Konstruktion solcher Werke mag im einzelnen vielfach verschieden gewesen sein, erhaltene Beschreibungen geben kein klares Bild; aber éine Räderuhr, ums Jahr 1400-1420 gebaut, ist noch erhalten und zeigt uns ein kunstvolles und genaues Getriebe[82]).

Vielfach sind mit solchen Uhren Automaten, bewegliche Figuren, verbunden, die beim Stundenschlag erscheinen und Umzüge machen; auch Glockenspiele sind eingefügt. Von mittelalterlichen automatischen Kunstwerken haben wir vielfältige Kunde, freilich keine solche, die als authentisch gelten könnte und bei der wir nicht die schaffende Phantasie der Dichter stark in Rechnung ziehen müßten; auch scheint die heimische deutsche Kunst an ihrer Herstellung wenig oder nicht beteiligt zu sein[83]). Erst im Gefolge der öffentlichen Räderuhren erscheinen sie, und schon die älteste der bekannten, die am Straßburger Münster, gewährte den krähenden und flügelschlagenden Hahn und die sich vor der göttlichen Mutter mit dem Kinde verbeugenden drei Könige als Begleiter der Stundenverkündung.

Von den Türmen wandert die neue Erfindung in verkleinerter Gestalt in die bürgerliche Wohnung; die Hausuhr entsteht, in der Zeit bis zum 16. Jahrhundert freilich noch selten und schlicht, gewöhnlich als Hängeuhr (Abbildung einer solchen DHA. 1, 254, Fig. 55); vervollkommnet und zu der zierlichen Form einer Standuhr umgebildet kann sie erst werden, wenn die bewegende Kraft der Gewichte durch die Spiralfeder ersetzt wird, und Federzuguhren entstehen. Das ist sicher im 15. Jahrhundert geschehen; das älteste bekannte und noch erhaltene Werk der Art ist die Standuhr Philipps des Guten von Burgund, die in der Zeit zwischen 1429 und 1435 verfertigt wurde[84]). Die Verwendung

---

[81]) Bilfinger, Horen 207; 212.

[82]) Jetzt im germanischen Museum in Nürnberg; beschrieben und abgebildet in den Mitteilungen aus dem germanischen Nationalmuseum 1 (1886) 29 ff.

[83]) Vgl. über die mittelalterlichen Automaten Schultz, Höfisches Leben 1², 96 ff.

[84]) Vgl. Bassermann-Jordan, Geschichte der Räderuhr 26 f.

der Spiralfeder ist auch die Vorbedingung für die Erfindung der tragbaren Uhr (Halsuhr, Taschenuhr), die zu Ende unseres Zeitraums, gegen 1500 bis 1510, durch Peter Henlein in Nürnberg erfolgte[85]).

Auch der Entstehung der Schriftgießerei und Buchdruckerei als eines Kunstgewerbes ist hier noch zu gedenken. Daß ihr ein lange Zeit vorher bereits geübtes Druckverfahren mittels Platten, Holz-, Metall- und Zeugdruck, voraufgeht, ist allgemein bekannt; die Briefmaler des 15. Jahrhunderts (oben S. 187) erscheinen auch als Briefdrucker und Formenschneider, welche auf mechanischem Wege Bilder ohne und mit Schrift, sowie die seit dem 14. Jahrhundert auch in Deutschland bekannten Spielkarten fertigten. Die durch Gutenberg erfundene, mit Hilfe seiner Geschäftsteilhaber Fust und Schöffer verbesserte Schriftgießerei und die daran sich anschließende Druckerkunst mit metallenen Einzeltypen breitete sich noch bei Lebzeiten Gutenbergs (er starb vor dem 2. Februar 1468) nicht nur in Deutschland, sondern auch in angrenzenden Ländern aus und bewirkte in einer Reihe von geistig bedeutenden Orten die Gründung von Offizinen[86]) durch wissenschaftlich gebildete Männer, die sich der neuen Kunst zu geschäftlichem Betriebe bemächtigten; wie denn der Magister Andreas Frißner aus Wunsiedel, der im Jahre 1479 als Professor der Theologie nach Leipzig berufen wurde, seine 1478 zu Nürnberg angelegte Druckerei mit nach der Stadt seiner Berufung nahm und daselbst weiter druckte oder drucken ließ[87]). Die Männer, die unter der Leitung solcher Druckerherren arbeiteten, Typenschneider, Gießer, Drucker und Setzer, sowie Korrektoren waren genau so, wie jene, wissenschaftlich gebildet, oft geistlichen Standes, weil wir auch bei geistlichen Korporationen Offizinen im 15. Jahrhundert eingerichtet sehen; aus Quellen der Zeit erfahren wir, daß verdorbene Studenten häufig die Druckerei

[85]) Vgl. ebenda 33 ff.

[86]) Vgl. C. B. Lorck, Handbuch der Geschichte der Buchdruckerkunst 1 (1882), 42 ff., wo diese Orte aufgezählt werden.

[87]) Allgemeine deutsche Biographie 8, 107.

als letzten Rettungsanker ergriffen[88]). War Zeit und Gelegenheit günstig, so konnte sich ein solcher leicht mit dem schnell in Blüte gekommenen und einträglichen neuen Gewerbe wieder aufhelfen und sich selbständig machen, wozu wenig gehörte: das zum Betriebe einer Druckerei nötige Material und Handwerkszeug, einschließlich der einfachen von Hand bewegten Druckerpresse, fand bequem auf einem Wagen Platz, der nach einer Stadt, wo ausreichende Beschäftigung zu hoffen war, gefahren wurde; und versagte der gewählte Ort, so fand sich ebenso leicht ein anderer. Auf diese Weise wird das Drucken in seiner ersten Zeit zu einem Wandergewerbe[89]), noch ohne feste Organisation. Auch das Einstehen als Geselle und die Ausbildung als Lehrling vollzieht sich erst nach dem hier zu schildernden Zeitraume in zunftmäßiger Ordnung und in Formen, die in wesentlichen Stücken von anderen Handwerken abstechen und zeigen sollen, daß man sich als zu den Gelehrten gehörig betrachtet; namentlich die Lossprechung eines Lehrlings bietet viel Ähnliches zur akademischen Deposition.

Als technische Bezeichnung für die Kunst scheint das Verbum *drucken* bald nach ihrer Erfindung allgemein üblich geworden zu sein, hergenommen von dem hauptsächlichsten und am meisten in die Augen fallenden Teile des Verfahrens mittels der Handpresse. Der Ausdruck *buchdrucker* ist 1478 schon bezeugt[90]).

---

[88]) *so sint wir* (Studenten) *zů Lyps, Erfordt, Wyen zů Heidelberg, Mentz, Basel gstanden, kumen zů letst doch heym mit schanden. das gelt das ist verzeret do, der truckery sint wir dann fro* Brant, Narrenschiff 27, 26 ff.; vgl. Zarnckes Anmerkung dazu S. 357 seiner Ausgabe.

[89]) Lorck a. a. O. 1, 179.

[90]) In dem Schirmbriefe des Pfalzgrafen Philipp bei Rhein für Peter Schöffer vom 1. März 1478 wird dieser als *Peter Scheffer von Gernszheym, buchtrucker zu Meintz,* sein Gewerbe aber als *kauffmannschafft* bezeichnet: Mone, Zeitschrift für die Geschichte d. Oberrheins 1, 311.

Register.

Zeitfracht Medien GmbH
Ferdinand-Jühlke-Straße 7
99095 Erfurt, Deutschland
produktsicherheit@kolibri360.de